末松二郎筆談錄

스에마쓰 지로 필담록

조사시찰단기록 번역총서
5

末松二郎 筆談錄

스에마쓰 지로 필담록

스에마쓰 지로 지음
류진희 옮김

보고사
BOGOSA

서문

본서는 한국연구재단 토대연구팀(연세대학교 한국기독교문화연구소)에서 추진한 〈수신사 및 조사시찰단 자료 DB 구축〉 작업과 연계하여, 보고사에서 기획 출간하는 〈조사시찰단기록 번역총서〉 중의 한 권으로 이 세상에 빛을 보게 되었다. 본 역자는 연구팀에 공식적으로 소속된 연구원도 아닐뿐더러 평소 수신사나 조사시찰단에 대한 충분한 사전 지식도 없는 방외자일 따름이었다. 다만 지난해 연구팀의 일원으로부터 탈초와 번역을 의뢰받고 스스로의 역량도 충분히 헤아리지 못한 채 한 마리 螳螂처럼 용감하게 달려들었다. 하지만 판독 불가능한 글자와 결락된 행이 곳곳에 암초처럼 튀어 나왔으며, 필담의 주체가 누구인지 구체적으로 기록되지 않은 곳이 대부분이라, 정확한 내용을 이해하는 데 있어서 고충이 무척이나 많았다. 한편으로 그러한 과정을 통해 우리나라 근대사에 대한 관심과 배경지식을 조금이라도 더 넓힐 수 있었던 것은 일견 다행이라고 하겠다.

무엇보다 국경을 맞대고 대립과 호혜를 끊임없이 반복해온 한일 양국의 근대교류사를 정리하는 학술적 과업은, 단순히 과거의 역사적 사실을 분명히 정립하는 차원에서만 가치 있는 것이 아니라, 미래에 다가올 역사를 올바르게 기록할 수 있는 방향 또한 제시할 수 있다는 측면에서 매우 뜻깊은 연구이다. 특히 그 가운데서도 조선 수신사와 조사시찰단의 시각에서 바라본 근대 일본의 모습은 그동안 이루어진 번역과 연구를 통해 전반적으로 상당히 밝혀졌음에도 불구하고, 대부분 조선인의 시각에서 공적으로 기록되고 수정된 자료들을 대상으로 하였기 때문에 실제 그들이 어떤 활동을 하였고, 그것이 일본 지식인들의 입장에서 어떻게 받아들여졌는지 정확히 알기가 어려웠다.

그러한 측면에서 일본 재야 지식인의 시각으로 당시 조사시찰단원들의 사적인 일상을 비교적 숨김없이 기록한 본서는, 19세기 말 조선의 개화운동 추진 과정 및 일본을 포함한 여러 국가들과의 교류 실상을 객관적으로 파악하는 데 있어서 상당한 가치를 지닌 보조 자료라 할 수 있다. 개항기 조사시찰단의 일본에 대한 인식뿐만 아니라 조선의 역사와 체제 등에 관한 당시 일본 재야 지식층의 관심 등이 꾸밈없이 잘 나타나 있으며, 필담을 나눈 시찰단원들 개개인의 뚜렷한 국가관과 업무적인 고뇌가 깃들어 있고, 근대화에 접어들었던 당시 일본의 사회적 문화적 조류와 일본 재야 지식인의 의식과 학문적 식견 등이 비교적 솔직하게 잘 드러나고 있기 때문이다.

필담록의 기록자인 스에마쓰 지로(末松二郎)는 근대기 혼란했던 일본 지식층의 스펙트럼을 복합적으로 보여주는 인물이라 생각된다. 그는 규슈(九州) 출신으로서 한의 가문에서 태어나 대학에서 양의를 공부한 의학자이자 한학자이다. 그는 의학과 한학 그리고 중국어까지 능통하였을 뿐만 아니라 서구의 근대 지식까지 갖추고 있었다. 방대한 분량의 정보를 단기간 내에 수집해야 했던 조사시찰단원들에게 있어 스에마쓰는 꼭 필요했던 인물이었을 것으로 판단되며, 실제 스에마쓰는 비교적 많은 시찰단원들과 필담을 통해 두루 교유하였다.

필담록에 기록된 내용들로 볼 때 스에마쓰와 조사시찰단원들 간의 교유 목적은 완연히 다르게 나타난다. 시찰단의 경우 당시 일본의 체제와 제도 등에 관한 새로운 정보를 조선으로 들여오기 위해 자료의 수집

못지않게 왜문자(가나)를 한역할 수 있는 인물과의 교유가 필요하였다. 이와 달리 스에마쓰는 당시 학문적 차원에서 높게 평가했던 조사시찰단원들로부터 한시나 휘호와 같은 기념물을 받고자 하는 마음이 컸다. 조사시찰단원들과 스에마쓰의 대화 양상은 표면적으로 보면 인물과 풍속 등에 관해 허심탄회하게 정보를 교환하는 것처럼 보이기도 하지만, 한편으로는 국익에 관한 정보를 두고 서로가 암암리에 견제하는 모습 또한 때때로 발견할 수 있다. 개인의 사사로운 경험보다도 당시 국가의 안위와 국제 정세를 먼저 고민하던 지식인들의 모습이 대화 가운데 은연중 드러난다고 하겠다.

흥미롭게도 스에마쓰는 조선에 대해 매우 큰 관심과 호기심을 가졌던 것으로 보인다. 조선과 관련된 다양한 자료를 가지고 있었을 뿐만 아니라, 당시 조선의 지식인들로부터 받은 서화나 창수 시 등이 많았을 것이라 짐작된다. 그리고 본 필담록 외에도 스에마쓰는 다수의 문헌을 저술한 것으로 보인다. 하지만 아쉽게도 현재까지 일본 학계에 소개된 구체적 문헌은 보이지 않는다. 향후 관련 자료 발굴에 한층 더 정성을 기울일 가치가 있지 않을까 생각된다.

지난 해 초벌 탈초 번역에 무척이나 애를 먹었다. 금년 여름에도 폭서를 견디며 나름대로 교정에 정성을 들이기는 하였지만, 여전히 미진한 부분이 많다. 한일 간의 근대교류를 연구하는 분들께 조금이라도 도움이 되었으면 하는 바람 하나로 부끄러움을 무릅쓰고 출판 요청에 응하였음을 밝히는 바이다. 독자 제현의 아낌없는 질정을 통해 원고를 수정 보완할 수 있는 날이 빨리 오기를 기대해본다.

2018년 7월

진주 仙鶴齋에서 柳辰熙

차례

일러두기

1. 일본 메이지가쿠인대학(明治學院大學) 도서관 소장 필사본을 저본으로 하여 번역하였다.

2. 번역문, 원문, 영인본 순서로 수록하였다.

3. 가능하면 일본의 인명이나 지명을 일본어 발음으로 표기하였다. 단, 시문에 사용된 단어나 한국식 표현, 발음을 고증할 수 없는 고유명사는 한국 한자음으로 표기하였다.

4. 원주는 번역문에 【 】로 표기하고 본문보다 작은 글자로 편집하였다. 원문에서도 동일한 방식으로 편집하였다. 각주 및 간주는 모두 역자주이다.

5. 인물 및 사건 정보는 주로 한국학진흥사업성과포털에서 제공하는 《조선시대 대일외교 용어사전》을 참고하여 작성하였다.

스에마쓰 지로 필담록

1. 기본 서지

1) 표제 : 여조선문학사 이월남필담록(與朝鮮文學士李月南筆談錄)
2) 판사항 : 필사본(筆寫本)
3) 발행사항 : 없음
4) 표기문자 : 행·초서(行·草書)
5) 형태사항 : 1책(冊) 3부(部)

2. 저자

스에마쓰 지로(末松二郎, 생몰년 미상)의 호는 홍악초사(鴻岳樵史)이며, 스스로 자유서옥(自由書屋) 주인이라 칭하였다. 규슈(九洲) 출신의 의사이자 문인으로, 도쿄(東京)에서 동인약실(同仁藥室)을 운영하였다. 한의의 집안에서 태어났으나, 대학에서 양의를 공부하였으며, 어학과 물리학 등에도 능하였다. 『조선론(朝鮮論)』·『파우론(把憂論)』·『관규론(管窺論)』 등을 저술하였으며, 서양서적을 번역하여 『만통지(万通誌)』를 내고 일본의 법률을 중국어로 번역하기도 하였다. 당시 일본의 홍유였던 가모 시게아키(蒲生重章)와 가까이 지냈으며, 의학으로 명성이 높았던 이케다 겐사이(池田謙齋)·사사키 도요(佐佐木東洋)·스기타 겐탄(杉田玄端) 등 저명인사들과도 교유하였다.

3. 구성

이 책은 표제에 해당되는 첫 장의 제목이 『여조선문학사 이월남필담록(與朝鮮文學士李月南筆談錄)』으로 되어 있다. 필담 기간은 메이지(明治) 14년 신사(1881) 6월 상순에서 7월 중순까지이며, 기록자는 자유서옥 주인 홍악(鴻岳) 스에마쓰 지로로 되어 있다. 이어 내제(內題)로 구분되어 다시 3부로 나뉘어져 있다. 1부는 '여조선신사 필담문답록(與朝鮮紳士筆談問答錄)'으로 총 137면이다. 이는 다시 상편 건(乾) 25면과 하편 곤(坤) 22면 그리고 후편 90면으로 나뉘어져 있다. 2부는 '여조선 민종묵 석상필담록(與朝鮮閔種默席上筆談錄)'으로 총 21면이며, 3부는 '여조선 시의 함락기 현령 황천욱 동 김량한 삼씨 석상필담록(與朝鮮侍醫咸洛基縣令黃天彧同金亮漢三氏席上筆談錄)'으로 총 37면이다. 그중에서 1부는 2, 3부와 달리 다수의 인물이 필담 상대로 함께 등장하는 경우가 있어, 정확하게 누구인지 확인되지 않는 부분이 있다. 이처럼 필담 대상이 다수이지만 월남 이상재와의 필담이 주를 이루고 있기 때문에 표제를 『여조선문학사 이월남필담록』으로 한 것이 아닌가 짐작된다.

다음 도표는 필담의 상대방과 날짜별로 구분하여 분석한 것이다. 맨 첫 장은 표제에 해당되며, 각 부의 1면은 내제에 해당된다. 또 1부 내에서도 26면, 48면, 71면은 내제로 되어 있고, 나머지 날짜별로 구분된 각각의 첫 면에는 필담 일자와 상대방의 성명이 본문과 함께 병기(竝記)되어 있다. 전체로는 표제 1장과 내제 6장, 본문 189장으로 이루어져 있다.

부편		면	일시	필담 상대	분량	비고
1부	상편	1~25	6월 6일	유진태(兪鎭泰), 이상재(李商在)	25張	乾
	하편	26~47	6월 7일	조선 신사(이상재)	22張	坤
	후편	48~70	6월 12일	조선 신사(이상재)	23張	
		71~99	6월 17일	이상재(李商在)	29張	
		100~103	6월 6일	이봉식(李鳳植)	4張	
		104~115	7월 11일	이봉식(李鳳植)	12張	3번째 만남
		116~124	7월 12일	이상재(李商在)	9張	11번째 만남
		125~137	6월 28일	이상재(李商在)	13張	
2부		1~21	7월 19일	민종묵(閔種默)	21張	
3부		1~5	6월 28일	이상재(李商在)	5張	
		6~37	7월 17일	함락기(咸洛基) 황천욱(黃天彧) 김양한(金亮漢)	32張	

이 책은 1881년 6월 6일부터 7월 19일에 이르기까지 서로 간에 필담(筆談)한 내용을 행초서로 기록하였다. 서문이나 발문 등이 없어 기술한 목적이나 여타 관련 내용 등은 정확히 알 수가 없다. 또 6월 7일과 6월 12일의 경우는 필담의 대상이 '조선 신사'로 되어 있으나, 본문 내용으로 미루어 월남 이상재인 것으로 판명된다. 필담 일자에 있어 1부 상편과 하편의 내제에 해당되는 1면과 26면에는 각각 6월 6일과 6월 7일로 기록되어 있으나, 공히 그 다음 면의 본문 부분 첫 머리에는 6월 5일과 6월 6일로 하루씩 앞당겨 기록되어 있다. 본 해제에서는 내재의 기록을 인용하였음을 밝힌다.

1부 후편의 경우에는 6월 6일에 행한 이봉식(李鳳植)과의 필담록이 중간에 끼어 기록된 날짜가 뒤섞여 있는데, 이는 편철 과정이나 복사 과정에 순서가 뒤바뀐 것이거나, 아니면 필담 상대와 날짜를 아울러 고려하는 과정에 부득이했던 것으로 짐작된다.

4. 내용

이 필담록이 기록된 기간은 1881년 6월 6일부터 7월 19일까지 44일간이며, 필담 대상으로 등장하는 인물은 조사(朝士) 중에 조준영(趙準永), 박정양(朴定陽), 민종묵(閔種默), 홍영식(洪英植), 어윤중(魚允中)이 거론되고 있으며, 수행원으로는 유진태(兪鎭泰), 이상재(李商在), 이봉식(李鳳植), 함락기(咸洛基), 황천욱(黃天彧), 김양한(金亮漢) 등이 나오고 있다. 비교적 짧은 기간에 많은 인물과 집중적으로 접촉 교류하였음을 알 수 있다.

조사시찰단이 일본에서 접촉한 인물들은 각자가 맡은 조사대상과 관련한 실무 담당자들뿐만 아니라 정계의 중요 인물들과, 일본에 주재하고 있던 청국 공사를 비롯한 외교관들이 주된 대상이었다. 그러나 스에마쓰 지로의 경우는 일본이나 우리나라 근대사에서 거의 알려져 있지 않은 인물이라는 점에서 이 필담록의 내용은 독특한 가치가 있다고 할 수 있다.

당시 일본의 조야(朝野)가 조사시찰단에 대해 환대일색이었다고 하지만, 바쁜 시찰 일정 중에 이름이 알려져 있지 않던 일개 야인과 비교적 많은 시찰단원이 시간을 내어 필담을 했다는 것은 그만큼 서로 간에 이용할 가치가 있었음을 반증하기 때문이다.

시찰단원들이 적극적으로 필담에 임했던 이유는 대략 다음과 같은 것으로 나타난다. 첫째로 일본의 관료를 통해 알아내기 어려운 당시의 정세와 정보를 수집하고자 하였다. 둘째로 사회 풍속과 인물 및 학술 지식 등을 접하는 통로로 이용하였다. 셋째 일본어로 기록되어 있는 새로운 제도나 서양 서적의 번역서 등을 한문으로 번역해서 가지고 돌아오는 데 이들의 힘을 빌리고자 하였다. 이와 반대로 스에마쓰가 이들에게 접근했던 핵심 이유는 조선의 정치와 제도 및 당시 정세 등에 대한 지적 욕구가 크게 작용하였으며, 또 조사 시찰단원들과의 문학적 교류와 글씨를 받는 데 있었던 것으로 나타난다.

다만 이 필담록의 내용은 상황에 따라 오고간 즉흥적 대화이기 때문에 전체적으로 체계가 없으며, 또 필사하는 과정에 낙서가 많고, 글씨가 흐리거나 뒷면의 글자가 비쳐 중복되게 보이는 부분이 많아 내용을 정확히 이해하기가 어려운 편이다.

그 구체적인 내용들을 간추려보면 대략 다음과 같다.

스에마쓰가 맨 처음 6월 6일 필담을 나눈 것은 조사(朝士) 심상학(沈相學)을 수행한 유진태이다. 당시 일본에서는 1872년에 창간된 『도쿄니치니치신문(東京日日新聞)』 등을 통해 조선의 사정을 상당히 자세하게 알고 있었던 것으로 나타난다. 스에마쓰 역시 이러한 지식을 바탕삼아 조선 내의 유명한 학자들에 대해 질문하고 글씨를 써 주기를 요청했지만, 유진태는 자세한 답을 회피하고 글씨도 끝내 사양하며 써 주지 않았다. 접촉의 필요성을 인정하면서도 서로에 대해 상당히 경계심을 가졌던 것으로 나타난다.

유진태에 이어 필담한 인물이 월남(月南) 이상재이다. 스에마쓰는 유성룡이 지은 『징비록(懲毖錄)』의 내용과 당시 조선 조정의 3공 6경들에 대해 질문하고, 이어서 조선 황제의 휘호와 이상재의 시를 글씨로 써 줄 것을 요청하였다. 이상재 역시 『징비록』과 3공 6경들에 대한 질문에는 응답을 얼버무려 회피하였다. 다만 고종의 휘호와 자신이 지은 시를 요청에 응해 써 주었는데, 특별히 왕의 휘호를 조심해서 잘 보관하도록 주지시키고 있다. 임금에 대한 공경심과 일본에 대한 경계심이 내면에 깃들어 있었음을 알 수 있다. 이때 써 준 시는 이상재의 문집에는 수록되어 있지 않다.

다음날인 6월 7일에 스에마쓰는 그의 친구와 함께 방문하였다. 이상재는 책과 서류를 통해 일본의 정치 요체를 보게 되었으나 글자가 같지 않은 곳이 많아 자세하게 이해하지 못하였다며, 『황조정요(皇朝政要)』를 비롯한 더 상세한 다른 책을 소개해 주기를 부탁하였다. 그러나 스에마쓰는 대부분 책들이 왜문자로 되어 있으므로 번역하여 제공하겠다며 회피하였다. 뒤이어 스에마쓰가 조선 조정 내 개신(開新)과 수구(守舊) 당파에 대해 질문하였으나, 이상재 역시 이에 대해 일본에 와서 신문을 통해 처음 알게 되었다며 이를 부정하고, 오히려 일본 내의 개신과 수구에 대해 되물었다.

또 일행들의 일본 유람에 대한 이유가 무엇인지를 두고도 양인 간에 치열한 암투를 벌였다. 이상재가 수호통상국인 일본의 흥성한 정령(政令)을 보고, 또 산수(山水)를 유람하기 위함이라고 하였지만, 스에마쓰는 그 저의를 의심하며 끝내 믿지 않았다. 이어서 조선의 육해(陸海) 양군에 관한 규정에 대한 질문에도, 이상재는 알지 못한다며 대답을 회피하였다. 스에마쓰가 민간인 신분이었지만 서로가 정치·군사·역사 문제 등에 대해서는 정보의 유출을 매우 꺼려했던 것을 알 수 있다.

하지만 그 외의 문제들에 대해서는 상당히 진전된 면을 보이고 있다. 조선의 문자 모양과 숫자 및 성음(聲音)에 관한 질문, 스에마쓰 자신이 지은 시문의 산정(刪正) 부탁, 이상재의 시를 남겨 달라는 요청 등에 대해 긍정적으로 응하였으며, 나아가 농무(農務)와 상무(商務)에 관한 3권의 책을 한문으로 번역해 줄 것을 부탁하였다. 스에마쓰 역시 이를 쾌히 승낙하였으며, 또 당시 일본의 명유(名儒)였던 시게노(重野)와 가와다(川田)가 엮은 역사서를 소개하기도 하였다.

그 다음으로 필담을 나눈 것은 6월 12일이다. 어윤중과 홍영식의 글씨를 받을 수 있도록 주선해 달라는 부탁을 받았으나. 당장은 사정에 의해 불가함을 밝혔다. 이날 역시 『지리논략(地理論略)』의 내용에 대한 이상재의 질문에 스에마쓰는 아예 응답을 하지 않았으며, 그 반대로 조선의 정사(政事)와 제도(制度)에 대한 스에마쓰의 질문에 이상재 역시 극력 대답을 회피하였다. 하지만 조선의 과거시험에 대한 질문에는 비교적 상세하게 응답하였으며, 스에마쓰도 자신이 소지한 시화첩(詩話帖)을 통해 이시구로 타다노리(石黑忠德), 가모 시게아키(蒲生重章), 나카무라 게이우(中村敬宇) 등 일본의 대표적인 문인학자들을 소개하였다.

다음으로 필담한 것은 6월 17일이다. 이날 역시 개화(開化)와 수구(守舊)파의 대립, 조정의 업무 편재, 과거시험에서 선비를 등용하는 방법 등에 관한 스에마쓰의 집요한 질문이 있었지만, 그런 사실이 없다거나 일본과 대동소이하다며 응답을 피하였다. 그 외의 필담 내용으로는 당시 일본의 일요일 풍속과 지리지(地理誌)와 농사 업무에 관한 책 존재 여부가 거론되어 있다. 유신(維新) 이래로 서양의 종교를 본받아 7일을 1주일로 하고 일주일의 시작을 일요일로 하며 도시와 시골이 꼭 같이 휴업한다는 사실과, 당시 일본에는 서양의 농학서가 성행된다는 점을 밝히고 있다. 이상재가 사토 노부히로(佐藤信淵, 1769~1850)가 쓴 『농정본론(農政本論)』과 그 외 다수의 책을 한문으로 번역해 줄 것을 요청하여 쾌히 승낙을 받았다. 이상재 역시 그 보답 차원에서 '자유서옥(自由書

屋)'을 비롯해서 스에마쓰의 시와 '龍川' 등등의 글씨를 부탁받고 써 주었다.

이상의 기록과 달리 필담록 1부의 94면 이후의 부분은, 대화의 상대방이 이상재뿐만 아니라 조준영(趙準永), 이봉식(李鳳植) 등 동행한 사람들 다수와 함께 한 것으로 되어 있어, 구체적으로 누구와의 대화인지는 알 수가 없다. 또 100면부터 115면까지에는 두 차례에 걸친 이봉식과의 필담이 중간에 끼어 있다. 그 내용은 휘호를 해 줄 것, 자신의 시고(詩稿)에 제언(題言)을 써 줄 것, 히로세 단소(廣瀨淡窓)의 연구에 대한 견해 등 문학적인 것이 주를 이루고 있다. 그 외 대학 의학부의 규칙과 학습과정, 병원의 규칙, 개교(開校)에 관한 규제 등을 한문으로 번역해 줄 것을 부탁하였다.

다시 이상재와 필담한 6월 28일과 7월 12일의 기록은 각기 125~137면과 116~124면으로 그 날짜가 거꾸로 수록되어 있다. 편철 과정이나 복사 과정의 오류로 여겨진다.

7월 12일은 제11회째 만나는 자리라고 명시되어 있으며, 그 내용도 매우 다양하다. 스에마쓰 자신이 서양 책을 번역한 『만통지(万通誌)』 소개, 시구(詩句)의 용례에 대한 견해 교환, 동석한 박정양과 유진태에게 글씨 요청, 전기와 전신(電信) 및 온열(溫熱) 종류와 그 발생 사례 설명, 학교가 무엇이며 가르치는 과목에 대한 질의응답 등등과 함께, 일본어로 번역된 여러 학과의 전문서적을 함께 훑어본 것으로 되어 있다. 당시 일본에서는 이미 공사(公私)를 불문하고 서양 책을 번역한 것이 통용되었으며, 양의(洋醫)가 크게 명성을 날리고 있다는 사실을 전하였다.

필담록(筆談錄) 2는 7월 19일 민종묵과 행한 내용이다. 서양인 모씨의 말을 근거로 들어 조선의 가장 큰 폐단이 개국을 하지 않는 데 있다고 언급하며, 아울러 자신이 저술한 『조선론(朝鮮論)』과 『파우론(把憂論)』의 내용을 소개하였다. 민종묵이 보기를 원했으나, 미완성 내지 내용의 불비(不備)를 핑계로 삼아 제공하지 않았다. 신문의 기능과 역할에 대해 정부 정책의 부당함과 관리들의 추행 비리를 고발하여 시정토록 한다는 점을 강조하였으며, 자신이 지은 시를 바르게 고쳐줄 것을 요청하였다.

필담록 3은 두 부분으로 나뉜다. 6월 28일에 있었던 이상재와의 필화(筆話)와 7월 17일에 있었던 시의(侍醫) 함락기, 현령(縣令) 황천욱, 현령(縣令) 김양한 3인과의 필담이다. 이상재와 나눈 필담의 주된 내용은 조선의 문·무 과거 시험제도와 산학과(筭學科), 의과(醫科), 관상과(觀象科) 등에 관한 내용이 상세하게 기록되어 있다.

함락기와 더불어서 한의학 이론, 양의와 한의의 우열. 조선에서 통용되는 한의학 서적과 중국 한의학의 영향 등에 대한 의견을 교환하였으며, 황천욱·김양한과는 서로 간에 자작시를 소개하고 평가하였다. 그 외 당시 에도의 홍등가에 대한 견해, 귀국 날짜, 사진을 함께 찍어 기념으로 남겨 둘 것 등을 묻거나 제의하였다.

5. 가치

『스에마쓰 지로 필담록』은 거의 전체가 조사시찰단 수인(數人)과의 대화체 형식으로 기록되어 있다. 지금껏 우리나라 학계에서 연구한 조사시찰단의 기록과 달리, 잘 알려지지 않은 일본 야인의 안목으로 기록되었다는 점에서 달리 주목할 만한 가치를 가지고 있다.

필담의 많은 부분에서 조선의 인물·제도·정치·군사·지리·학문·역사 등등 제반 사항에 관한 내용을 두고, 그 실정을 알기 위해 다양한 문답을 나누면서 때로는 논쟁을 벌이기도 하였다. 그러나 서로가 내면으로 경계하여, 국익(國益)과 관련이 있다고 생각하는 분야에 있어서는 대답을 철저히 회피하였다. 다만 학술·의료·풍속 등의 분야에서는 격의 없이 의견을 나누기도 하고 번역을 해 주는 등의 편의를 제공하기도 하였다.

그중에서도 당시 일요일과 홍등가의 풍조 등과 함께 학교·신문·서적·양의 등등 신문물에 대한 전근대적 인물로서의 관점 등이 비교적 잘 드러나고 있다. 특히 시문과 서예 등의 문예적 교류가 매우 빈번하게 이루어졌다는 점이 주목되며, 그 가운데는 국내 개인의 문집이나 유고 등에 실리지 않은 시(詩)가 다수 수록되어 있다. 비록 사적인 기록물이라 할지라도 그 역사적·문학적 가치가 있다고 할 수 있다. 나아가 조선인 관료들의 견문과 인식, 문학과 필력 등이 간접적으로 드러나고 있어 역사나 인물 연구에도 상당한 도움이 될 것으로 판단된다.

끝으로 스에마쓰 후손을 찾을 수 있다면, 당시 시찰단원들의 필적이 상당수 남아 있을 것으로 짐작된다. 역사적 사실의 실체를 증명하고 개인적 성취를 후대에 알린다는 측면에서 이들 필적을 확인하는 것도 가치가 있을 것이라 생각된다.

스에마쓰 지로 필담록

∞ 1 ∞

메이지(明治) 14년, 신사(1881) 6월 상순에서 7월 중순까지.
자유서옥 주인, 홍악(鴻岳) 스에마쓰 지로의 즉석 필담.
조선 문학사 이월남(李月南)[1]과의 필담록.

건(乾)

메이지 14년, 신사(1881) 6월 6일.
자유서옥 주인, 스에마쓰 지로 홍악 필담문답(筆談問答).
조선 신사(紳士)와의 필담문답록(筆談問答錄) 상편(上篇).

메이지 14년, 신사(1881) 6월 5일.
스에마쓰 지로 홍악 문답.
조선 신사와의 필담문답록.

---

1 이상재(李商在, 1850~1927) : 본관은 한산(韓山). 자는 계호(季皓), 호는 월남(月南). 충남 서천군 한산 출신. 1881년 조사시찰단을 파견할 때 단장 박정양(朴定陽)의 수행원으로 일본을 시찰. 항일 독립 운동에 헌신하며 민족 지도자로 활동하였다.

스에마쓰 : 근래 우리나라의 『니치니치신문(日日新聞)[2]』을 읽고, 선생께서 계시는 곳을 자세하게 알았습니다. 경모하는 마음 다함이 없습니다. 뛰어나신 모습을 보여주시기 바랍니다.

유진태 : 과객으로 있는데도 이렇게 생각해 주시니, 감사하고 감사합니다.

스에마쓰 : 감히 선생의 성함을 묻습니다.

유진태 : 저의 성명은 유진태(兪鎭泰)입니다.

스에마쓰 : 근래에 저의 누추한 곳에서 존함을 들었으나 마침 저에게 일이 있어 영접을 하지 못했습니다. 매우 죄송합니다. 용서를 바랍니다. 공경히 사죄하고 또 사죄드립니다.

근래 저의 친구인 청나라 왕양현(汪揚玄)이 당시 귀국(貴國)의 어떤 항구에서 강좌를 개설했다고 들었는데, 과연 사실입니까? 동쪽으로 와서 우리나라에 머무르고 있습니다.

유진태 : 왕양현이 누구입니까? 만약 청나라 사람이라면 제가 어찌 알지 못할 리가 있겠습니까? 정말로 듣지 못하였습니다. 자세한 가르침을 바랍니다.

스에마쓰 : 예로부터 귀국에는 많은 홍유(鴻儒)와 석학(碩學)이 배출되었다고 일찍이 들었습니다. 지금에도 계속해서 이어져 나옵니까?

유진태 : 홍유와 석학이 어느 시대인들 없겠습니까? 다만 그 명성이 (1행 결락) 그러한 것을 압니다. 성인(聖人)인 연후에야 성인을 알고, 현인(賢人)인 연후에야 현인을 압니다. 저는 홍유와 석학이 아닙니

---

2 니치니치신문 : 『도쿄니치니치신문(東京日日新聞)』을 지칭함. 1872년 창간되고, 1874년에 후쿠치 오치(福地櫻痴, 1841~1906)가 주필이 되어 정부 지지의 논조를 펼쳤다.

다. 어찌 능히 그 누가 홍유이고 어떤 사람이 석학인지를 알겠습니까? 비록 그러하나 근래에도 간혹 온 나라 안에 전해져 일컬어지는 사람이 있기는 할 따름입니다.

스에마쓰 : 선생께서 광휘를 감추고 겸양하시니, 존경하며 감복합니다.

유진태 : 아니! 이게 무슨 말씀입니까? 광휘가 있고 난 후에야 그것을 감출 수 있습니다. 그러나 저는 본래 광휘가 없는 사람입니다. 어찌 광휘를 감춤이 있겠습니까? 이는 귀하께서 사람을 너무 지나치게 찬양하는 것이 아닙니까? 도리어 송구하고 또 송구합니다.

스에마쓰 : 정말로 아닙니다. 저는 성품이 우직(迂直)하고 소박(素朴)합니다. 선생을 크게 찬양하고자 하는데, 조금 분수에 넘는 찬미의 말을 어찌 하지 못하겠습니까? 근래 다행히 우리나라의 여러 신문을 읽고서, 대략 귀국의 문명이 하루하루 날로 번성해진다는 것을 자세하게 알았습니다.

유진태 : 비록 한 마을 안이라도 가난한 사람이 있고 부유한 사람도 있습니다. 하물며 한 나라 안이겠습니까? 그 가운데 나아가면 문명으로 이름을 얻을 수 있는 사람도 있고, 또 둔하고 졸렬하여 40세가 되어도 알려지지 않는 사람도 있습니다. 귀한 것은 다만 그것을 생각하는 것입니다.

스에마쓰 : 저는 어려서부터 풍류(風流)를 좋아는 버릇이 있었습니다. 세상에서 말하는 바의 '책 읽는 선비로서 거리낌 없이 제멋대로 노는 사람'입니다. [도락은 방일과 같은 말이다.] 그러므로 짚신에 삿갓 쓰고 거침없이 돌아다니며 이르지 않은 곳이 없었습니다. 그러나 그 뜻이 있었던 곳은 오로지 유명한 분을 우러러 사모하는 것이었습니다. 그리하여 나 혼자 스스로 '뜻을 높이고 행실을 고상하게 하

는 것은 그 올바른 사람을 만나는 것보다 좋은 것이 없고, 그 사람됨을 아는 것은 그 사람의 책과 필적을 보는 것 만한 것이 없다.'고 생각하였습니다. 그러므로 보잘것없는 간절한 마음으로 이르는 곳마다 모두 글씨를 써 주기를 구하여, 스스로 우러러 사모하였습니다. 선생께서 저의 뜻을 잘 헤아려 좋은 글씨를 써 주시기 바랍니다. 하사해 주시기를 간절히 빌고 또 빕니다.

유진태 : 귀하께서는 가히 호걸이십니다. 옛날에 사마자장(司馬子長)[3]이 20세 때 남쪽의 장강(長江)과 회수(淮水) 사이를 유람하며 그 뜻을 넓혔습니다. 초(楚)와 한(漢)의 옛 전쟁터에서 그 웅위(雄偉)한 기세를 얻었으며, 동정(洞庭)과 소상(瀟湘) 사이에서 그 광활하고 호탕한 뜻을 얻었습니다. 한문공(韓文公)이 권하고[4] 마재자(馬才子)가 배웠던[5] 사마천의 유람을, 지금 귀하께서 드러내 보이신 것에서 볼 수 있습니다. 조금도 꺼림 없이 마음껏 유람하여 이르지 않은 곳이 없다고 한 말씀은 정말로 사마천이 남쪽을 유람했던 것과 같습니다. 그렇다면 비록 한문공이 살았던 시대라 하더라도 반드시 제일 첫 번째 경지로 인정하였을 것이며, 마자재보다도 뒤쳐지지 않았을 것입니다. 그 사람을 아는 데는 그 사람의 글씨를 보는 것이 제일이라

---

3 사마자장(司馬子長) : 사마천(司馬遷)의 자가 자장(子長)이다. 사마천은 일찍이 20세 때부터 천하를 두루 유람하여 식견을 넓혔다. 『사기』 권132.

4 한문공(韓文公)이 권하고 : 한문공은 당나라 한유(韓愈)를 가리킨다. 시호가 문공(文公)이다. 한유는 『사기』의 문장에 대해 "웅장하고 깊이가 있으며 고상하고 힘이 있다[雄深雅健]"고 평하여, 문장학습의 기본서로 권하였다.

5 마재자(馬才子)가 배웠던 : 마재자는 송나라 마존(馬存, ?~1096)을 가리킨다. 마존은 「자장유증갑방식(子長遊贈蓋邦式)」에서 사마천의 남쪽 유람을 찬양하였는데, 여기서는 마존이 『사기』를 배웠던 것을 일컬었다.

고 말씀하신 것과 같은데 이르러서는 매우 적절합니다. 대저 서법이라는 것은 그 마음을 묘사할 수 있습니다.

비록 그렇다고 해도 글을 쓸 수 없는 사람으로 하여금 그것을 감당하게 하면, 비록 그 심정을 쓰려고 해도 쓸 수 없는 것을 어찌 하겠습니까? 저는 정말로 글씨를 쓸 수 없는 사람입니다.

스에마쓰 : 선생께서 빛나는 광채를 감추지 마시고, 서수필(鼠鬚筆)[6]의 훌륭한 글씨를 내려주시기를 바랍니다.

유진태 : 어찌 다만 서수필이겠습니까? 비록 용연묵(龍涎墨)[7]과 마류연(瑪瑠硯)[8]이라도 마땅히 이전의 왕우군(王右軍)[9]이 아니라면 붓과 먹과 벼루는 곧 깨진 기와 조각이나 자갈처럼 쓸모없는 것이 되고 말 것입니다. 저는 정말로 글씨에 있어 매우 졸렬합니다. 그러므로 성대한 뜻을 받들어 올릴 수 없습니다. 용서를 바랍니다. 정말로 할 수 없습니다.

스에마쓰 : 선생의 겸양이 어찌 그리도 심하십니까? 제가 도쿄(東京)에 온 이래로 청(淸)나라 여러 명필가의 글씨를 구하여, 모두 저의 뜻을 채울 수 있었습니다. 지금 선생께서 이와 같은 박학한 재주를 가지고, 이와 같이 겸양의 말씀을 하시는 것이 당연할 것입니다. 그러나 저의 미미한 뜻이 있는 바를 살펴 주시기 바랍니다. 제가

---

6 서수필(鼠鬚筆) : 쥐의 수염으로 만든 고급 붓이다. 왕휘지가 서수필로 「난정서(蘭亭序)」를 썼다고 전한다.

7 용연묵(龍涎墨) : 용연(龍涎)의 향을 첨가한 먹. 용연은 고래의 위액(胃液)에서 나온 고급 향료의 이름이다.

8 마류연(瑪瑠硯) : 옥석(玉石)의 일종인 마류석(瑪瑠石)으로 만든 귀한 벼루.

9 왕우군(王右軍) : 진(晋)나라 명필가 왕희지(王羲之)를 가리킨다. 벼슬이 우군장군(右軍將軍)이었기에 '왕우군'이라 칭한다.

오늘 바삐 외출을 하게 되어 서화첩을 받들어 올릴 수가 없습니다. 그러므로 며칠 내에 다시 찾아뵈올 때, 서화첩과 종이를 받들어서 간절히 선생의 휘호(揮毫)를 청할 것입니다. 공손히 생각건대, 선생은 글씨에 있어, 한씨(韓氏)가 말한 '일거수일투족(一擧手一投足)'의 수고로움일 뿐입니다.[10] 헤아려 허락해 주실 것을 간절히 바랍니다.

유진태 : 넓은 천지에 한 마리 괴물[11]이 있어, 오늘 귀하께서 저에게 곤란을 겪고 계십니다. 아주 손쉽게 글씨를 쓰는 수고로움을 아끼지 않기를 바랍니다만, 글씨를 쓸 줄 모르는 이 사람으로 하여금 마음을 조금 편안하게 해 주시기 바랍니다. 다시금 바라고 또 바랍니다.

스에마쓰 : 후일 서화를 보여 주실 것이라고 깊이 예감하고 있습니다. 그러나 다만 장님과 같이 어두운 자질이라, 단청을 하듯 저 자신을 꾸미는 데 있어 무슨 유익함이 있겠습니까? 비록 그러하나 이 또한 널리 고금의 사물을 알게 되는 하나의 기회일 것입니다. 오직 귀하의 가르침을 들으며, 그 서화를 한번 보고 완상하기를 청합니다.

이상재 : 반시간을 상대하면서 서로 이름을 알지 못하니 매우 어색합니다. 저는 월남(月南) 거사 이상재(李商在)라는 사람입니다. 실생활의 학문이 어떤 학문이겠습니까?[12]

스에마쓰 : 저는 본래 규슈(九州)[13]의 한 가난한 서생입니다. 성(姓)은 스

---

10 한씨(韓氏)가 …… 뿐입니다 : 당(唐)나라 한유(韓愈)의 「응과목시 여인서(應科目時與人書)」에 '일거수일투족'이라는 말이 나온다. 여기서는 '아주 쉽게 힘들이지 않고 글씨를 쓴다.'는 뜻이다.

11 한 마리 괴물 : 유진태 자신을 겸양해서 한 말이다.

12 실생활의 …… 학문이겠습니까? : 인사부터 제대로 하는 것이 실제 생활에 필요한 학문임을 강조하였다.

13 규슈(九州) : 일본 열도를 이루는 4개의 섬 중 가장 남쪽에 있는 섬.

에마쓰(末松)이고, 이름은 지로(二郎)이며, 호는 홍악초사(鴻岳樵史)입니다.

앞에 말씀하신 분도[14] 겸손한 가운데 유머가 있었는데, 선생께서도 역시 유머를 잘하십니다. 그러나 유머를 잘할 수 없다고 해서 조금도 부족함이 되지는 않습니다. 그 재주와 학문 또한 놀랄 만합니다. 저는 이미 귀국의 큰 학자 모씨[15]가 저술한 『징비록(懲毖錄)』을 읽었습니다. 이미 당신 나라에 문객과 시인이 많다는 것을 압니다. 귀하께서 저를 놀라게 하는 재주를 가지신 것입니까? 제가 귀하를 놀라게 하는 재주를 가진 것입니까? 귀하께서 놀라시는 것은 곧 거짓 놀람이요, 제가 놀라는 것은 분명코 참된 놀람입니다. 단지 놀람만이 아닙니다. '경(驚)' 자에서 그 '마(馬)' 자를 없애는 것이 옳습니다.[16] 존경하여 감복합니다, 존경하여 감복합니다.

이상재 : 저는 『징비록』이 지어졌던 시대의 사람이 아닙니다. 전일의 문명이 지금의 저 이상재에게 무슨 관계가 있겠습니까? 더욱 두렵고 더욱 두렵습니다.

스에마쓰 : 저는 몽매하여 귀국의 황제(皇帝)와 재상(宰相)이 누구이며, 성명과 연령이 어떠한지 알지 못합니다. 가르침을 내려주시기 바랍니다.

이상재 : 옛 책에서 "귀로 들을 수는 있으나 입으로 말해서는 안 된다."고 하지 않았습니까?[17] (1행 결락) 군부(君父)의 이름이겠습니까? 입

14 앞에 말씀하신 분 : 유진태(兪鎭泰)를 가리킨다.

15 귀국의 큰 학자 모씨 : 서애(西厓) 유성룡(柳成龍)을 가리킨다.

16 '경(驚)' 자 …… 옳습니다 : '경(驚)' 자에서 '마(馬)' 자를 제거하면 곧 '공경할 경(敬)' 자가 된다. 여기서는 놀라는 것만이 아니라 공경한다는 뜻이다.

으로 말하기는 아직 어렵습니다. 하물며 아무렇게나 문답하는 처지에서 글씨로 쓸 수 있겠습니까? 재상(宰相)에 이르러서는, 곧 3공(三公)과 6경(六卿)으로 그 자리가 매우 많습니다. 어찌 낱낱이 들어 쓸 수 있겠습니까? 마땅히 다시 만날 때 편안하고 한가하게 서로 대하여 말씀드리겠습니다.

스에마쓰 : 믿겠습니다, 믿겠습니다. 당신 나라 제왕(帝王)의 존호(尊號)를 알려주시기를 더욱 간절히 청합니다.

이상재 : 휘호(徽號) 조극돈륜(肇極敦倫)[18].

지금 이미 시간이 늦었습니다. 귀하께서 부탁하신 한 폭의 글씨는 쓰기에 참으로 어렵습니다. 마땅히 내일 졸렬함을 잊고 써서 드리겠습니다. 배를 잡고 하늘을 우러러 크게 웃지 않기를 바랍니다. 대저 벗을 사귀는 도리는 다만 마음을 통할 따름입니다. 어찌 반드시 평범하고 졸렬한 붓글씨 재주를 가지고, 벗이 글자를 가리켜 요구하는 경우에 있어, 스스로 감추어 드러내지 않겠습니까? 귀하와 헤어지려 함에 있어 스스로 졸렬한 저의 재주를 다시 생각해 봅니다. 당신의 고명(高明)한 안목에 들지 않을까 두렵습니다. 내일 행할 일은 미리부터 절박하여 너무나 난감하기만 합니다.

제왕(帝王)을 휘호(徽號)한 종이는 아무렇게 함부로 해서는 안 됩니다. 제가 마땅히 휘호를 받들어 써서 남길 것입니다. 귀하께서 더욱

---

17 옛 책에서 …… 않았습니까? : 『명심보감(明心寶鑑)』「정기편(正己篇)」에 나오는 후한 시대 마원(馬援)의 말이다. 여기서는 '자신이 알고 있는 것을 남에게 쉽게 말할 수 없다'는 의미를 담고 있다.

18 조극돈륜(肇極敦倫) : 고종(高宗)의 존호는 "統天隆運肇極敦倫正聖光義明功大德堯峻舜徽禹謨湯敬應命立紀至化神烈巍勳洪業啓基宣曆乾行坤定英毅弘休壽康文憲武章仁翼貞孝太皇帝"이다.

더 글씨를 귀하게 여겨서, 앞으로 보관하는 데 손상됨이 없도록 하십시오.

스에마쓰 : 믿으십시오, 믿으십시오. 이번에 휘호를 가지게 됨에 있어, 결코 여러 종이와 함께 뒤섞지 않고 궤짝 속에 조심해서 보관할 것입니다. 선생께서는 염려하지 마십시오.

오늘 내려 주시는 이런 훌륭한 가르침과 좋은 깨우침을 받는 것이 얼마나 행운이겠습니까?

너무 감사하고 우러르다 보니, 해질 무렵이 되는 것도 깨닫지 못했습니다. 공경히 감사드리고 또 감사드립니다. 청컨대 다음날 자애로운 가르침을 받들겠습니다.

이상재 : 오늘 방문은 매우 은근하였습니다. 만약 자주 서로 만날 수 있다면 이 같은 바람에 족히 위안이 될듯하지만, 감히 다시 청하지를 못하겠습니다. 혹 귀하께서 누추하게 여기지 아니하고 다시 왕림해 주실 수 있겠는지요? 공경히 말씀을 올립니다.

스에마쓰 : 그렇다면 오늘 요구하신 종이에는 존경하는 선생의 시(詩)를 쓰는 것이 좋겠으며, 그 종이에 저의 졸렬한 호를 기록하는 것이 저의 바람입니다. 저의 졸호(拙號)는 홍악(鴻岳)입니다.

저는 근래 몸이 좋지 않아 그윽하고 따뜻한 곳에 앉아서 시를 몇 수 지었습니다. 옛날의 졸작을 함께 기록해 올립니다. 자상하게 바로잡아 주시기를 바랍니다.

자유 서옥에 사는 자유로운 사람이	自由書屋自由人
홀로 청산과 더불어 좋은 이웃 되었네.	獨與青山好作隣
그윽한 뜻 삼월 저무는 것 가련히 여겨	幽意元憐三月暮

일부러 담 모퉁이에 긴 봄날을 심었네.　　故依籬角植長春

*　　*　　*

새벽 비 개이며 산산한 기운 보내오고　　晴來曉雨送微凉
질푸른 산 기운 가로막아 담장이 되도다.　　積翠重嵐壓爲墻
차는 좋은 때 맞아서 병든 몸 낫게 하고　　茶是良刻醫病骨
술은 본래 약인지라 시름 창자 씻어주네.　　酒當素藥洗愁腸
인간의 득실은 바둑판을 다투는 것 같고　　人間得失如爭局
세상의 궁통 또한 희극의 마당과 같네.　　世際窮通亦戱場
우스워라 잘못 찾아든 대청의 제비여　　堪笑差池堂上燕
종일 진흙 옮기니 누구를 위해 바쁜가?　　運泥終日爲誰忙

이상재 : 두 수가 구슬같이 아름다운 시(詩)입니다. 한 번 죽 응얼응얼 읊조리니, 어느새 사람으로 하여금 입안에 향기가 생기게 합니다. 마음에 새겨 감복하고 감복합니다.

저는 글씨도 서툴고, 시 짓는 것도 졸렬합니다. 평소 문인 묵객들과 나란히 하기에는 부족합니다. 그러나 이번 여기 오는 길에 서경(西京)[19]에서 가타야마 쓰토무(片山勤)라는 한 사람을 만났습니다. 그가 시(詩)에 능하여 저에게 한 수의 절구(絶句)를 요구하였습니다. 그래서 졸렬함을 드러내어 지었습니다. 바른지 어떤지 보아 주시기 바랍니다.

서경은 옛적에 황제의 거소가 되어서부터　　西京自是舊皇居

19 서경(西京) : 지금의 일본 교토(京都).

그 옛날 번화함이 아직도 그대로 남아 있네. 伊昔繁華尙有餘
차 경적과 사람 소리 모여 뒤섞이는 곳인데 車響人聲叢褋地
가타야마 선비가 홀로 시 짓고 글씨 쓰네. 片山高士獨詩書

스에마쓰 : 한 번 낭송하고 세 번 감탄하였습니다. 아주 뛰어나고 매우 묘합니다. 존경하여 감복하고 또 감복합니다.

이상재 : 내일 몇 시에 내방하시겠습니까?

스에마쓰 : 저는 내일 오후 3~4시에 찾아뵙겠습니다. 그때 마땅히 저의 서화첩과 졸렬한 시문을 받들어, 선생의 밝은 헤아림과 자상한 교정(校訂)을 구하겠습니다.

이상재 : 마땅히 장미(薔薇) 물에 손을 씻고 읽겠습니다.[20]

스에마쓰 : (함께 온 정원의 동료에게로 말을 돌리다.)
이 사람은 곧 저의 숙소의 자잘한 일을 관리하는 사람입니다.

이상재 : 오늘 묻고 답한 종이가 다른 사람 귀에 들어가지 않기를 바랍니다. 한가하여 글씨는 거칠고 말투는 졸렬해졌습니다. 남의 비웃음을 받게 될까 두렵습니다.

---

20 장미(薔薇) …… 읽겠습니다 : 경건한 마음으로 남의 글을 읽는다는 뜻이다. 당나라 풍지(馮贄)의 『운선잡기(雲仙雜記)』에 "유종원은 한유의 시를 얻으면 먼저 장미수에 손을 씻고 옥유향(玉蕤香)을 피운 다음에 책을 펼쳐서 읽었다.[柳宗元得韓愈所寄詩 先以薔薇露灌手 薰玉蕤香後發讀]"라는 고사에서 유래하였다.

곤(坤)

메이지 14년, 신사(1881) 6월 7일.

자유서옥 주인, 스에마쓰 지로. 민(忞)[21], 홍악(鴻岳) 필담문답.

조선 신사(紳士)와의 필담문답록, 하편.

메이지 14년, 신사(1881) 6월 6일.

스에마쓰 : 저는 사귀는 벗이 아주 많습니다. 오늘 오후 3시에 출발하려고 하였는데, 갑자기 긴요한 친구를 만났습니다. 유쾌한 이야기로 시간을 보내다가 약속 시간을 어겼습니다. 용서를 청합니다.

이상재 : 저는 '은근히 믿을만하다'라는 '은근실신(慇懃實信)' 4자로 말하였으나, 귀하께서는 반대로 '시간을 어겨 용서를 청한다'는 '건기청서(愆期請恕)' 4자로 답하였습니다. 저는 마음이 편안하지 않습니다.

스에마쓰 : 이 사람은 성(姓)이 아마노(天野)이고 이름은 하치다로(八太郎)로, 저의 벗입니다. 오늘 귀하의 높은 덕을 흔모(欣慕)하여 덕의 향기를 높이고자 아주 특별히 함께 왔습니다. 존안(尊顔)을 보여 주시기 바랍니다.

이상재 : 선생의 성과 이름은 지금 홍악(鴻岳)을 통해 들었는데, 이같이 찾아오시니 매우 송구하고 부끄럽습니다. 저의 천한 이름과 성은 이상재(李商在)입니다.

---

21 민(忞) : 스에마쓰의 수결이다.

스에마쓰 : 어제 부탁드린 글씨는 이미 훌륭한 솜씨를 내리셨는지요?

이상재 : 먼 바다를 건너온 나머지, 갑작스레 어제 저녁부터 피로가 누적됨이 있었습니다. 오늘 늦게 일어나 아직 붓을 잡지 못했습니다. 마땅히 짧은 기간 내에 졸렬함을 드러내겠습니다. 용서를 바랍니다.

스에마쓰 : 오늘 다시 만남은 어제에 비해 더욱 깊이가 있습니다. 바라건대 제가 본받음으로 삼을 글씨를 내려주실 수 있겠습니까? 매우 부끄럽고 송구합니다.

제가 부탁드리는 약속 날짜를 언제로 택할지는, 오직 귀하께서 글씨를 쓰실 수 있는 날에 맡길 따름입니다. 그러나 저의 소망은 오직 '속(速)'이라는 한 글자에 있을 뿐입니다.

이상재 : 삼가 공손히 받들겠습니다. 제가 귀국에 들어와 애초부터 교유한 사람이 없습니다. 며칠 전에 비로소 내무성 서기관 니시무라 스테키치(西村捨吉) 씨와 더불어 교유가 있었습니다. 그리하여 귀국의 정치 요체를 보게 되어 약간의 소득이 있었습니다. 책과 서류는 당연히 그중에 글자가 우리와 같지 않은 곳이 많아 자세하게 이해하지 못하였습니다. 이 어찌 대추를 씹지 않고 그냥 삼키는 것과 다르겠습니까?[22] 그 상세하지 못한 곳에 나아가 마땅히 하나하나 본질을 취할 것입니다. 바라건대 상세한 답을 내려 주실 수 있겠는지요?

스에마쓰 : 우리의 『황조정요(皇朝政要)』는 하나의 작은 부분에 불과합니다. 그러므로 그 말한 것이 간단하고 생략되어, 자세하게 다 알기에는 두루 미치지 못합니다. 귀하께서 우리나라 지금의 정치 요체를 알고 싶다면 역시 다른 책이 있을 뿐입니다. 어찌 하나의 작

---

22 이 어찌 …… 다르겠습니까? : 꼼꼼하게 이해하지 않고 뭉뚱그려 넘어감을 비유한 말.

은 부분인 『황조정요』에 크게 얽매이십니까? 그러나 우리나라는 예로부터 고유의 문자와 언어가 있는 즉, 이른바 '왜문자(倭文字)'라는 것입니다. 지금 사람들은 번다한 것을 싫어하고 간단한 것을 좋아합니다. 그리하여 바야흐로 지금의 정체(政體)와 사정(事情)을 기재(記載)한 문장은 한문으로 하지 않고 왜문자로 한 것이 많습니다. 그러므로 한문으로 두루 자세함을 다한 책은 없습니다. 그러나 귀하께서 만약 우리나라 지금의 정치 체제를 듣고 싶다면, 저는 재주 없음을 돌아보지 않고 그것에 대해 말씀드리는 바가 있게 될 것입니다.

이상재 : 정말로 귀한 말씀 같습니다. 항상 긴요한 문장에는 이로하(伊呂波) 문자[23]가 많이 사용되어 있으니, 다른 나라 사람이 어찌 상세히 알겠습니까? 당연히 제가 얻은 책자 하나로 질문하는 것입니다.

스에마쓰 : 니시무라(西村) 공은 내무관에 관계되어 있기 때문에 귀하에게 드린 책이 이와 같을 따름입니다. 귀하께서 이 문장의 뜻을 잘 통할 수 없으시니, 제가 그것을 한역(漢譯)해서 그 일단을 보여주기를 바라는 것이지요?

이상재 : 두터운 정의에 깊이 감사드립니다.

스에마쓰 : 요즘 귀국에 개신(開新)과 수구(守舊)의 두 개 당파가 있어서로 다툰다고 들었습니다. 상세하게 회답을 내려주시기 바랍니다.

이상재 : 개신과 수구 등의 문자는 우리나라에 있을 때는 그것을 듣지 못했었습니다. 처음 귀국의 나가사키(長崎)에 이르러 신문에서 보았습니다. 그 가운데 "조선에 개신당(開新黨)이 들어왔다."는 문자

---

23 이로하(伊呂波) 문자 : 일본의 '가나(かな)' 문자를 말한다.

가 있었습니다. 그래서 이곳 사람에게 물으니, 일본에는 본래 이 같은 당론이 있다고 하며, 대개 다른 나라를 유람한 사람을 '개신'이라 한다고 했습니다. 그러므로 저는 다만 그 말을 믿을 뿐입니다. 우리나라에 있을 때는 듣지 못하였습니다. 다시 한 번 청하건대, 귀국에 있는 개신과 수구의 당파가 과연 무엇을 가리켜 하는 말입니까?

스에마쓰 : 귀하 외에 여러 군자들께서 과연 무슨 긴요한 사건이 있어 수백 리 먼 바다를 건너오셨습니까? 저는 단지 유람을 하는 것만은 아니라고 생각합니다. 그 뜻이 어디에 있는지 듣기를 청합니다.

이상재 : 단지 저뿐만 아니라 동행한 여러 사람들은 본디 풍류를 즐기는 사람들입니다. 마음을 같이하여 바다를 건넌 것은 귀국에서 옛것을 회복 한 후의 흥성한 정령(政令)을 보기 위함이며, 또 산수를 유람하는 정취 때문입니다. 어찌 다른 뜻이 있겠습니까?

스에마쓰 : 그렇습니까? 어찌 그렇겠습니까? 이는 깊은 지혜와 원대한 생각을 가진 무리입니다. 풍류의 노닒이라고 핑계대지만 그 실제는 하고자 하는 바가 있는 것입니다. 만약 그대가 풍류의 노닒을 좋아한 것이라면, 어찌해서 사마귀 모양의 작은 섬[24]으로 건너왔겠습니까?

어찌 구주(歐州)와 아시아 나라의 문명이 개화한 수도(首都)를 유람하지 않습니까? 영경(英京)[25]과 불도(佛都)[26]와 아부(亞府)[27]의 모든

24 사마귀 …… 작은 섬 : 일본의 모양이 사마귀처럼 생긴 작은 섬나라임을 말함.
25 영경(英京) : 영국 런던.
26 불도(佛都) : 프랑스 파리.
27 아부(亞府) : 알렉산드리아.

곳이 그대들의 멋진 유람에 알맞을 것입니다. 이는 제가 의문이 있는 바입니다.

이상재 : 무슨 의문이 있습니까? 대저 인생의 유람은 어디로 간들 불가하겠습니까? 그러나 다만 제한 조건이 앞에 있는 법입니다. 귀국은 마땅히 수호통신(修好通信)을 맺은 나라입니다. 그 때문에 와서 유람하는 것일 뿐입니다. 귀국 외에 다른 나라는 애초 서로 통함이 없습니다. 어찌 쉽게 스스로 우리나라의 금지 규정을 어기며 해외 유람을 하겠습니까? 우리나라는 애초 외교 규정이 없으며, 섬기는 것은 오직 청국(淸國)이고, 교유하는 것은 오직 귀국뿐이기에 산을 넘고 물을 건너는 어려움을 꺼리지 않고 온 것입니다. 그대는 어찌 해서 '바다를 건너온 우리[航我]' 등의 글자로 나를 비웃습니까? 그렇다면 저의 이번 행차는 과연 잘못입니까?

스에마쓰 : 감히 묻건대, 귀국의 육해(陸海) 양군의 규정은 어떻습니까?

이상재 : 농사짓는 일은 경험이 풍부한 농부에게 물어야 하고, 정원의 일은 노련한 채소 농사꾼에게 묻는 것이 옳습니다. 군사 제도에 관한 일을 어찌 나와 같은 방랑객에게 묻습니까?

스에마쓰 : 어찌하여 귀하께서는 국사를 비밀로 하여, 하나하나 저의 물음을 이해하지 못하십니까? 국사에 직면하여 말할 수 없는 것은 말하지 않지만, 말할 수 있는데도 다만 말하지 않는 것을, 이른바 '헛되이 비웃는 사람'이라고 하는 것입니다. 귀하께서 기꺼이 그런 사람이 되겠습니까?

이상재 : 비밀을 지키는 것이 아닙니다. 만약 저에게 풍월(風月)을 묻는다면 저는 마땅히 대답할 것입니다. 그러나 군사 제도에 관한 일을 묻는다면 이는 여름 곤충에게 얼음을 묻는 것과 어찌 다르겠습니까?

스에마쓰 : 귀하께서는 유람을 반드시 계속 풍월이라고만 합니다. 그렇다면 어찌해서 우리 내무성의 정해진 규정을 나에게 묻습니까? 이 때문에 이른바 풍류를 핑계로 대는 사람이라고 하는 것입니다. 내가 귀하를 깊이 살펴보았습니다. 귀하께서 어찌 한 명의 풍류인이요, 한 명의 방탕한 유랑인이겠습니까? 이는 그 말을 명분으로 내세우지만 그 행위를 실제로 하는 사람입니다.

이상재 : 저의 이야기 또한 이상할 것이 없는 말입니다. 만약 우리나라 군제(軍制)에 관한 책을 마땅히 앞에 두고 물었다면 저는 당연히 하나하나 대답했을 것입니다. 그러나 이미 그 책이 여기에 지금 없으니, 이것을 두고 "공중을 더듬어 그림자를 찾는다."고 하는 것입니다. 제가 어찌 대답할 수 있겠습니까? 귀국 내무성의 사무(事務)에 있어서는 이미 가지고 있는 책이 앞에 있기 때문에 물은 것입니다. 귀하께서 자세하게 대답을 하려 하지 않으시니, 저는 서각(書閣)의 책(冊)을 맞이하여 벽을 바라보며 배를 잡고 스스로 웃을 것입니다. 제가 염치가 없을 따름입니다.

스에마쓰 : 귀국의 문자와 성음(聲音)이 비록 형태가 다르고 말이 다를지라도, 요구되는 것은 아직도 중국의 평·상·거·입(平上去入)의 사성(四聲)과 동일함이 있는지요?

이상재 : 글자 모양은 중국과 더불어 다르지 않습니다. 다만 성음은 간혹 같지 않은 곳이 있지만, 모두 헤아려보면 같지 않은 것은 백 개 중 하나 정도에 불과합니다.

스에마쓰 : 귀국에서 정해진 문자의 수는 몇 개쯤이나 있습니까? 그 대략 짐작되는 것을 아래에 기술해 주시기를 바랍니다.

이상재 : 이 두 책 외에 또 얼마간 누락된 글자가 있지만, 그 숫자를

어찌 자세하게 알 수 있겠습니까? 저는 일찍이 숫자를 헤아려보지 않았습니다.

스에마쓰 : 이는 제가 옛날에 지은 졸렬한 문장과 시의 원고입니다. 한 번 보시고 바로 잡아 주시기를 바랍니다.

이상재 : 제가 마땅히 즐기면서 보겠지만, 맹인이 단청(丹靑)을 보는 것과 어찌 다르겠습니까? 모든 말하는 것에 또한 이러함이 있을 뿐입니다.

스에마쓰 : 귀하의 훌륭한 시(詩)를 남겨주시기 바랍니다.

이상재 : 일찍이 지어서 쓴 글자 따위가 없을 따름입니다.

스에마쓰 : 지극히 빛납니다.

귀하께서는 어찌 겸양이 그리도 심하십니까? 옛날 말에 이르지 않았습니까? 벗을 사귀는 도리는 믿음으로 이루어진다고 말입니다. 지금 귀하의 겸양은 남을 잘 속이고 부끄럽게 하는 것입니다. 할 수 없는 것이 아니라 하지 않는 것입니다. 이른바 나무 가지 하나를 꺾듯 쉬운 일입니다. 태산(泰山)을 옆구리에 끼고 북해(北海)를 뛰어넘는 듯한 불가능한 일이 아닙니다.

이상재 : 다만 태산을 겨드랑이에 끼는 것이 아니라, 곧장 모기가 태산을 짊어진 것과 같습니다.

성대한 가르침이 이미 이와 같으며 정성을 갖춤이 마땅히 한결같으니, 써서 받들기는 하겠습니다. 하지만 혹 부처 머리에 똥을 바르는 것처럼 오히려 그것을 더럽히는 일이나 아닌지 모르겠습니다.

제가 이번 행차 중 바다를 건너올 때 지은 하나의 단구(短句) 시가 있습니다.

마땅히 그것을 써서 올려, 속인 것을 사죄하겠습니다. 시도 졸렬하고 글씨도 졸렬하여, 두 가지 졸렬함을 갖추었다고 할 수 있습니다.

스에마쓰 : 귀하께서 옛날에 지은 아름다운 시를 내려주시기 바랍니다.

이상재 : 일찍이 지은 것은 없습니다. 설령 약간 지은 것이 있다고 하더라도, 어찌 먼 노정(路程)에 가지고 올 수 있었겠습니까?

스에마쓰 : 그렇다면 가슴 속에 처음 구상했던 시를 기억해 쓰면 좋겠습니다.

이상재 : 가슴속이 꽉 막혀 저장된 것이 없습니다.
이른바 '모든 술병의 술이 함께 바닥났다'는 것입니다.[28]

스에마쓰 : 만약 일찍이 귀하의 뜻이 이와 같이 무정한 줄 알았다면, 애초에 어찌 감히 이러한 것을 요청하였겠습니까? 후회막급입니다.

이상재 : 귀하께서는 무엇을 가지고 저를 떳떳하지 않은 사람이라 여기십니까?

스에마쓰 : 떳떳하지 않은 사람이라고 말한 것은 아닙니다. 지금 오직 정이 없는 사람이라고 생각합니다. 제가 바라는 바가 있어도 허락하지 않으니, 저의 처지에서 보면 어찌 정이 있는 사람이라고 할 수 있겠습니까?

이상재 : 힘을 같이하여 함께 일하는 것이 교우(交友)의 떳떳함입니다. 저는 기꺼이 하지 않으려는 것이 아닙니다. 귀하의 영민한 질문은 항상 저보다 앞섭니다. 저의 한 가지 질문 중에, 귀하는 저에게 자세한 말씀을 잘하지 않습니다. 그러면서 항상 귀하의 질문을 앞세웁니다. 귀하께서 저의 물음을 잘 허락하며 진실하고 간절하게 저를 허여한다면, 제가 어찌 감히 마음속에 있는 그대로를 토로하지

---

28 모든 술병의 …… 것입니다 : 마음속에 남아 있는 글이 하나도 없다는 뜻이다.

않겠습니까?

그러므로 귀하께서 제가 묻는 것을 잘 허락하신다면, 제가 어찌 귀하를 거스르겠습니까? 귀하께서도 동의하시겠습니까? 벗의 도리에 대해 서로 간에 단점을 따지고 장점을 헤아리는 것은 서로 믿는 도리에 맞지 않는다 생각합니다. 한마디로 해서 더욱 부당하기 때문에 이렇게 청을 하는 것입니다.

스에마쓰 : 부탁드린 바의 글씨는 어느 날 완성해서 내려 주시겠습니까?

이상재 : 오늘 만약 써서 드린다면 저의 졸렬한 솜씨가 오늘 탄로 날 것이며, 내일 써서 드린다면 내일 졸렬함을 드러낼 것입니다. 졸렬함을 빨리 드러내는 것보다는 차라리 조금 후에 하는 것이 낫겠습니다. 비록 그러하지만 마땅히 내일 써서 드리겠습니다.

정원(庭園)에 있던 사람은 갔습니까?

스에마쓰 : 천부당만부당합니다.

지금 그로 하여금 종이를 사서, 공(公)께서 글씨 쓰시는 것을 시중들게 하려고 합니다.

이상재 : 한문을 번역하는 사람이 이 근처에 있습니까?

스에마쓰 : 이 근방에 잘 번역하는 사람이 있는지 알지 못합니다.

이상재 : 반드시 번역해야 할 것이 있으나, 다만 알고 지내는 사람이 없습니다. 어쩌지요? 어쩌지요?

스에마쓰 : 이와 같은 책은 달리 엮은 역사서가 있습니다. 당시에 명유(名儒)였던 시게노(重野)[29]와 가와다(川田)[30]가 있으며, 그 밖에 수백

---

29 시게노(重野) : 시게노 야스쓰구(重野安繹, 1827~1910)를 지칭함. 호(號)는 성재(成齋). 사쓰마(薩摩) 출신의 메이지 시기 한학자이자 역사학자이다. 도쿄제국대학 교수를

명의 한학자가 그것을 맡았습니다.

이상재 : 이 두 사람의 이름은 이미 들었으나, 사귐이 없으니 어떻게 합니까? 세 권의 책은 농무(農務)와 상무(商務)의 긴요한 것과 관계가 있습니다. 그러므로 장차 한문으로 번역하여 돌아갈 때 가지고 가려 합니다. 하지만 뜻과 같이 되지 않아 매우 고민입니다. 귀하께서 저를 위해 널리 사람을 찾아 주시기 바랍니다.

그리하여 하고자 하는 번역을 이룰 수 있다면 마땅히 그 사람에게 수고에 보답하는 뜻과 인사말을 전하겠습니다. 만약 귀하께서 직접 해주시는 번역을 얻게 된다면 매우 다행이겠지만, 무례함이 될듯하여 감히 청을 드리지 못합니다.

스에마쓰 : 제가 어찌 감히 그러겠습니까? 귀하께서 저의 졸렬함을 헤아리지 않고 억지로 청하실 줄은 제가 스스로 예상하지 못했습니다. 장차 글씨를 써서 그것을 한역(漢譯)하겠습니다. 이 또한 서로 사귀는 하나의 우정(友情)이 될 것입니다.

이상재 : 만약 귀하의 승낙을 받게 된다면, 어찌 백 명의 벗이 있는 것과 같을 뿐이겠습니까?

지냈으며, 실증주의 역사학의 기초를 쌓았다. 『고본국사안(稿本國史眼)』과 『국사종람고(國史綜覽藁)』 등의 많은 저서가 있다.

30 가와다(川田) : 가와다 오코(川田甕江, 1830~1896)를 지칭함. 메이지 시기의 한학자로 원래 이름은 다케시(剛)이며, 자(字)가 의경(毅卿)이다. 도쿄제국대학 교수를 지냈으며, 저서로 『문해지침(文海指針)』·『근세명가문평(近世名家文評)』·『일본외사변오(日本外史弁誤)』 등이 있다.

후편

메이지 14년, 신사(1881) 6월 12일.
자유서옥 주인, 스에마쓰 지로. 민(忞). 홍악(鴻岳) 필담문답.
조선 신사와의 필담문답록. 후편.

메이지 14년, 신사(1881) 6월 11일.
스에마쓰 지로. 민(忞). 홍악 문답.
조선 신사와의 필담문답록.

스에마쓰 : 어제 당신의 심부름꾼한테서 좋은 기운을 받았습니다. 감사 또 감사드립니다. 아침에 몸이 불편하시다는 말을 듣고 빨리 찾아 뵈려고 하였는데, 그리하지 못했습니다. 사죄드립니다. 오늘 아주 특별하게 왕림하셔서 관심을 가져주시니 저로서는 얼마나 행운인지 모르겠습니다.

이상재 : 그동안에 몹쓸 병이 있어 전날의 약속이 이미 어긋났습니다. 아직도 죄송합니다. 오늘에야 벗을 방문하게 되었습니다. 아울러 전날 어긴 약속에 대해 사과합니다. 용서해 주실 수 있겠는지요? 오늘 비로소 병이 나았기 때문에 특별히 찾아뵈올 따름입니다.

스에마쓰 : 전날에 부탁드린 봉새의 붓을 휘두르고 난새의 먹을 희롱하는 건(件)은 이미 내려주실 기묘한 솜씨를 완성하셨는지요?

이상재 : 본래 졸필인데다가 또 병을 겪은 나머지라, 비록 붓글씨를 얻게 되더라도 당신의 고명한 눈에 맞지 않을까 두렵습니다. 매우 송

구하고 또 죄송합니다.

스에마쓰 : 귀하께서 신의를 다해서 사람을 만나시기에, 덕과 은혜가 우리들에게 미칩니다. 매우 감격하며 우러러 감사드립니다.

이상재 : 무슨 감사할 것이 있으며, 무슨 은혜로움이 있겠습니까? (1구 미상)

스에마쓰 : 어윤중(魚允中)[31]과 홍영식(洪英植)[32] 두 분은 귀국의 신사입니까? 묵객 문사입니까? 저는 젊은 시절 풍류를 좋아하는 버릇이 있었으며, 또 이런 사람들의 글씨를 간절히 구하고자 하였습니다. 그러나 그들과 서로 알지 못했습니다. 귀하께서 중개하여 이런 사람들의 글씨를 한두 장 얻게 해 주시기를 공손하게 청합니다. 귀하께서 잘 주선을 해주시겠는지요? 은혜를 아름다이 내려주시면 감격함을 견디지 못할 것입니다. 마음속 깊이 새기며 공손히 받겠습니다.

이상재 : 마땅히 가르쳐 주신 바와 같이 주선하겠습니다. 그러나 금석(琴石) 홍영식(洪英植)은 수일 전부터 병으로 자리에서 일어나지 못하고 있으며, 학사(學士) 어윤중(魚允中)은 지금 다른 곳에 갔습니다. 다만 며칠 기다린 후에는 당신의 두터운 뜻을 받들어 응할 것입니다.

---

31 어윤중(魚允中, 1848~1896) : 본관은 함종(咸從), 호는 일재(一齋). 재정과 통상 분야에서 경제개혁을 추진했던 온건파 엘리트 관료. 1881년 일본 조사시찰단(朝士視察團)으로 박정양·홍영식 등과 함께 중심 역할을 하였다.

32 홍영식(洪英植, 1855~1884) : 본관은 남양(南陽), 호는 금석(琴石). 18세에 문과에 급제. 일본 시찰단의 일원으로 일본을 다녀왔으며, 미국에 보빙사로 파견되어 근대 문물을 체험하였다. 김옥균·박영효 등과 함께 갑신정변을 주도하였다가 실패한 후 일본으로의 망명을 거부하고 끝까지 고종을 호종하다가 살해당하였다.

한두 마디 짧은 말 사이에 성대하게 나타나는 귀하의 재기(才氣)와 문장(文章)이 과연 어떻습니까? 다시금 죄송하고 부끄럽습니다.

스에마쓰 : 이들 서화는 우리나라의 당시 유명한 여러 선생들이 쓰신 것이며, 저도 말한 사람을 압니다.

이상재 : 한 폭 한 폭의 진귀한 보물과 한 자 한 자의 아름다운 구슬이 이같이 번쩍번쩍 빛나게 펼쳐져 있는데, 저의 보잘것없는 한 필의 글씨는 기와와 자갈돌 같음을 면치 못할 것입니다. 매우 죄송하고 또 죄송합니다.

스에마쓰 : 이 사람은 지금 우리나라 대학의 의학부 총리인 이시구로 다다노리(石黑忠德)[33]라는 사람입니다. 참으로 재주와 학문을 겸비한 사람입니다.

이상재 : 그 성명(姓名)은 서화에 서명되어 있는 것을 통해 이미 알았습니다. 그 글씨를 보며 그 사람을 생각하니, 비록 자리를 마주하지는 않았으나 마치 악수를 하고 흥미진진하게 이야기하는 듯합니다.

스에마쓰 : 이 사람 또한 오늘날에 유명한 홍유(鴻儒)인 가모 시게아키(蒲生重章)[34]인데, 호(號)가 경정(褧亭)이라는 사람입니다. 그 저서로 『근세위인전(近世偉人傳)』과 『가인전(佳人傳)』이 있습니다. 저와는 사이가 좋습니다.

이상재 : 저는 단지 홍악(鴻岳)만이 큰 학자인 것으로 알았습니다. 홍악

---

33 이시구로 다다노리(石黑忠德) : 후쿠시마(福島) 출신의 근대 명의. 서양 의학을 배워 육군 위생부 확립에 진력하였으며, 육군 군의총감을 지냈다. 저서로 『외과설약(外科說約)』이 있다.

34 가모 시게아키(蒲生重章, 1833~1901) : 막부 말기에서 메이지 시대에 걸친 한학자이자 의사이다.

외에 또 한 명의 큰 학자이니, 정말로 존경할만합니다.

경정(褧亭)이 당신의 스승이 됩니까?

스에마쓰 : 제가 교토(京都)에 온 이래로 오랫동안 이 사람과 더불어 스승과 제자로서 사귀었습니다. 하루는 제가 글씨를 부탁하였는데, 생각지도 않게 저의 호를 썼습니다.

이 사람은 나카무라 게이우(中村敬宇)[35]라는 사람입니다. 그는 일본어, 한문, 영어 세 가지 학문에 아울러 통했기 때문에 당시 학자 중 최고가 되었습니다.

이상재 : 자세한 말씀에 감사드립니다.

스에마쓰 : 귀하께서는 일찍이 우리나라의 라이 산요(賴山陽)[36] 씨에 대해 들었습니까?

이상재 : 저는 과문(寡聞)하기 때문에 아직 듣지 못했습니다.

오늘 와서 뵙는 것은 단지 벗을 방문하는 것만은 아닙니다. 약속 어긴 것을 사과하기 위해서이며, 지금 이미 사과를 하였습니다. 되돌아가기를 청합니다.

스에마쓰 : 귀하의 충신(忠信)함은 진실로 다른 사람의 가슴에 새겨집니다. 오늘 차를 한잔 같이 마시기를 청합니다. 잠시 머무시기를 바랍니다.

이상재 : 감사합니다. 감사합니다.

---

35 나카무라 게이우(中村敬宇, 1832~1891) : 본명은 마사나오(正直). 아호(雅號)가 게이우(敬宇)이다. 도쿄제국대학 교수를 역임하였으며, 역서로 『서국입지론(西國立志編)』 등이 있다.

36 라이 산요(賴山陽, 1780~1832) : 에도 시대(江戶時代) 후기의 유학자이자 역사가·사상가·문인·예술가로 이름이 높았다. 저서에 『일본외사(日本外史)』·『일본정기(日本政記)』 등이 있다.

전날 저의 누추한 거소에서 서로 만나고 지금 또 여기서 서로 만나니, 역시 깊은 인연인가 합니다.

스에마쓰 : 이 사람은 곧 저의 글방 감사(監事)입니다. 근래 저와 함께 귀하를 방문했을 때, 긴요한 일이 있어 급히 갔었습니다. 헤아려 주시기 바랍니다.

이상재 : 이 사람이 지은 위인전은 비록 다른 인물을 빌려 나타내었지만, 실제로는 자기의 위인 됨을 스스로 전한 것입니다.

스에마쓰 : 귀하께서 사람을 살펴보는 것은 깊이가 있습니다. 진실로 그렇습니다.

이상재 : 한 번 만나고 두 번 만나고 세 번 만남에 이르러, 그 마땅함은 반드시 독실해지지만 단지 언어가 통하지 않을 뿐입니다. 필담이 아니면, 자리를 부끄러워하며 말없이 서로 바라만 보겠지요.

이것이 과연 굳은 정의(情誼)이겠습니까? 마음속 표현하지 못하는 깊고 많은 뜻들이 이보다 더 지나침이 없을 것입니다. 이미 말이 통하지 않은즉 도리어 사귀지 않는 것보다 못한 듯합니다. 매우 답답하고 답답합니다.

스에마쓰 : 근래 귀하께서 부탁하신 책 번역은, 저의 졸렬하고 천박한 재주를 돌아보지 않고 번역을 해서 이미 탈고를 하였습니다. 하지만 아직 글씨를 깨끗하게 쓰지 못했습니다. 깔끔하게 쓴 것은 겨우 반 장 정도 될 뿐입니다. 오래지 않아 정서를 해서 올리겠습니다. 귀하께서 저의 천박한 재주를 이해해 주시려는지요?

이상재 : 단지 감사할 뿐만이 아닙니다. 번거로움을 끼쳐 도리어 죄송합니다. 비록 정서를 하지 않으셨더라도, 한번 볼 수 있도록 해주시기 바랍니다.

스에마쓰 : 이는 곧 직역을 한 것이며, 저의 사사로운 뜻을 더하지 않았습니다.

이상재 : 직역이 필요치 않습니다. 충분히 뜻을 더하여 저에게도 막힘없이 잘 드러나도록 하는 것이 매우 좋겠습니다. 이러한 뜻을 잘 헤아려 주시기 바랍니다.

스에마쓰 : 다른 초고(草稿)가 있지만, 문자가 멋대로 되어 있어 감히 보여드리지 않았습니다.

이상재 : 보기를 청합니다. 귀하께서 가지고 계신 것 중의 『지리논략(地理論略)』은 단지 귀국의 지리를 논한 것입니까? 천하 지리를 총합하여 논한 것입니까?

스에마쓰 : 과거시험 합격을 결정하는 조목과 방법을 새로 제정했습니까? 선비를 취해 벼슬을 하게 하는 것은 아직도 옛날 제도입니까? 갖추어진 바를 다만 묻습니다.

이상재 : 귀하께서 의문을 품고 가르침으로 삼으시니, 어찌 반드시 잠시인들 놓아두겠습니까? 의혹되는 바를 가지고 요청하신 것은 너무 자신을 낮춘 질문입니다. 제가 마땅히 그 의혹을 풀어드리겠습니다. 귀하께서 선비를 시험해서 인재를 취하는 것에 대해 물은즉, 제가 마땅히 하나하나 다음과 같이 대답을 올립니다. 우리나라에서 선비를 시험하여 인재를 취하는 방법은 그 규정이 여러 갈래입니다. 첫 번째는 제술과(製述科)입니다. 제술과는 각 마을에서 그 마을 내의 문학에 재주와 지식을 갖춘 사람을 천거하여 지방관(地方官)에게 올립니다.

그러면 지방관이 각 마을에서 천거한 사람들을 그 지방의 중심 되는 곳에 모아들이고, 그중 최우수자를 발탁해서 팔도(八道)의 우두

머리인 관찰사에게 올립니다. 관찰사는 또 지방관의 경우처럼 해서 그 최우수자를 발탁하여 조정에 올리는데, 이를 초시(初試)라고 합니다. 조정에서는 정해진 업무 담당자가 각도의 초시에 통과한 사람들을 모두 모아, 그중에서 우수한 사람을 가려 태학궁(太學宮)[37]에 충원시키는데, 이를 진사(進士)라고 합니다. '진사'는 처음 선비의 반열에 나아감을 말한 것입니다. 또 진사에 합격한 사람들로 과거를 열어 인재를 취하는데, 이것을 급제(及第)라고 합니다. 급제 이후에 각기 재주와 기량에 따라 등용합니다. 그 관작(官爵)의 순서에 이르러서는 각기 그 재주를 따르며, 한 가지 논점으로 가리킬 수가 없습니다.

스에마쓰 : 저의 생각이 평범하고 하잘 것 없어, 애초부터 당신의 넓고 큰 도량에 만의 하나도 미치지 못했습니다. 그러나 귀하께서는 '넓고 큰 도량'이라는 뜻의 '뇌뢰(磊磊)' 두 글자로 가르침을 삼고 있으니, 평범하고 하잘 것 없는 제가 어찌 감히 그 넓고 큰 도량을 감당하겠습니까? 공명(公明)하고 평대(平大)함을 어찌 반드시 넓고 큰 도량을 갖춘 연후라야 가지겠습니까? 평범하고 하잘 것 없는 사람 역시 평범하고 하잘 것 없는 가운데 공명이 있고, 넓고 큰 도량을 가진 사람 또한 넓고 큰 도량 가운데 평대함이 있는 것입니다.

이상재 : 귀하께서 하필 이것으로 심하게 책망하십니까? 장차 귀하께서 만약 응답할 수 있는 것으로 물으신다면, 제가 어찌 감히 응대하지 않겠습니까? 귀하의 책망은 실로 무정함에서 나온 것입니다.

다시 한 번 헤아려 용서해 주시기를 바랍니다. 제가 진실로 잘 몰라

---

37 태학궁(太學宮) : 조선시대 성균관(成均館)을 달리 일컫는 말이다.

서 응대하지 못한다는 것을 귀하께서 먼저 알았을 것입니다. 제 스스로 돌이켜 알지 못한 것 또한 '등잔 밑이 어두운 것이요, 담당자로서의 혼매함'[38] 때문이라고 할 수 있습니다.

스에마쓰 : 귀하께서 행하는 날카로운 논조와 설전(舌戰)은 남의 마음속 빈틈을 잘 찌르며 풍자를 내포하고 있습니다. 민첩하고 재주 있음을 저의 둔한 칼로 어찌 감당하겠습니까? 그러나 지금 귀하의 논리(論理) 중에 제가 의혹을 품고 있는 많은 문제들은 잠시 놓아두겠습니다. 지금 아래에 졸렬한 질문을 늘어놓습니다. 회답을 바랍니다.
일찍이 귀국의 공시(貢試)[39]에서 차례를 취하는 방법이 모두 당(唐)나라를 본떴다고 들었습니다.
공명하고 평대한 담력을 가지고 있어, 더 이상 이야기하기를 기다리지 않을 것입니다. 그러나 지금 마음을 닫고 빛을 감추는 것도 역시 귀하의 속마음과는 같지 않을 것입니다. 남자는 말을 할 만할 때는 말하며, 행동을 행할 만하여서는 실행을 합니다. 어찌 가슴속에 제 각각의 뜻을 꼭 끼고 있겠습니까? 하물며 서로 잘 아는 사람에 있어서이겠습니까?

이상재 : '등하불명(燈下不明)' 네 자와 '당국혼미(當局昏迷)' 네 자는 모두 깊이 터득해서 한 말입니다. 우리나라의 정사(政事)는 제가 아직 자세히 알지 못합니다. 그러나 귀하는 신문(新聞)으로부터 이미 그것을 알고 있습니다. 제 스스로 돌이키게 되는 부끄러움이 어떠하

---

38 등잔 밑이 …… 혼매함 : 조선인으로서 조선의 상황을 잘 모르고 있다는 점과, 조선 조정에서 일을 담당하고 있는 자기 자신의 혼매함 때문에, 질문에 답하지 못한 것임을 밝혔다.
39 공시(貢試) : 각 지방에서 시행하는 예비시험인 향시(鄕試).

겠습니까?

근래 귀국의 신문을 본즉, 공정한 문서가 아닙니다. 신문사를 결성하여 떠도는 소문과 글을 그대로 따라 수집한 것입니다. 비록 이번 우리 행차 중의 일을 논하더라도, 간혹 성(姓)을 잘못 쓴 것이 있고, 또 때로는 이름자가 일치하지 않는 것도 있었습니다. 성명이란 것은 밝게 외부에 드러내어, 남이 다 그것을 부르고 남이 모두 그것을 알게 하는 것입니다. 그러나 오히려 이렇게 잘못 쓴 것이 이와 같은데, 하물며 이외의 다른 일이겠습니까? 귀하께서 "그 마땅한 사람을 만나 그 사실을 묻는 것만 못하다."라고 말한 것이, 또한 사정을 깊이 터득한 말입니다. 저는 평소 용렬하고 품위가 낮은 사람입니다.

스에마쓰 : 저는 귀하와 더불어 서로 오고간 것이 수차례입니다. 마음을 서로 열고 이야기를 주고받으며 벗으로 도움을 받은 것이 많습니다. 그러나 귀국의 정사(政事)와 제도(制度)에 이르러서는 이야기하지 못했습니다. 그러므로 지금 저는 다소의 어리석은 질문을 하고자 합니다. 귀하께서 회답을 내려 주실 수 있겠는지요?

이상재 : 질문에도 방법이 있습니다. 답할 수 있는 질문을 한 연후에야 답하는 사람도 그 묻는 바에 답을 할 수 있습니다. 만약 어부에게 농정(農政)을 묻고, 산골짜기 사람에게 어업을 묻는다면, 이는 이른바 "여름 곤충에게 얼음을 묻는다."는 것입니다. 청컨대 귀하께서 제가 대답할 수 있는 것을 묻는다면 저는 마땅히 묻는 바에 답을 할 것입니다.

스에마쓰 : 저의 많은 벗들이 해당 지역의 여러 신문사 사장입니다. 때때로 이야기를 나누는 동안에, 대략 귀국의 사정을 자세히 알게 됩

니다. 또 때로 독서를 통해 귀국의 사정을 대략 알기도 합니다. 그러나 그 나라의 일을 아는 것은 그 나라 사람을 만나 그 사정을 묻는 것만 못하다고 스스로 여겼습니다. 그래서 질문을 하고자 함이 있었습니다. 그러나 귀하께서 그것에 응하지 않으시고, 번지(樊遲)가 농사짓는 것을 물은 일[40]을 언급하셨는데, 그것이 도리어 어떻습니까? 저는 그것을 매우 의아스럽게 여깁니다.

이상재 : 대체로 귀하는 사소한 일에 구애되지 않는 사람입니다. 활달한 마음이 그 실마리입니다.

뜻을 어기고 오만하여 매우 송구합니다.

스에마쓰 : 빛을 감추지 마시고 상세히 가르침을 내려주시기 바랍니다.

이상재 : 빛을 감추었다는 가르치심에 더더욱 송구함이 심합니다. 대저 그 실체가 있고 난 후에 그 빛이 있으며, 그 빛이 있고 난 뒤라야 감춤과 감추지 않음이 있습니다. 모두 빛의 유무에 달려 있습니다. 다만 그 실체가 없는데 어찌 그 빛이 있겠습니까? 이미 그 빛이 없는데 어떤 감춤이 있겠습니까?

스에마쓰 : 성정의 후박(厚薄)은 빛의 농담(濃淡)과 같을 것입니다. 귀하께서는 빛이 있고 없는 이치를 잘 알고 계시는데, 성정이 어떠한 이치인 것인가를 어찌 알지 못함이 있겠습니까?

그러나 귀하의 겸양도 역시 심합니다.

이상재 : 제가 감히 빛의 유무에 대해 잘 안다고 말하는 것이 아니라,

---

40 번지(樊遲)가 …… 물은 일 : 『논어(論語)』「자로편(子路篇)」 제4장의, "번지가 농사일을 배울 것을 청하자, 공자께서 '나는 늙은 농부만 못하다[樊遲請學稼 子曰 吾不如老農]'"라고 한 말을 인용하였다. 여기서는 질문한 내용이 그릇되었다는 뜻이다.

저 자신의 무광(無光)을 스스로 밝히고자 하여 유광(有光)을 논함에 이르니, 죄를 용서해 주시기 바랍니다. 대저 빛이 빛 됨은 사물에 있는 것과 사람에 있는 것이 고르게 한가지 양태입니다. 상서로운 사물에는 빛이 있어 스스로 빛나기를 기다리지 않아도 사람들이 먼저 그 빛을 압니다. 사람이 가지고 있는 빛도 또한 그렇습니다. 사람이 사람을 보고 오히려 이렇게 운운하는데, 하물며 스스로 돌이켜 그 빛이 없는 사람이겠습니까? 저는 빛이 없음을 깊이 잘 알고 있습니다. 그러므로 말투에 드러나는 것도 또한 그렇습니다.

일찍이 역학(易學)을 배웠습니까?

스에마쓰 : 지난번에 찾아뵙고 높은 정성을 입게 된 것에 대하여 깊이 감사드립니다.

저는 오늘 친구 아무개를 방문하던 도중에 갑자기 찾아뵙게 되었습니다. 용서를 바랍니다. 또 지난밤에 말씀하신 성리(性理)의 형태(形態)에 관한 뛰어난 깨우침을 오늘 자세히 얻고자 합니다. 감히 거듭 부탁드립니다.

이상재 : 이(理)와 성(性)은 옛날 현인께서도 오히려 말씀하기 어렵다고 했습니다. 저와 같은 후진(後進)이 어찌 감히 경솔하게 입을 열어 스스로 당돌한 죄를 범하겠습니까? 말하기 어려운 것은 말하지 않는 것만 못합니다. 다른 논점을 꺼내시기 바랍니다.

메이지 14년, 신사(1881) 6월 17일.

자유서옥 주인, 스에마쓰 지로. 민(忞), 홍악 필담.

조선인 월남거사(月南居士) 이상재(李商在)와의 필담록.

이상재 : 뵙게 될 때 반드시 삼가 받들어 올릴 것입니다.

스에마쓰 : 귀하께서 다른 날 한가하면 마땅히 방문해 주십시오. 간절히 청합니다.

5전(錢)입니다.

수레꾼에게 지시했습니다.

곧장 귀하의 임시 숙소에 닿을 것입니다.

저는 오직 귀하의 수고로움이 걱정됩니다. 공경히 감사드립니다.

오직 두 매뿐입니다. 휘호하신 것을 내려 주시기 바랍니다.

감사하고 감사합니다. 지금 문득 차가 도착했습니다.

이상재 : 대가(代價)를 보인 연후에 돌아가겠습니다. 마땅히 빚진 것을 갚겠습니다.

스에마쓰 : 언제쯤 왕림하시겠습니까?

언제쯤 왕림하시겠습니까?

이상재 : 저는 오는 14일이나 15일 중에 귀하가 계신 곳을 찾아뵙겠습니다. 번역하시는 책은 어느 때 완료되시는지요?

스에마쓰 : 저는 평소 의사(醫師)입니다. 그러므로 서옥(書屋) 바깥에 저의 약국인 동인약실(同仁藥室)이라는 이름이 있습니다. 종이 끝 부분에 저의 졸호(拙號)를 써 주시기 바랍니다.

이상재 : 종이의 전후에 공백이 있으므로, 그 전후에 성명을 쓰는 것이

좋겠습니다.

스에마쓰 : 이 초안 시편을 써 주시기 바랍니다.

'자유서옥(自由書屋)' 네 자는 귀국의 글자로 바꾸어서 써 주시기 바랍니다.

'자유서옥' 네 자를 귀국의 글자로 바꾸십시오.

한자와 귀국(貴國)의 문자가 이와 같이 같습니까?

간절히 바라고 바랍니다.

이상재 : 글씨가 졸렬합니다. 용서를 바랍니다.

스에마쓰 : 날아오르는 용과 놀라는 뱀의 형세가 하늘을 꿰뚫는 힘이 있습니다. 감복하고 경복합니다.

이상재 : 사람을 다시금 부끄럽게 합니다.

스에마쓰 : 날이 이미 저물었습니다. 내일 아침에 돌아가시기 바랍니다.

이상재 : 예, 좋습니다. 가르침을 받들겠습니다.

스에마쓰 : 귀하의 숙소까지 거리는 멀지 않습니다.

이상재 : 며칠 전에 숙소를 옮겼습니다.

스에마쓰 : 주소를 아래쪽에 기록해 주시기 바랍니다.

이상재 : 신전구(神田區) 준하대(駿河臺) 북갑하정(北甲賀町) 6번지, 여인숙(旅人宿). 요시히사 긴파치(良久金八)의 집.

스에마쓰 : 어떻게 하면, '용천(龍川)'이란 글씨를 두세 장 써 주시기를 부탁드려도 되겠는지요? 간절히 부탁드립니다.

이상재 : 낙관 도장을 가져오지 않아서 어떻게 하죠? 다시 후일을 기다리는 것이 아마도 좋겠습니다.

스에마쓰 : 저는 먼저 글씨 쓰는 것을 귀하게 여기고, 그 후에 낙관 찍는 것을 귀하게 생각합니다. 그러므로 오늘 휘호를 하고 낙관 찍는 것

은 다른 날로 미루어도 좋을 것입니다. 귀하께서 오늘 쓰시는 것을 허락하시겠습니까?

이상재 : 곤란합니다. 글씨가 졸렬하여 감당할 수 없습니다. 또 저의 글씨인즉 이미 아는 바가 있을 것입니다. 마땅히 제가 이번 행로 중에 있어, 말씀드린 것을 지키고 뜻을 성대히 하겠습니다.

스에마쓰 : 떠나심에 임하여 부채 하나로 마음을 대신해서 나타냅니다. 거듭 감사하는 마음으로 높이 받듭니다.

공경히 읽노라니 놀라움과 부끄러움이 번갈아 이릅니다. 등에 땀이 그치지 않습니다.

이상재 : 시(詩)는 정을 다 나타내지 못했습니다. 홍악(鴻岳)의 본 모습을 다 말로 나타내지 못하여 걱정스럽습니다. 매우 죄송 또 죄송합니다. 어찌 마음을 글씨로 다 나타내고 시로 다 나타내겠습니까?

스에마쓰 : 이미 귀하의 근심을 압니다. 그러나 서너 장의 종이 위에 유명한 분의 솜씨를 얻을 수 있기를 간절히 바랍니다.

이상재 : 글씨가 졸렬한 것은 잠시 놓아두더라도, 창졸간의 글씨에서 또 어찌 여의함을 얻을 수 있겠습니까? 다른 날로 약속을 하는 것이 아마도 좋을듯합니다.

스에마쓰 : 귀하께서 이런 말씀으로 저를 가르치시는 것도 역시 좋습니다. 그러나 무엇이 친구 간에 서로 양보하는 도리이겠습니까? 저의 뜻은 이와 같습니다. 귀하의 생각은 어떠합니까?

이상재 : 어느 날 오시겠습니까?

스에마쓰 : 오는 15일이나 14일 양일 중에 마땅히 찾아뵙겠습니다.

이상재 : 내일은 귀국이 업무를 쉬는 날이라고 들었습니다. 과연 그렇습니까? 그렇다면 내일은 벗을 방문하는 일도 전적으로 해서는 안 되

는지요? 알려주시기를 바랍니다.

스에마쓰 : 정말로 그렇습니다. 유신(維新) 이래로 서양의 종교를 본받아 7일을 1주일로 하고, 일주일의 시작을 일요일로 하였습니다. 도시와 시골이 다 같이 휴업입니다. 저는 내일 공동 연설회의 중요한 일이 있습니다. 그러나 만약 당신의 명령을 받게 되면 당신의 명령대로 하겠습니다.

이상재 : 제가 어찌 감히 마음대로 요청하겠습니까?

스에마쓰 : 이 글씨는 왕림하실 때 가져다 주시겠는지요?

이상재 : 그렇다면 마땅히 말씀처럼 하겠습니다.

스에마쓰 : 귀하께서 오늘 인장을 가지고 오셨습니까? 만약 뵈올 때 가지고 오실 수 있다면 가져오셔도 되겠습니다.

그때 역시 이전에 제게 부탁하신 번역 책을 드릴 수 있을 것입니다. 귀하께서 그때까지 잘 기다려 주시겠는지요?

이상재 : 이 말씀인즉 감당할 수가 없습니다. 대저 사람이 사람다운 것은 먼저 염치를 급선무로 여깁니다. 그런 다음에 인의예지(仁義禮智)가 또한 그 마음속에 있게 됩니다. 전날에 번역을 부탁한 것이 비록 부득이함에서 나왔다지만, 다시 또 이것으로 귀하에게 번뇌를 끼치게 되니, 이는 단지 제가 우의(友誼)의 두터움만을 알고 염치(廉恥)가 어디 있는지를 알지 못하는 것입니다.

스에마쓰 : 귀하께서 비록 우의(友誼)로써 이런 말씀을 하시지만, 저로서는 황송하고 또 황송합니다.

이상재 : 만약 귀하께서 사람을 추천하지 않았다면, 책을 번역하는 한 가지 일은 장차 단념했을 것입니다. '잘 기다리라'고 하신 '선대(善待)' 두 글자가 아마도 저의 빚진 것을 면제시켜 주지는 않겠지요?

스에마쓰 : 귀하께서 '결코 감당할 수 없다'고 말씀하신 것은 무엇 때문입니까? 저는 매우 의아합니다. 모든 교우(交友)의 도리는 믿음을 최우선으로 여깁니다. 이미 믿는다면 마음을 토로하고 가슴속 생각을 여는 것은 너무나 당연할 따름입니다. 귀하께서는 한결같이 책 번역을 저에게 부탁하였습니다. 저는 비록 졸렬한 재주를 면하지 못했지만, 오직 '신(信)' 한 글자만을 생각합니다. 그러므로 제가 만약 그것을 할 수 없다면 제가 알고 있는 문학(文學)하는 벗에게 그 번역을 맡겨서라도 저의 책임을 다할 것입니다. 그러나 지금 들은 귀하의 말씀은 진실로 이해가 되지 않는 바입니다. 귀하께서는 이 점을 어떻게 생각하십니까?

이상재 : 귀하의 말씀 또한 잘못되지 않았습니다. 제가 도리(道理)를 지키다보니 말이 무거워졌던 것입니다. 그러나 먼저 염치를 생각하는 것이 옳습니다.

제가 가볍게 한 말인데도, 귀하의 말씀이 이처럼 달라지니 제가 과연 무슨 말을 더 하겠습니까?

스에마쓰 : 저의 벗이 아니었다면 저는 감히 허락하지 않았을 것입니다. 이미 저의 벗이 되었다면 저의 뜻에 맡겨야 합니다. 이것이 당연합니다.

이상재 : 귀하께서 어찌하여 이같이 말씀하십니까? 제가 부탁드리는 것은 후일 다시 번역할 책이지, 며칠 전에 부탁드린 책이 아닙니다. 다만 며칠 전에 부탁드린 것을 거론한 것입니다.

스에마쓰 : 저와 귀하는 이미 재차 만난 정의(情誼)가 있습니다. 그리고 단지 재차 만난 것만이 아니라 정의가 이미 아주 친밀합니다.

그러므로 제가 부탁드린 것을 귀하께서도 허락하셨던 것입니다. 그

런데 지금 어찌 이런 말을 다시 꺼내십니까? 귀하께서 한마디 말씀으로 저를 나무라시는 것은 저의 잘못이 아닙니다. 곧 귀하께서는 스스로 자신에게 잘못이 없도록 하지만, 저로 하여금 죄인의 마음을 가지도록 만듭니다. 어진 군자에게 어찌 이러함이 있는가를 다만 다시 생각합니다. 저는 마땅히 귀하께서 저를 나무라신 것처럼 귀하를 나무라는 것입니다. 귀하께서 이 점을 용서하시겠지요? 친구 간에 충고를 하는 것도 또한 하나의 좋은 도리일 것입니다.

이상재 : 귀하께서 앞으로 속히 번역하고자 하는 책의 분량이 많습니까? 귀하께서 만약 빨리 하고자 하지 않는다면 제가 하루나 이틀 중에 (원문 누락)

이는 서양의 번역서와 관계된 것으로, 곧 만국 지리를 간략하게 논한 것입니다. 우리나라 지리서는 병법에 필요한 지리지(地理誌)가 있습니다. 귀국의 지리지는 병법에 필요한 것 외에 농사 업무에 관한 것은 더 없습니까?

스에마쓰 : 우리나라는 예로부터 식물을 심어 가꾸는데 관한 책이 많습니다. 이를테면 『농학전서(農學全書)』, 『농무소언(農務小言)』 등과 같은 것이 있습니다. 그러나 근래 우리 정부와 국민이 함께 근본으로 삼고 귀하게 여기는 것은 서양의 농학을 위주로 하는 것이 많습니다. 그러나 괜찮은 번역서는 아직 보지 못했습니다. 지금 번역이 끝난 책은 오직 서양에서 온 농학(農學)이 있으며, 다른 몇 종류가 세상에 성행하고 있을 뿐입니다.

이상재 : 번역된 것이 한문입니까? 귀국 고유의 일문(日文)입니까?

스에마쓰 : 당시에 배포된 책은 대개가 이른바 한문과 일문이 함께 섞인 책일 따름입니다. 농학으로서 정사(政事)에 관한 것은 오직 『농정본

론(農政本論)』[41]이 있을 뿐입니다. 이 역시 두 가지 문자가 섞인 것입니다.

이상재 : 『농정본론』은 몇 책입니까?

스에마쓰 : 전부 5책입니다. 1책이 30 내지 40장에 불과합니다. 귀하께서 만약 해당되는 필요한 부분을 열람하고자 하신다면 제가 마땅히 가려내어 그 한두 곳을 번역할 수 있을 것입니다.

이상재 : 어찌 감히 바라겠습니까? 두터운 정(情)에 우러러 감격합니다.

스에마쓰 : 초고(草稿)의 글자가 거칠어 완전하지 않으므로 재차 바로잡아 올리겠습니다.

이상재 : 어찌 반드시 그처럼 하겠습니까? 보여주시기 바랍니다.

스에마쓰 : 반드시 있는 그대로를 번역하지는 않겠습니다. 간혹 위쪽도 있고 아래쪽도 있을 것이며, 혹은 남겨두고 혹은 빼는 부분도 있을 것입니다. 하지만 문리(文理)가 서로 이어질 수 있다면, 비록 나와 같은 무식한 사람이라도 잘 볼 수 있도록 하겠습니다. 너그러이 이해하여 주시겠습니까?

이상재 : 만약 빨리 할 수 있다면 더욱 더 다행이겠습니다.

이 외에도 또 중요하고 절실하게 번역할 책이 있으나, 귀하께서는 반드시 여가가 없을 것입니다. 바라건대 저를 위해 한 사람을 널리 구해서 저의 이 소원에 부응해 주신다면, 그 소요되는 물품은 마땅히 돌려 갚겠습니다.

---

41 『농정본론(農政本論)』 : 에도(江戶) 후기 경제학자 사토 노부히로(佐藤信淵, 1769~1850)의 저서이다. 농정학(農政學) 대성에 힘썼으며, 국가사회주의를 제창하였다. 이 외에도 『방해책(防海策)』, 『우내혼동비책(宇內混同秘策)』 등 다수의 저서가 있다.

스에마쓰 : 귀하께서 번역하고 싶은 책이 있다면 제가 여러 벗들에게 말할 것입니다. 그러나 감히 보수는 이르지 않아야 합니다. 단지 노력하는 공로에 대해 보상을 바라는 것은 친구간의 정의(情誼)도 아니고, 또 인정도 아닙니다. 이른바 비천한 장사치의 수단이라는 것입니다. 저희는 결코 듣지 못했는데, 대충 해당되는 사실을 듣고자 합니다. 제가 들은 바에 의거하면, 이 두 당파[수구파와 개화파]가 서로 알력(軋轢)을 벌임에 기인하여 갈등을 낳은 것입니다. 귀하께서는 정말 알지 못하였습니까? 장차 도모하고자 하는 은밀한 일을 다른 사람에게 알리겠는지요?

이상재 : 제가 일본에 도착한 때로부터 비로소 개화(開化)와 수구(守舊)의 이야기를 들었습니다. 우리나라에 있을 때는 진실로 그것을 들어 알지 못했으며, 또 갈등을 낳은 일도 없었습니다. 무슨 숨김이 있겠습니까?

스에마쓰 : 귀국의 과거(科擧) 시험에서 선비를 등용하는 방법은 지금도 청나라 조정의 제도를 본뜨고 있습니까?

귀국의 옛날 제도는 정당(政堂)[42]에 항상 3공 6경을 배치하여 사무를 관장한다고 일찍이 들었습니다. 지금도 아직 그렇습니까?

이상재 : 우리나라에서 과거를 시행하여 선비를 취하는 법은 온전히 송나라 명나라 제도를 본받은 것일 따름입니다. 관제(官制)는 조정의 3공 6경으로부터 여러 집사(執事)의 직위에 이르고 있습니다. 이는 귀국(貴國)과 대동소이합니다.

스에마쓰 : 날이 이미 저물었습니다. 후일을 기약해서 다시 만나기를

---

42 정당(政堂) : 임금이 신하들과 더불어 국정을 의논하던 곳이다.

바랍니다. 공경히 감사드립니다.

□ : 정신이 혼미한 터라, 어찌 이것을 생각할 수 있었겠습니까? 오직 허물하지 마시기를 바랍니다.

스에마쓰 : 귀하께서는 귀국의 이상재(李商在)를 아십니까? 월남(月南)이라는 호를 가진 사람입니다. 당연히 그를 알 것입니다.

월남은 문학하는 사람입니까? 관직을 맡고 있는 관리입니까?

□ : 월남은 문학하는 선비입니다. 잠시 과거시험에 합격하지 못하고 있습니다. 잠시 동안 합격하지 못하고 있지만, 앞으로의 영달은 헤아릴 수 없습니다.

스에마쓰 : 저는 전날에 어윤중(魚允中) 씨를 방문하였습니다. 그 역시 문학하는 선비이며, 귀한 직위에 있는 사람입니까?

□ : 어공(魚公) 또한 문학하는 사람입니다. 문과에 급제하여 일찍이 홍문관(弘文館) 응교(應敎)를 지냈습니다.

스에마쓰 : 귀국에 개화와 수구의 두 개 당이 있다고 들었습니다. 그렇다면 지금 귀국의 벼슬하는 선비들은 개화당입니까? 수구당입니까?

□ : 우리나라에는 이 두 당을 겉으로 내세우는 이름이 없습니다. 이는 잘못 들은 것입니다.

스에마쓰 : 저의 친구로 이곳의 여러 큰 신문사 사장이 된 사람이 아주 많습니다. 요즘 그런 인물이 되는 것도 또한 그 공정함을 이룹니다. 그러나 새롭습니다.

□ : 몸이 건강하지 못하면서 아울러 글자 보는 일을 하고 있습니다. 그리하여 겨를이 없어 글씨 쓰는 일에 등한했습니다. 차라리 후일 맑고 한가로운 여가를 기다려서 귀하의 뜻에 따라 써서 드리겠습니다. 사정을 헤아려 용서하십시오.

스에마쓰 : 오직 귀하께서 한가하신 때에 써서 내려주시는 것이 좋겠습니다. 그렇다면 언제쯤 한가하게 되겠습니까?

□ : 잠시 동안은 감히 미리 대답할 수가 없습니다. 후일 글씨 쓸 때를 알려드리겠습니다. 그때 다시 방문하신다면 마땅히 써서 응하겠습니다.

스에마쓰 : 그렇다면 저는 내일 늦게 오겠습니다. 종이를 가지고 찾아뵙겠습니다.

그때 즉시 글씨를 써서 내려 주실 수 있겠습니까?

□ : 며칠 내에는 글씨를 쓸 겨를이 없으며, 어느 날이라고 말할 수도 없습니다. 여가가 있는 날 마땅히 뜻을 받들어 요청에 응하겠습니다. 도로 가져 가셨다가 후일 다시 방문해 주시기를 바랍니다.

스에마쓰 : 귀하께서는 중국말을 잘하십니까?

간절히 바랍니다. 귀하께서 한가함을 틈타 모레 중에 글씨를 내려 주시겠습니까?

□ : 제가 돌아갈 기일은 아직도 멉니다. 문자(文字)의 작업을 다 마친 후에는 한가할 것입니다. 글을 쓸 때 와서 청하시면 좋겠습니다. 마음은 바쁘고 생각은 급합니다.

조준영 : 뜻밖에 내방해 주시어 깊이 감사드립니다. 저는 처음 참석합니다.

조준영(趙準永)[43]입니다.

---

43 조준영(趙準永, 1833~1886) : 본관은 풍양(豊壤). 자는 경취(景翠), 호는 송간(松磵). 문과에 급제, 1875년 성균관 대사성이 되었다. 1881년에 조사시찰단의 일원으로 일본의 행정·산업·교육 등을 시찰하고 귀국하여 신문의 필요성을 주장하였다. 이조참판, 개성유수를 거쳐 1886년 협판교섭통상사무(協辦交涉通商事務)에 전임하였다. 편저서로 『일본문

스에마쓰 : 얼마 전에 이봉식(李鳳植) 선생에 대해 들었습니다. 그 사람은 과연 누구입니까?

조준영 : 이봉식은 옆방에 있습니다.

스에마쓰 : 선생이 이봉식입니까?

이봉식 : 저입니다. 이 같은 방문을 받게 되어 매우 기뻐 감동스럽습니다.

스에마쓰 : 저는 젊어서부터 풍류를 좋아하는 버릇이 있었습니다. 짚신을 신고 큰 삿갓을 쓰고 사방의 명문(名門)을 멋대로 유람한 것이 오래되었습니다. 이르는 곳마다 글씨를 엎드려 청하여 그 사람의 뜻을 공손히 사모하였습니다. 어제 친구 모씨의 자리에서 귀하의 성함과 거처하고 계신 곳을 자세하게 알았습니다. 그리하여 오늘 아주 특별하게 와서 인사를 올립니다. 귀하께서 버리지 않고 잘 헤아려 주시기를 바랍니다. 명가(名家)의 평소 뜻을 사모합니다.

저는 귀하께서 글씨를 잘 쓴다는 것을 들은 지 오래되었습니다. 그러므로 글씨 쓰는 수고로움을 너그러이 하시어 휘호를 내려 주시기를 빕니다.

이봉식 : 저는 거칠고 졸렬함을 헤아리지 않고, 대충 요청에 응해서 드립니다.

(하루를 넘기다.)

견사건(日本聞見事件)』이 있다.

메이지 14년, 신사(1881) 6월 6일.
조선의 서가(書家) 이봉식(李鳳植)[44]과의 필담록.

스에마쓰 : 오래도록 높은 명성을 들었으나 아름다운 광채를 접하지 못했습니다. 갈망하며 상상하던 마음을 그만두지 못했습니다. 그 때문에 오늘 중간에 소개하는 사람도 두지 않고 갑자기 선생의 손을 잡아당기게 되었습니다. 불경한 죄를 깊이 용서해 주시기 바랍니다. 오늘 우러러 뛰어난 모습을 보고, 평소 경모(敬慕)하던 생각을 다 풀 수 있게 되었습니다. 너무 기쁘고 감격스럽습니다.

저의 성은 스에마쓰(末松)이고 이름은 지로(二郎)이며, 스스로 부르는 이름은 홍악초사(鴻岳樵史)입니다. 홍악(鴻岳)은 제가 살고 있는 곳입니다. 나라는 규슈(九洲)의 서쪽 모퉁이에 속합니다.

스에마쓰 : 이 서첩 위에 휘호를 간절히 원합니다.

이봉식 : 지금 바야흐로 대문을 나왔기 때문에 혼잡하고 어수선합니다. 후일 어깨의 병이 나은 후에 써서 드리겠습니다.

스에마쓰 : 여기에 이르는 것도 저절로 유쾌해집니다. 귀하께서 글씨를 써 준다는 약속을 넘겼기 때문에 오늘 아주 특별히 찾아뵙고 요청드립니다.

이봉식 : 오랫동안 소식이 끊겨 궁금하던 차에 얼굴을 보게 되니 많은 위안이 됩니다. 저는 여러 달 동안 냉하고 따뜻한데 번갈아 있게 되어, 담(痰)이 신변에 침입하였습니다. 그리하여 견비통(肩臂痛)으

44 이봉식(李鳳植, 1845~?) : 자는 순의(舜儀). 본관은 한산(韓山). 거주지는 한성(漢城).

로 팔을 움직이기가 매우 어렵습니다. 오랫동안 휘호를 그만두고 하지 않았던 것을 가련하게 여겨, 후일을 좀 기다려 주는 것이 좋을 따름입니다.

스에마쓰 : 선생께서 지난날 홍 씨(洪氏)[45]의 자리에 있던 사람들을 놀라게 하며 휘호를 하신 분이 아닙니까? 무릇 좋은 글씨란 일부로 감히 붓을 잡은 것이 아닙니다. 홍 씨와 함께한 자리에서 휘호한 것이 그 누구였는지 모르겠습니다.

이봉식 : 홍 공을 동행한 사람이었을 따름입니다.

스에마쓰 : 선생의 어깨와 팔에 있는 찌르는 통증은 진실로 놀랍고 걱정스럽습니다. 그러나 저는 오늘 아주 특별하게 서화첩을 가져왔습니다. 선생께서 저의 뜻을 잘 헤아려 주시기 바랍니다. 즉시 (결락)

메이지 14년, 신사(1881) 7월 11일 오전 10시. 세 번째 모임.
자유서옥 주인, 스에마쓰 지로.
조선의 서가(書家) 이봉식(李鳳植)과의 필담록.

스에마쓰 : 지난날 뛰어난 모습을 대한 이후로 찾아뵙고 인사를 드리지 못했습니다. 그쪽의 사정이 어떠합니까? 저는 비록 오활하고 광망하며 엉성하고 호방한 자질이지만, 젊어서부터 풍류를 좋아하는 버릇이 있었습니다. 귀국의 사람이 우리나라에 배로 왔다는 것을 듣고 갑자기 찾아왔습니다. 장차 자신을 알아주는 유익함이 많을 것

---

45 홍씨(洪氏) : 홍영식(洪英植)을 지칭한다.

입니다. 저 귀국의 홍영식(洪英植), 어윤중(魚允中) 씨 등과 같은 경우에는 벗으로 사귀어, 서로 내왕하는 것이 가장 많습니다.

귀하께서 만약 긴요한 일이 있다면 마땅히 빨리 떠나겠습니다. 그러나 저는 이 서화첩에 속히 휘호를 내려 주시기를 간절히 바랍니다. 귀하께서 헤아려 주십시오. 제가 오늘 저녁에 마땅히 시중드는 심부름꾼이 가지고 가도록 하는 것이 어떻겠습니까?

이봉식 : 오늘 저녁은 귀국 사람과 서로 만날 약속이 있습니다. 마땅히 내일 아침에 심부름꾼을 보내겠습니다.

스에마쓰 : 이 졸렬한 저의 시고(詩稿)는 다행히 이미 귀국의 내각대학사(內閣大學士)이며 참정의관(參政議官)이신 홍영식(洪英植) 씨와 어윤중(魚允中) 씨가 논평한 것을 얻었습니다. 귀하께서 한 말씀을 지어 주시기 바랍니다. 마땅히 덧붙이는 한마디 말로, 천리마 꼬리에 붙어 있는 파리와 같은 이득을 덩달아 얻고자 합니다.

그러면 내일 마땅히 저의 집 심부름꾼으로 하여금 함께 가지고 가게 하겠습니다. 그러므로 그때 휘호를 두 개 내리셔야 합니다.

일은 가끔 사람에게서 말미암습니다. 저는 예로부터 교유(交遊)하는 사람 간에 겸양해서 빛을 감추는 일이 있다는 것을 들어보지 못했습니다.

이봉식 : 말씀이 지당합니다. 그러니까 귀하께서 이런 뜻을 깊이 헤아리시어 의심하지 마십시오. 홍 씨와 어 씨 두 분께서 일찍이 귀하의 집을 방문했습니까?

스에마쓰 : 여차여차해서 왕래한 지가 이미 수회(數回)나 됩니다. 사해(四海)의 안에 누가 형제가 아니며, 서로 만나 알고 지내는 사이에 누가 친구가 아니겠습니까? 다만 근래에는 혹 사귐을 맺은 것이 이

른가 늦은가, 혹은 서로 간에 왕래한 숫자가 많은가 적은가에 따라서 인심의 순박함과 각박함이 다릅니다. 그러나 귀하께서는 반드시 이러한 것을 매우 좋지 않게 여길 것이라 생각합니다. 오로지 인정이 통하고 마음이 통하는 것을 중요시해야 할 것입니다. 혹시라도 귀하께서 이러한 뜻을 깊이 헤아리는 것이 길이길이 저에게서 벗어나지 않겠지요? 저는 귀국의 여러 고귀한 참정의관(參政議官) 칠팔 명과 사귐을 맺었습니다. 그러나 좋아하는 감정이 귀하에게 최고입니다. 동행한 사람들은 다른 관사에 머뭅니다. 오늘 약속이 있기 때문에, 지금 글씨를 재촉하기에 이르렀습니다.

아마도 귀하와 함께 오래 같이 있지 못할 듯합니다. 매우 죄송합니다.

이봉식 : 조금도 심려치 마십시오. 긴요한 약속이 있다면 마음에 꺼리지 말고 가시기 바랍니다.

스에마쓰 : 지난날 홍 씨가 찾아 왔을 때, 또한 김락준(金洛俊)[46] 씨를 만났습니다. 마침 습하고 더운 때인지라 여러 번 누각에 오르기를 권했으나 기꺼워하지 않고 갔습니다. 제가 요전에 부탁한 휘호 한 건(件)을 귀하께서 써 주실 수 있겠습니까?

이봉식 : 글씨는 졸렬하고 말도 매끄럽지 못해, 부처 머리에 똥을 칠한다는 탄식이 있을까 두려울 뿐입니다.

스에마쓰 : 뛰어난 솜씨를 감추지 마십시오. 겸양은 혹 (결락)에서 말미암습니다.

---

46 김락준(金洛俊) : 개항기 부산에서 일본어 통역관으로 활동한 관료, 1881년 박정양(朴定陽)의 통역관으로 일본에 다녀왔다.

이것은 제가 열 두세 살 어린 시절에 지은 옛날의 시고(詩稿)입니다. 옛날 원고는 여러 명가(名家)의 평가와 교정을 거쳤습니다. 이번에 등사기로 찍음에 있어, 오직 내가 알고 있는 청(淸)나라 문학가와 귀국 문학사(文學士)의 평가와 교정을 청하는 것입니다. 귀하는 문학을 하는 큰 학자입니다. 즉시 한 말씀을 지어 주시기 바랍니다.

이봉식 : 저는 문학하는 선비가 아니고, 곧장 거리낌 없이 제멋대로 노는 사람입니다. 어찌 감히 학식이 뛰어나고 높은 안목을 지녔으며 커다란 명성을 지닌 사람 앞에 한마디를 꺼내겠습니까?

스에마쓰 : 마음에 꺼림 없이 자유로이 행동하는 사람이 문학에도 재주가 많은 법입니다. 지금 귀하께서 이 글을 이별의 기념으로 내려주시겠습니까? 저희는 오직 문학하는 선비[47]가 마음에 꺼림이 있어 자유롭지 못할까를 염려할 뿐입니다.

제가 평소에 비록 우활하여 어설픈 호걸 짓을 하지만, 그렇다고 세상 사람들의 본바탕을 받아들이지 못하겠습니까? 풍류를 즐기며 마음대로 거리낌 없이 노는 버릇이 있기 때문에 일본과 중국인을 따지지 않습니다.

스스로 충분히 도움이 되는 사람이라고 여기면, 찾아가서 그 의견을 듣습니다. 이미 귀국의 홍 씨와 어 씨가 머무는 곳을 듣고, 지난날 이후로 수차례 서로 만났습니다. 진실로 오랫동안 서로 알고 지낸 듯했습니다. 이는 장주(莊周)가 말한 '거스름이 없는 사귐'이요, 공자(孔子)께서 말씀하신 '물처럼 담담한 사귐'입니다. 두 분 또한

47 문학하는 선비 : 이봉식을 가리킨다.

수차례 서로 왕래하여 매우 유쾌하게 생각합니다. 그러나 교정(交情)의 친밀함과 서로 안 것이 오래됨은 귀하에게 (결락) 해집니다. 저는 요전에 그 절반을 번역했습니다. 그러나 그 학과(學科)의 세밀함에 이르러서는 수십 면으로 다 갖출 바가 아니었습니다. 그러나 저는 귀하께서 타이르신 대로 가급적 두루 상세함을 다하였습니다. 그러나 귀하께서 만약 실용적인 데 사용하지 않으신다면 이 상세하게 번역한 책은 다만 그림 속의 떡과 같을 뿐입니다. 그 대략을 기억하여도 좋겠지만, 만약 실제의 경우에 시행한다면 더욱 좋을 것입니다. 근래에 이미 대학(大學) 의학부(醫學部)의 정해진 규칙과 학습하는 과정 및 병원의 규칙은 번역을 마쳤습니다. 학교를 열어 완성하는 데 관한 규칙 제도는 아직 번역하는 데 이르지 못했습니다.

이봉식 : 의학과 병원에 관한 규칙은 이미 번역이 다 되었습니까? 이것이 어찌 일시에 배울 수 있는 일이겠습니까? 곧장 그 규칙을 훑어보고 그 정해진 규칙이 어떠한지를 살피는 데 불과할 따름입니다. 이미 번역한 것을 상세히 보여주시기를 청합니다.

스에마쓰 : 번역 책의 뜻을 완전히 통하게 하는 것인즉 제가 어찌 감히 할 수 있었겠습니까? 오직 귀하의 부탁을 소홀히 할 수 없어 그 책임만을 때웠을 뿐입니다.

(결락) 구절(句節)은 개정하는 것이 좋을 것입니다. 귀하의 뜻이 어떠한지 모르겠습니다.

이봉식 : 근래 병과 더위로 인해 아직 꼼작도 못하고 있는 중입니다. 지금 오랜 친구의 맑은 풍모를 보게 되었으니 병이 나을 것입니다.

스에마쓰 : 우리나라 시문(詩文)의 개조(開祖)이신 히로세 단소(廣瀨淡

窓)[48] 어른의 연구(聯句)에 이르기를 "찌는 더위 고통은 진(秦)나라의 혹정이요, 맑은 바람 맞이함은 한(漢)나라의 왕이로다."라고 하였습니다. 이 하나의 연구는 중국인들로부터 좋은 평가를 얻었으며, 후세 사람들의 입에 자주 오르내린 지가 오래되었습니다. 그러므로 저는 이러한 뜻을 취하여 위와 같이 말했을 뿐입니다. 그러나 이 구절이 시의 조화로움과 어울리는지를 알지 못하겠습니다. 귀하께서도 정말로 시의 음률과 어울리지 않는다고 여기십니까?

또 이 같은 말은 제가 왕왕 중국인이 통역한 경우와 편지 중에서 많이 보았습니다. 제가 중국인 모씨(某氏)의 중국말 강의에 나아갔을 때도 왕왕 이 같은 말이 있었습니다. 귀하께서는 정말로 사용할 수 없다고 생각하십니까?

이봉식 : 대한(大寒)과 양춘(陽春)으로 논한 것은 곧 송나라 염락(濂洛)[49]의 정론(正論)입니다. 그러므로 제가 다만 이에 나아가 말하는 것입니다. 특별히 히로세(廣瀨)의 시가 시의 음률에 어울리지 않는다고 감히 말할 수 있겠습니까?

스에마쓰 : 귀하께서 지난날 부탁하신 여러 관청에서 설립한 학교의 여러 가지 규칙과 제도는 (결락)

---

48 히로세 단소(廣瀨淡窓, 1782~1856) : 에도 시대의 유학자(儒學者)이자 교육자(教育者)이며, 한시인(漢詩人)이다.

49 염락(濂洛) : 중국 송나라 주돈이(周敦頤)와 정호(程顥) 정이(程頤)의 학문을 가리킨다. 주돈이는 호남성(湖南省) 염계(濂溪) 출신이고, 정호와 정이는 하남성(河南省) 낙양(洛陽) 출신이다.

메이지 14년, 신사(1881) 7월 12일. 제11회 만남에서의 필담.
자유서옥 주인, 스에마쓰 고가쿠 지로오(末松鴻岳二郎). 민(忞).
조선 문학사 이월남과의 자리에서 나눈 필담록.

스에마쓰 : 오직 무더위의 포악함을 진(秦)나라 정치(政治)로 비유한 것은 있으나, 아침의 청량함이 한(漢)나라 제도와 같다는 것은 아직 접해보지 못했습니다. 오랫동안 인사를 드리지 못했습니다. 귀하의 근황은 어째 평소보다 더 평안한 듯합니다. 매우 기쁩니다.

이상재 : 저는 진나라 정치가 한여름의 더위와 같다는 것은 들어보지 못하였으며, 다만 그것이 한겨울의 추위와 같다는 것만 들었습니다. 또 한나라 제도가 이른 가을의 서늘함 같다는 것은 들어보지 못했으며, 다만 그것이 따뜻한 봄날 같다는 것만 들었습니다. 큰 더위와 가혹한 벼슬아치는 떠나가고, 맑은 바람과 옛 친구가 오기를 바랍니다.

메이지 14년, 신사(1881) 7월 12일.
자유서옥 주인, 스에마쓰 지로. 민(忞). 홍악(鴻岳) 필담.
제 11회째 만나는 모임 자리.
조선 신사와 함께한 자리에서의 필화록(筆話錄).

음식을 먹다.

이상재 : 군자는 도가 존재함을 눈으로 직접 볼 수 있습니다. 지금 공께서 그러할 수 있습니다. 한마디 말씀이 곧장 깨달음입니다.

스에마쓰 : 도를 깨닫게 하고 세상을 깨우쳐주는 금언(金言)은 천고에 꺾이지 않습니다. 모름지기 자신을 비추어 볼 수 있는 거울 같은 가르침을 보배롭게 여겨 소중하게 갖추어야 합니다. 선생의 높고 뛰어남을 진실로 기뻐한즉, 경복(敬服)할 만합니다.

이는 저와 지기(知己)로 사귀고 있는 선비의 서화첩입니다. 선생께서 한마디 말씀을 써 주시기 바랍니다.

제가 거침없이 말한 죄가 헤아릴 수 없을 만큼 많습니다. 선생께서 번거롭고 유감스러워하시는 중에 재차 말씀을 드립니다. 그러나 저는 오로지 오늘 선생께서 이 하나의 서첩에 휘호해 주시기를 원합니다. 나머지 종이는 날이 한가하신 때에 맡기겠습니다. 선생께서 글씨 쓰는 수고로움을 너그러이 용서하십시오. 이에 간절히 바랍니다.

이상재 : 지금 그런 여가가 없음을 살펴 주시기 바랍니다.

스에마쓰 : 사양하지 말고 글씨를 써 주시기 바랍니다.

이상재 : 근래 일이 많아 매우 번잡합니다. 붓을 들 여가가 없습니다. 마땅히 후일 여가를 가진 후라야 쓸 수 있을 것입니다. 한동안 잠시 기다리는 것이 어떻겠습니까?

스에마쓰 : 감사하고 감사합니다. 선생께서 이미 붓을 잡으실 것을 허락하신즉, 제가 어찌 날을 택하겠습니까?

선생의 성함은 박정양(朴定陽)이지요. 귀하의 휘호를 청하는데, 어떻습니까? 간절히 애걸합니다.

귀하의 성명은 유진태(愈鎭泰)이지요.

양자(揚子)는 갈림길에서 울었고, 묵자(墨子)는 흰 실을 슬퍼하였습니다. 이는 옛 현인들이 마음을 거울처럼 드러내 보인 것이며, 후인들이 그 말을 외웠습니다. 그러나 자세함을 구하여 그 의리를 안 사람은 백 명 천 명 중에 한 사람 정도입니다. 지금 선생의 높은 깨우침을 쓴다면, 크게 느끼어 깨닫는 바가 있을 것입니다. 선생 역시 인품이 고상한 선비 중의 기개가 있는 한 사람입니다. 공경하고 감복합니다. 매우 탄복 또 탄복합니다.

풍류와 기개를 가진 나그네가 귀하를 일으켜 세웁니다. 저를 위해 중간에서 일을 주선해주시기 바랍니다.

이상재 : 귀하께서 요긴한 일이 있습니까? 지금 잠시 기다린다고 하다가 가시려고 하는 것은 과연 어째서입니까?

스에마쓰 : 제가 기다렸다가 마땅히 옆에서 살펴보아도 되겠습니까?

이상재 : 얼마 전에 바야흐로 글씨를 부탁받아, 아직 몇 자를 마치지 못했습니다. 조금 기다려 주시기 바랍니다.

스에마쓰 : 무슨 이유로 간절히 사양하십니까? 아름다운 옥(玉)은 흠을 가려서 숨기지 않습니다. 저희가 본다고 해서 어찌 선생에게 손해가 있겠습니까?

이상재 : 보시는 것도 무방하지만, 다만 좌중이 너무 거칠고 어지럽기 때문입니다.

스에마쓰 : 귀하께서 글씨를 쓰실 때 제가 많은 이웃의 여러 젊은 선비들을 담당하겠습니다. 선생께서 그들과 함께 이야기하시는 것이 어떻겠습니까?

일찍이 선생께서 아주 겸손하여 글씨 쓰시는 것을 사양하신다고 들었습니다. 그러나 저는 오로지 선생의 높은 식견을 우러러 앙모합니다. 그러므로 오직 그 말씀하시는 고상한 식견을 듣고서, 스스로 그 사람됨을 우러러 앙모할 따름입니다.

그러므로 간절히 함께 객실에서 저녁 식사하기를 청합니다.

꺼리지 마십시오.

전학(電學)은 서양어로는 월열기(越列機)라고 하는 것인즉, 전신(電信)과 같은 것이며, 뇌전(雷電)은 기류(氣流)의 책이 분명합니다.

식사를 하시기 바랍니다. 식사 후 여유 있게 마땅히 이야기를 나눌 것입니다.

이상재 : 학교를 열어서 이룬다는 것은 무엇입니까?

스에마쓰 : 학교를 열어 가르치는 데는 세 개 과목이 있습니다. 법률학이라는 것은 배우는 바가 모두 프랑스와 영국의 법률입니다. 문학이라는 것은 서양의 문학입니다. (결락)

메이지 14년, 신사(1881) 6월 28일.

스에마쓰 지로 민(忞). 홍악(鴻岳).

조선인 이월남(李月南)과의 필담록.

스에마쓰 : 지난날 찾아뵈었을 때 불행하게도 좋은 충고를 받지 못해 실망을 엄청 많이 했습니다. 오늘 재차 만났으니, 제가 집의 분위기를 일으키는 것이 어떻겠습니까?

이상재 : 식사가 끝나면 마땅히 다시 인사드리겠습니다. 잠시 기다려 주시면 어떻겠습니까?

스에마쓰 : 마음 쓰지 마십시오. 식사하시기 바랍니다.

이상재 : 지금은 조금 괜찮아졌지만, 단지 상쾌하게 좋아지지는 않았습니다.

스에마쓰 : 지금 몸이 아프신 중에도, 글씨를 써 달라는 청을 드립니다. 토지와 풍속을 대충 기록했다는 것을 잘 아실 것입니다. 그러나 나라의 근본에 관한 것은 상세하지가 않습니다. 귀국은 역시 그 가운데 들어 있으나, 우리나라는 분명코 들어 있지 않습니다.

저에게 요사이 서양 서적을 번역한 『만통지(万通誌)』가 있습니다. 가까운 시일 안에 그것을 받들어 올리겠습니다. 만약 한번 보시면 대략 아실 것입니다. 만국(萬國)의 역사, 물리, 정사(政事), 풍속, 토지, 농학, 공학 등 수십 개의 과목입니다.

이상재 : 지금 이미 시간이 늦었습니다. 만약 이 일을 서로 간에 이야기로 듣는다면, 서두름에 기인하여 반드시 빠뜨려지는 것이 많을 것입니다. 귀하께서 만약 나를 남으로 여기지 않는다면, 하나의 책으로 상세하게 조목을 나누어 기록해서 보여주시기를 청합니다.

스에마쓰 : 이는 제가 박 모 씨의 요청에 부득이하여 응해서 쓴 것입니다. 그러므로 모두 일본어와 한문을 섞어 써서 읽기 쉽도록 하였습니다. 그러나 그 하나의 소소한 사항과 같은 것에 있어서는 그 일체를 한문으로 번역하였습니다. 그러나 크게 어눌한즉 어찌 그것을 한역할 자질이 있겠습니까? 한번 보시기를 바랍니다.

이학상(理學上)으로 분류되는 온열(溫熱)은 다섯 가지가 됩니다. 일열(日熱), 화열(火熱), 취합열(聚合熱), 상생열(相生熱), 전열(電熱)이라고 하는 것입니다. 취합열은 하나의 사물이 다른 사물과 더불어 서로 합하여 발생합니다. 이를테면 석회가 물과 화합하여 열을 발생시키는 경우와 같은 것으로, 그 사례는 또한 많습니다. 상생열이라는 것은 같은 사물이 증가할 때 서로 감응하여 열을 발생시키는 것으로, 더불어 합하여 열을 발생하지 아니함이 없습니다. 전열이라는 것은 우레가 떨어져 불이 발생하는 것입니다.

이상재 : 온열이라는 것은 무슨 말입니까? 무엇을 말합니까?

스에마쓰 : 태양의 열과 불의 열기는 매우 다릅니다. 이는 귀하께서 아는 바일 것입니다.

그 서책의 규모(規模).

모 학교의 그 과목은 세 가지가 있습니다.

하나는 법률이라고 하는데, 주(主)는

하나는

하나는

법률학은 그 과목에 몇 가지가 있습니다.

하나는

스에마쓰 : 귀하께서 내일 한가하시다면 왕림해 주십시오. 그때 제가 그 원본 서양서와 번역본을 보이겠습니다.

이상재 : 내일은 동행하고 있는 여러 사람과 약속이 있습니다. 다른 곳을 가서 둘러볼 것입니다. 말씀처럼 할 수가 없습니다. 모레는 귀국 사람과 약속이 있습니다. 내방하는데 몸을 뺄 수가 없습니다. 마땅히 틈을 타서 한번 오겠습니다.

이 책은 어느 때 번역이 끝나게 됩니까?

스에마쓰 : 저는 지금 다른 긴요한 번역할 일이 있습니다. 그러므로 하루 이틀은 말씀처럼 할 수가 없습니다. 앞으로 칠팔 일 중에 말씀과

같이 하는 것이 가능할 것입니다.

저는 오늘 중요하고 급한 일이 있으므로, (결락)해 주시기를 간절히 바랍니다.

이상재 : 본디 졸렬한 필치로 어찌 창졸간에 쓸 수 있겠습니까?

스에마쓰 : 내일 오후 3시에는 머물고 계신 집에 계시는지요?

이상재 : 반드시 오늘 그것을 쓸 필요는 없습니다. 마땅히 다른 날 귀하의 장원에 나아가는 때, 다시 제가 쓸 것입니다. 앞서 쓴 것을 어찌 반드시 다시 쓰기를 요구하십니까?

이것은 전날의 서첩이 아닙니까?

스에마쓰 : 이 서첩은 제가 교유하며 다니는 곳 명가(名家)의 서화첩입니다. 지금 귀하께서 한번 글씨를 써서 내려 주시면, 제가 내일 가지고 그 사람에게 갈 것입니다. 그러므로 지금 간절히 애걸합니다. 이해해 주실 것을 애태우며 청합니다.

이상재 : 거리낄 것은 없으나 다만 저의 성품이 본래 조급하여, 그것으로 인해 병이 생길까 두렵습니다.

스에마쓰 : 그렇다면 내일 오후 3시 무렵 다시 인사드리겠습니다.

그 학문은 물리학(物理學) 중에 더욱 어려운 것입니다. 그러므로 그 목차가 그 책 말미에 있습니다. 그러나 그 이치를 연구함에 이르면 기발하고 교묘하지만, 종래에는 깨달을 수 있습니다.

이상재 : 그 책 몇 권을 저는 당연히 고대합니다.

스에마쓰 : 모름지기 명령하신 것과 같이할 것입니다. 그러나 저는 태어나면서부터 다른 사람의 말에 응낙을 잘하였습니다. 그로 인해 마지못해 서로 사귀어 알고 지내는 많은 사람을 두게 되었습니다. 그러므로 종일 손님이 찾아와 한가할 수가 없습니다.

이상재 : 각기 방언(方言)이 있지만, 어찌 반드시 그 말이 문장을 방해하겠습니까? 단지 그 대의(大意)를 알아들을 수 있으면 됩니다. 청(淸)나라 속어(俗語)가 대표적입니다. 焉, 歟, 耶 몇 글자로 의문 어조사를 마치며, 그 글 짓는 방법도 문자가 전도(轉倒)되어 조금 다를 따름입니다.

부지런히 힘쓸 것입니다.

스에마쓰 : 저는 재작년 이래로 저 ○○신보사(新報社) 사장이 되었습니다. 해당되는 기록 가운데 속임이 있기에, 격하게 개탄하여 그것을 끊었습니다.

스에마쓰 : 큰 걱정입니다. 이와 같은 증세를 치료하는 것은 일찍이 양의(洋醫)에게 가서 치료를 구해야 합니다. 양의들 무리 중에 가장 이름이 있는 사람이 여기에 매우 많습니다. 이를테면 순다이(駿臺)에 있는 이케다 겐사이(池田謙齋)[황제 2등시의][50]와 사사키 도요(佐佐木東洋)[51]가 이 같은 사람입니다. 그 외에 담로정(淡路町)[52] 학생 숙소의 스기타 겐탄(杉田玄端)[53]도 역시 훌륭한 의사입니다. 어찌 속히 치료를 청하지 않습니까?

제가 이르건대, 귀하께서 우리나라의 유명한 서양 의학 의사에게 한번 보여 보시지요. 고마운 마음을 비록 느낄지라도 지나치게 생각할 필요는 없습니다.

---

50 이케다 겐사이(池田謙齋, 1841~1918) : 메이지 시대 의사. 독일 베를린 대학에서 박사학위를 받았으며, 일본 근대의학의 기초를 쌓았다.

51 사사키 도요(佐佐木東洋, 1839~1918) : 에도 출신의 서양 내과의사.

52 담로정(淡路町) : 일본 도쿄 지요다구(千代田區)의 거리 이름.

53 스기타 겐탄(杉田玄端, 1818~1889) : 막부 말기에서 메이지 시기에 걸친 양의(洋醫).

스에마쓰 : 저는 일찍이 청나라 공사(公使) 하 씨(何氏)[54]를 위해 우리나라의 율령(律令)을 한역(漢譯)하였습니다. 해당되는 글을 급하게 여겨 빨리 마쳤습니다. 지금은 지나(支那)의 속어(俗語)를 번역합니다.

이상재 : 그대가 만약 청나라 속어를 잘한다면 식사에 초대하여, 속어로 이야기하겠습니다.

스에마쓰 : 귀하 등은 중국말을 잘하십니까? 저는 광동(廣東) 말에 조금 통하며, 또 북경 말에도 조금 통합니다. 만약 통한다면 필화(筆話)를 대신하여 할 수 있을 것입니다.

한문에 있어서 그것을 (결락). 그러나 지금 귀하의 병으로 뜻과 같이할 수가 없습니다.

스에마쓰 : 이런 책들은 이른바 각 학과의 전문서적인데, 우리나라에서 오늘날 공사(公私)에 소용되는 여러 서적은 모두 번역한 것입니다. 그러나 원서(原書)의 온전한 뜻을 능히 다하지 못했습니다. 지리(地理)와 수목(樹木) 분야 같은 경우는 이 한두 가지 식물서(植物書)를 번역한 것이 더욱 많은 기본이 되고 있습니다.

이상재 : 이 책의 은혜로움은 정말로 항상 생각할 것입니다. 감사함이 이만저만이 아닙니다. 허다한 책자들은 하루아침이나 하루 저녁에 번역을 하는 것이 불가합니다. 삼가 마땅히 되돌려 드립니다.

성대한 뜻을 받들지 못할까 두려워하며, 더욱 지극히 부끄럽게 생각합니다.

스에마쓰 : 저는 어제 우연히 귀국의 어윤중(魚允中)과 홍영식(洪英植)

---

54 하 씨(何氏) : 청나라 말의 관료(官僚) 외교관이었던 하여장(何如璋, 1838~1891)을 가리킨다. 1877년에 초대 주일공사(駐日公使)로 부임하여 3년간 재직하였다.

두 분 학사의 처소에 이르러, 높은 정성을 크게 입었습니다. 귀국 사람들이 겸양을 잘하고 예절을 지키는 것에 대해 진실로 놀랄 만합니다.

이상재 : 귀하를 맞이하게 된 것이 진실로 커다란 행운이었습니다.

스에마쓰 : 귀하께서 현기증이 있다면 마땅히 속히 치료를 받아야 할 것입니다. 저는 비록 귀하께서 양의를 깊게 믿는지 어떤지를 알지 못합니다만, 저는 귀하의 병이 가벼운 증세라고 여기지 않습니다. 어찌 족히 (결락)

스에마쓰 지로 필담록

∞ 2 ∞

메이지(明治) 14년, 신사(1881) 7월 19일 오후 1시에서 5시까지.
자유서옥 주인, 스에마쓰 지로. 민(忞). 홍악(鴻岳) 필담.
조선 민종묵(閔種默)[1]과의 석상에서 행한 필담록.

메이지 14년, 신사(1881) 7월 19일 오후 1시에서 5시까지.
조선 문부이사관(文部理事官) 민종묵과의 필담록.

스에마쓰 : 하루를 머물며 훌륭한 모습을 접하였으나, 불행하게도 귀하께서 몸이 불편하여 제가 말씀드리고자 하는 바를 이루지 못했습니다. 요즈음 경모(敬慕)하는 마음을 그치지 못합니다. 오늘 저희 회사 여가를 맞아 만나 뵐까 생각합니다. 뵐 수 있기를 바랍니다. 선생께서 재주가 부족한 저를 버리지 마시고 보살핌을 내려주시기 바

---

1 민종묵(閔種默, 1835~1916) : 본관은 여흥(驪興). 자는 현경(玄卿), 호는 한산(翰山). 1881년 조선시찰단의 일원으로 일본 외무성을 시찰하였다. 편찬서로는 『일본문견록(日本聞見錄)』·『일본각국조약(日本各國條約)』·『일본 외무성시찰기(日本外務省視察記)』 등이 있다. 일본 강제 병합 후 남작의 작위와 함께 은사공채 2만 5천 원을 받았다.

랍니다. 저는 규슈(九州)의 한 보잘것없는 선비입니다. 성(姓)은 스에마쓰(末松)이고 이름은 지로(二郎)이며, 스스로 홍악초사(鴻岳樵史)라고 합니다.

홍악(鴻岳)은 제가 살던 곳의 산 이름이기 때문에 저의 호(號)로 삼은 것입니다. 저는 자못 행동거지가 특이한 선비를 좋아하였습니다. 이후로 수많은 길을 걷거나 수레를 타고 먼지투성이 속을 쉬지 않고 다녔습니다. 그러나 맑고 깨끗한 이야기는 반나절도 듣지 못하였습니다. 일전에 공(公)께서 저의 거소로 찾아 주신 것은 대체로 또한 애정이었습니다. 누추함을 생각지 않는 후의(厚意)였음에도, 저는 마침 병으로 신음 중이어서 선생이 어떤 분인지 알지를 못했습니다. 정말로 잘못한 것에 대한 후회를 평소에 벗어나지 못합니다.

항상 다른 사람을 통해 공(公)의 훌륭한 이름을 묻습니다. 과연 동무(東武)[2]의 명사(名士)일지라도 어떻게 이런 명성을 얻겠습니까? 다행히 뵐 수 있다면 이 마음은 기쁨이 쏟아질 것입니다.

민종묵 : 사람 중에는 사람 밖의 사람이 있고, 말 중에는 말 밖의 말이 있습니다. 사람 밖의 사람이 되면 괴인(怪人)이요, 말을 함에 있어 말 밖의 말을 하면 괴언(怪言)이 됩니다. 저는 성격이 고지식하고 자유분방하여, 항상 사람 밖의 사람이 되는 것을 기뻐하고, 말 밖의 말을 함부로 합니다. 그러므로 또한 세상에 잘 용납되지 못합니다. 그러나 저는 쉽게 받아들일 수 없는 것은 빨리 받아들이지 않고, 더욱 충분히 그 사람의 괴이함과 그 말의 괴이함을 살펴봅니다. 비록 그러하나, 당시에 기개와 절조가 있는 선비와 높은 벼슬을 하는

2 동무(東武) : 일본 에도(江戶)의 다른 이름.

사람 중에 또한 간혹 훌륭한 손님이 있기도 했습니다. 저는 공(公)을 괴이하게 여기고, 공의 말씀을 괴이하게 생각하는 사람입니다. 이것이 제가 괴괴(怪怪)하다고 자처하는 까닭입니다. "지금 나그네로서의 객지 생활이 평온합니까?"라는 그 말씀은 흡족히 받아들일 수 있습니다. 저는 매우 기뻐하며 마음으로 감사드립니다.

스에마쓰 : 공(公)의 좋은 가르침과 맑은 이야기는 너무나 우뚝하여, 충분히 저로 하여금 공께서 평소 굳게 지키는 바를 알 수 있게 합니다. 그러나 평소 스스로 기약하는 바를 한 번 듣기 원합니다.

문장과 학문은 비록 하나로써 도를 꿰뚫는다 해도, 그러나 또한 제각기 가진 취향은 함께 가까이 할 수 없음이 있을 따름입니다.

민종묵 : 공(公)이 전적으로 일삼는 것은 과연 어떤 종류입니까?

스에마쓰 : 저는 이른바 이리저리 떠돌며 거리낌 없이 멋대로 노는 천한 선비이며, 관인도 아니고 속인도 아닙니다. 그러나 저는 스스로 애국(愛國) 두 글자가 갖는 의미의 얕고 깊음은 항상 관리나 선비에게 있지 않고 오히려 초야에 묻혀 사는 평민에게 있다고 생각합니다. 만약 관리나 선비가 되기를 좋아한다면, 이익을 탐하고 명예를 추구하는 무리가 많아지고, 그들 가슴에는 항상 명리(名利) 두 글자가 있을 것입니다.

초야에 묻혀 사는 선비는 내부에서 구하는 것은 있으나, 외부에서 바라는 것은 없습니다. 그러므로 그 가슴속에 항상 '보국(報國)' 두 글자를 새기고 있습니다. 또 저는 늘 세상을 살펴보는 안목은 있으나, 책을 보는 안목은 없다고 이야기합니다.

민종묵 : 저는 나라를 위하는 뜻은 있으나, 저 자신을 위한 뜻은 없습니다. 만약 이 뜻을 체인(體認)한다면 독서하는 안목이 곧 세상을 바라

보는 안목일 것이며, 나를 위하는 뜻이 곧 나라를 위하는 뜻일 것입니다. 군자가 항상 생각하는 백 년의 근심은 단지 제언(題言)[3]을 귀하게 여기는 것만은 아닙니다.

공(公)께서 평소 가진 생각이 진실로 이러함을 얻음이 있으니, 감격하여 많은 칭송을 드립니다. 다만 벗을 사귀는 도리는 도와서 이익이 되게 하는 것을 귀하게 여깁니다. 이것이 이른바 '서로 살펴서 착하게 한다.'[4]는 것입니다. 저는 몇 달 유람하여, 역시 병으로 신음하고 있습니다. 또 언어도 통하지 않고 문자도 알기 어려워 답답함이 없을 수 없습니다. 바라건대 서로 가슴을 헤치고 온축된 것을 쏟아내었으면 합니다. 공께서 혼자 따로 하지 마십시오. 과연 질문에 응하여 알고 계신 것을 펼칠 수 있겠는지요?

스에마쓰 : 선생의 말씀은 훌륭한 위인과 빼어난 선비의 말씀입니다. 들을수록 더 잘 깨닫습니다. 진실로 그 사람됨을 상상할 수 있습니다. 저는 오늘 아침 귀국의 접리관(接理官) 어윤중(魚允中) 씨를 방문하였습니다. 좋은 감정은 날로 친밀해지고, 글씨로 나누는 대화도 매우 가까워졌습니다. 이야기가 피차간의 정치 체제와 제도에 미치면서, 문답으로 많은 시간을 보내어 마침내 지금에 이르렀습니다. 제가 깊이 잘 알고 있는 서양인 법률학사 모씨(某氏)가 "귀국인이 홀로 우뚝 서고 홀로 독실하게 행하는 기상은 동양에서 제일이다. 그러나 아직 각국에 서로 통하지 못하는 것이 그 첫 번째 폐단이다."라

3 제언(題言) : 서적, 화폭, 비석 따위의 첫머리에 쓰는 글. 여기서는 단지 글이나 짓는다는 뜻임.

4 서로 …… 한다 : 『예기(禮記)』「학기(學記)」에 나오는 "서로 장점을 보고 배워 선해지게 되는 것을 '마'라고 한다[相觀而善之 謂摩]"는 말을 인용하였다.

고 말하는 것을 제가 일찍이 들었습니다. 당시에는 그런가의 여부를 믿지 못했습니다. 근래 귀국의 선비들과 많이 만나고서부터 비로소 그런 기상과 정신이 있음을 알았습니다. 감복(感服)하고 경복(敬服)합니다. 저는 소박하고 굳센 거칠 것 없는 사내여서, 항상 다른 사람을 칭찬하거나 풍자하는 것을 좋아하지는 않지만, 지금 귀국 사람에 대해서 이 한마디 말을 하지 않을 수 없습니다.

민종묵 : 공(公)의 뜻에 의한다면, 아직 각국에 서로 통하지 못하는 것이 첫 번째 폐단이라는 것입니다. 그런즉 우리나라가 관문을 닫고 교류를 단절하여, 이전의 법규에 의거하고 전날의 규범을 고수해서는 안 된다는 것을 가르치는 것입니까?

스에마쓰 : 이것은 법률학사 서양인 모씨의 이야기입니다.

저도 또한 타당한 의론이라고 여깁니다. 대체로 귀국이 만약 각국과 더불어 서로 교제하고 통상한다면, 개화 지역이 점차 늘어나 우리나라에도 배로 불어날 것입니다. 장차 귀국 백성들의 행복만이 아니라, 또한 각국의 행복입니다.

이 이론은 비록 우리들이 함부로 입을 벌릴 것은 아니더라도, 저는 근래 홀로 느끼고 홀로 생각하는 바가 있었습니다. 그러므로 재주 없음을 헤아리지 않고 『조선론(朝鮮論)』 10편을 지었습니다. 가까운 시일 내에 신문에 투고하려고 하였으나 아직 그리하지 못했습니다.

민종묵 : 이 책을 어찌 꼭 신문에 실으려고 하십니까? 바라건대 한번 볼 수 있다면 또한 저희를 이끄는 지침이요 좋은 규범이 될 것입니다. 어찌 이를 헤아리지 않습니까?

스에마쓰 : 담론(談論)의 초고는 말이 졸렬하고 이론이 밝지 못해 귀하께서 보실 수 있도록 제공하기에 부족합니다. 그 처음은 귀국과 다른

각국이 서로 관계하는 일을 논하였으며, 마지막은 그 부국강병의 방법을 논하였습니다. 그러나 저의 천박하고 졸렬함이 어찌 마땅한 이치를 얻었겠습니까?

민종묵 : 이는 족히 겸양하는 말씀입니다. 제가 마땅히 한번 본 후에 완전하게 그대로 돌려 드리겠습니다. 허락함을 인색하게 하지 마십시오.

스에마쓰 : 이와 다르게 저에게는 졸저(拙著)『파우론(把憂論)』열 권이 있습니다. 이는 오직 우국(憂國) 적심(赤心)의 미미한 정신을 표현한 것이어서, 학식이 뛰어난 이름난 분에게 제공하기에는 부족합니다. 그러나 뜻이 있으면 역시 그것을 볼 수 있을 따름입니다. 이 원고는 우리나라의 정치 체제가 어떠한가를 절실하게 논한 것이어서, 역시 관청의 금기(禁忌)에 저촉되는 것이 많습니다.

민종묵 : 이 또한 꺼릴 것이 없습니다. 저촉은 그 처한 상황에 나아가는 경우를 말합니다. 공적인 논의와 곁에서 본 것이 어찌 금기에 저촉되어 꺼려지게 됨이 있겠습니까? 장차 제가 한번 보려는 것도 우리 무리가 전한 이야기와 맞지 않기 때문입니다. 공(公)께서 그것을 잘 헤아리십시오. 옛말에 "만약 약을 먹어도 명현(瞑眩) 현상이 나지 않으면 그 병은 낫지 않는다."라고 하였습니다. 반드시 이는 공께서 남의 잘못을 지적하여 그것을 고치는 데에 도움이 되도록 하는 말일 것입니다.

스에마쓰 : 훌륭하신 말씀에 경복(敬服)합니다. 오직 우리가 행하는 것이 관청(官廳)의 금기에 저촉되는 것은 저희가 관직도 없고 지위도 없으며, 또 관작(官爵)에 있는 것을 기꺼워하지도 않고 관직에 있는 사람들에게 아첨하지도 않기 때문입니다.

단지 아첨하지 않을 뿐만 아니라 오히려 그들을 낮추어 봅니다. 만약 그들에게 추행이나 더러운 일이 있다면 신문에 거침없이 논하여 그 행한 바를 공개적으로 알립니다. 정부에도 역시 이와 같은 무리들이 있는데, 여러 가지를 바탕으로 해서 그것을 고칩니다. 오히려 나와 동향(同鄕)인 후쿠자와(福澤)[5] 씨는 벼슬을 하지 않고 훌륭한 이론을 거침없이 쏟아냅니다.

민종묵 : 일찍이 그분의 성대한 이름을 들었습니다. 신문(新聞)의 의도는 정부가 부딪쳐 꺼리는 것에 나아가, 어느 하나도 피하여 감출 수 없게 하는 것입니까?

그렇지 않으면 아첨을 해서 일찍이 서로 저촉되지 않는 것입니까?

스에마쓰 : 이는 신문 조례(條例)의 벌칙 항목 중에 게재되어 있습니다. 고위직에 있는 사람으로서 추행(醜行)을 한 사람은 벌금이나 혹은 금고(禁錮)에 해당됩니다. 오직 그 죄의 경중(輕重)에 따라 달라집니다. 우리 고을의 친구 중 역시 이런 죄를 받은 사람이 많이 있습니다. 만약 스스로 관리가 되기를 기뻐한다면 이런 말을 토해 내려고 해도 어찌 할 수 있겠습니까? 이것은 관직이 없음을 즐거워하는 것입니다.

근래 홍 씨(洪氏)[6]가 저를 찾아 왔을 때, 함께 한 자리에서 이것을 지어서 드렸습니다. 아직 원고의 시구가 확정되지 않았으니, 바르게 고쳐 줄 것을 청합니다.

---

5 후쿠자와(福澤) : 에도·메이지 시대의 계몽 사상가 후쿠자와 유키치(福澤諭吉, 1834~1901)를 지칭함. 일본 근대화의 전형을 제시한 대표적 인물이다.

6 홍 씨(洪氏) : 홍영식(洪英植)을 가리킨다.

누추한 집에 나그네 찾아오시니	弊屋客枉駕
그대 약속 어기지 않음에 감사하오.	謝君約不差
담담한 교정은 뜻을 거스름이 없고	淡交情莫逆
한가한 대화에는 사특함이 없다오.	閑話思無邪
온 세상 사람들이 모두 한 형제요	四海皆兄弟
다섯 대륙이 모두 같은 집안이라오.	五洲同室家
하물며 당나라나 촉나라에 대해	況於唐蜀國
어느 겨를에 찬양과 비방을 하리오?	何暇論瑜瑕

그 두 번째 수.

피차간에 풍속은 조금 달라도	彼此俗稍異
동쪽과 서쪽의 인정은 같도다.	東西情所同
더위는 비록 불꽃같아도	暑雖則如燬
순박함에 인정의 바람이 있네.	樸樸有情風

민종묵 : 겨우 몇 번을 읽었는데, 맑고 곱고 아름답고 산뜻해서 더위와 추위를 느끼지 못합니다. 시 짓는 일을 직분으로 하는 사람의 뛰어난 작품이 아님에도, 그 완전한 뜻이 더욱 넉넉합니다. 하늘 끝도 가까운 이웃과 같다는 뜻입니다.[7]

---

7 하늘 끝도 …… 뜻입니다 : 당나라 왕발(王勃)의 「두소부지임촉주(杜少府之任蜀州)」 시에 "海內存知己 天涯若比隣"이라는 말이 나온다. 이는 '나라 안에 서로를 잘 이해하는 친한 벗이 있으면, 저 하늘 끝 멀리 있어도 가까운 이웃과 같다'는 의미이다. 곧 서로가 멀리 있어도 그 마음을 서로 잘 이해한다는 뜻이다.

한산(翰山)[8]이 쓰다.

스에마쓰 : 가슴속에는 광풍(光風)과 제월(霽月)이요, 이르는 곳은 청산(靑山)과 녹수(綠水)이니, 이것이 저의 평소의 뜻입니다.

스에마쓰 홍악이 기록하다.

8 한산(翰山) : 민종묵의 호(號)이다.

스에마쓰 지로 필담록

3

메이지(明治) 14년, 신사(1881) 7월 17일 오후 1시에서 7시 반까지.
자유서옥 주인, 스에마쓰 지로. 민(忞). 홍악초사(鴻岳樵史).
조선 시의(侍醫) 함락기(咸洛基)[1], 현령(縣令) 황천욱(黃天彧)[2], 현령 김양한(金亮漢)[3] 세 분과의 자리에서 나눈 필담록.

메이지 14년, 신사(1881) 6월 28일.
조선인 이월남(李月南)과의 필화(筆話). [월남(月南)은 당시 준하대(駿河臺) 남갑하정(南甲賀町)에 있는 요시히사 긴파치(良久金八)의 집에 묵었다]

스에마쓰 : 제가 어제 2시 반에 찾아 왔었습니다, 제가 오는 것이 약속보다 빨랐기 때문에, 중도에 머뭇거리다 그와 같은데 이르렀습니

---

1 함락기(咸洛基, 1850~?) : 본관은 강릉(江陵). 호는 옥파(玉派). 1881년 참봉으로서 일본 조사시찰단에 참가하여 홍영식(洪英植)의 수원(隨員)으로 활약하였다.

2 황천욱(黃天彧, 1843~?) : 1881년 당시 칠원 현령(漆原縣令)으로서 일본 조사시찰단의 어윤중(魚允中)을 수행하였다.

3 김양한(金亮漢, 1841~?) : 본관 안동(安東). 1881년 당시 일본 조사시찰단의 어윤중을 수행하였다.

다. 매우 유감스러웠습니다.

이상재 : 어제 일은 매우 부끄럽고 송구함을 느낍니다. 오전 8시에 대문을 나섰던 것은 대개 다른 사람과 약속이 있었기 때문이었습니다. 오후 4시 반에 비를 무릅쓰고 돌아왔습니다. 그 때문에 병에 걸려 밤 내내 고통스러웠습니다. 지금 겨우 머리를 들고 앉았지만, 객고(客苦)의 어려움을 너무나 잘 느낍니다.

스에마쓰 : 저는 어제 그 서양 책을 가지고 와서 장차 귀하가 보는 앞에서 번역하려 하였습니다.

이상재 : 화살을 다섯 대 쏘아서 다섯 번 다 맞히는 것을 장원(壯元)으로 합니다. 간혹 네 발 명중한 사람을 뽑는 경우도 있습니다.

하나를 포과(砲科)라 하는데, 궁과(弓科)와 더불어 서로 같이 이백 보 밖에 표적(標的)을 세워 다섯 번 시도하여 다섯 번 명중하는 사람을 장원으로 삼습니다. 간혹 네 번 명중한 사람을 뽑기도 합니다. 위 궁술과 포술의 두 개 과목을 시험하여 골라 뽑은 후, 육도삼략(六韜三略)과 손자·오자의 병법서[모두 병법(兵法)임]를 모두 강론하게 합니다. 그리하여 그 논하는 것으로 헤아리는 능력을 시험합니다. 만약 혹 병서에 통하지 못하면 비록 활과 화포에서 합격했더라도 뽑지 않습니다. 그 밖에 달리 산학과(筭學科), 의과(醫科), 관상과(觀象科) 등도 아울러 시행됩니다.

첫 번째는 강경과(講經科)라고 하는데, 역시 제술과(製述科)의 경우와 같습니다. 각 지방과 각 도(道)로부터 추천을 받아 마지막으로 급제(及第)에 이릅니다. 그 시험에서 취하는 과목인즉, 제술과는 시(詩)·부(賦)·의(義)·의(疑)[어려운 문제에 대하여 논하고 그것에 답한다]·송(頌)·명(銘)·책(策)·논(論)·표(表)입니다. 이 밖에 또 세세한 절목(節目)이 있어 하나하나를 모두 들 수가 없습니다. 명경과(明經科)는 『시전(詩傳)』·『서전(書傳)』·『주역(周易)』·『논어(論語)』·『추전(鄒傳)』·『중용(中庸)』·『대학(大學)』[증전(曾傳)]입니다. 그 외 자세한 항목은 다 들 수가 없으며 이것이 그 대체적인 중요 내용입니다. 수강(受講)의 방법은 유사(有司) 일곱 사람이 강석(講席)에 늘어서서, 삼경(三經)과 사서(四書)를 쌓아 놓고 그중에서 1권을 뽑아 과거 보는 사람으로 하여금 뒤로 돌아 그것을 외우게 합니다. 삼경과 사서에 통하지 않음이 없어서, 일곱 명의 유사가 모두 능통이라고 한 연후에야 뽑히게 됩니다. 일곱 명의 유사 중에서 여섯 명 유사가 통(通)이라고 해도 한 명의 유사가 불통(不通)이라고 하면 뽑을 수 없습니다. 제술과에서 시험하여 뽑는 방법도 역시 이와 대동소이(大同小異)합니다. 이를 문과(文科)라 합니다. 또 무과(武科)가 있는데 그 과목(科目)은 두 개가 있습니다. 첫 번째는 궁과(弓科)라고 합니다. 궁과는 인재를 뽑는 방법이 역시 문관(文官)의 경우와 더불어 서로 같습니다. 매번 시험장을 설치할 때에 일백 보 밖에 과녁을 세워서 다섯 발의 화살로 시험을 합니다.

메이지 14년, 신사(1881) 7월 17일 오후 1시에서 7시 반까지.
조선의 시의(侍醫)와 관리(官吏) 모씨(某氏) 세 사람과 함께한 자리에서의 필담록.

스에마쓰 : 제가 귀국의 내각학사 참정의관(參政議官)인 홍 씨(洪氏), 어씨(魚氏)와 교제를 맺고서부터 정의(情誼)가 날로 친밀하여 왕래가

이미 수회를 넘었습니다. 그러나 지금에 이르도록 해당 자리에 귀하가 있다는 것을 알지 못하였습니다. 지금 사람을 알아보는 안목이 없어 서로 만남이 늦은 것을 절실히 후회합니다. 또 처음으로 귀하께서 일국(一國)에서 의술이 최고로 뛰어난 분임을 들었습니다. 기쁘면서 부러운 생각이 어찌 이와 같은 경우가 있겠습니까? 말씀하신 동양과 서양 의학의 정밀함과 거침에 대해 저는 그것이 어떠한지를 알지 못합니다. 그러나 저의 집은 여러 세대에 걸쳐 의사를 직업으로 하였으며, 저의 아버지 홍봉(鴻峰)은 실질을 궁구하는 순수한 한방 의사였습니다. 그리하여 항상 스스로 말씀하시기를 "양의와 한의의 두 가지 방법은 크게 우열(優劣)이 없으며 오직 사소한 정밀함과 거침의 차이가 있을 뿐이다."라고 하셨습니다. 부친의 평소 생각과 논점은 양의(洋醫)에 굴하지 않았습니다. 제가 가리키건대, 저의 부친의 생각과 논점은 또한 당시 그곳 한의사였던 아사다 소하쿠(淺田宗伯)[4] 씨의 생각과 그 뜻을 같이하였습니다. 이 같은 동양과 서양의 두 의학에 대해 귀하께서는 어느 것을 우월하고 어느 것을 졸렬하게 여기시는지요? 그 높은 생각과 훌륭한 논점을 듣기를 청합니다. 가르침을 내려 주십시오.

함락기 : 사람을 알아보는 안목이 없는 이는 바로 저라고 할 것입니다. 서로 만남이 늦은 것은 피차에 일반입니다. 최근에 이른바 서양 의

4 아사다 소하쿠(淺田宗伯, 1815~1894) : 본명은 아사다 고레쓰네(淺田惟常)이며, 호는 리쓰엔(栗園)이다. 마지막 한방시의(漢方侍醫)로 『귤창서영(橘窓書影)』, 『상한론지(傷寒論識)』 등 많은 한의학 저술을 남겼다. 의학 외에 문장·시(詩)·서(書)에 모두 뛰어나, 당시 의학과 유학의 대가들이 그의 학식을 찬사하여 "리쓰엔의 이전에 리쓰엔이 없었고, 리쓰엔 이후에도 리쓰엔이 없다."는 찬사를 보냈다.

사들이 전하는 논리는 어찌해서 그런지 알지를 못합니다. 그러나 절실하게 이르건대, 이(理) 밖의 이(理)는 우리나라에서 듣지도 보지도 아니한 기술입니다.

스에마쓰 : 저는 그것을 취하지 않습니다. 비록 백 가지 중에 하나의 실수도 없는 말이라고 하더라도 일찍이 그러함을 믿지 않았습니다. 장차 이(理) 외의 음양(陰陽) 술법이 어찌 사람에게 중지되겠습니까? 사람의 신체 또한 작은 천지(天地)입니다. 수(水)와 화(火)는 곧 음(陰)과 양(陽)입니다. 음양을 연구하지 않고서 어찌 이르겠습니까? 한의(漢醫)의 대가와 같다고 해서 과연 어찌 올바른 이치에 어려움이 없겠습니까? 귀댁이 대대로 한의학의 국수임을 지금 들었습니다. 실로 흡족하여 제가 우러러봅니다. 이전에 아사다 소하쿠(淺田宗伯)의 집을 한 번 찾아가고 또 한 번 맞이했습니다. 잠시인지라 상세하고 정확함은 없었으나, 그 개론(槪論)을 이야기하는 것은 천지(天地)와 함께하였습니다. 그 이치는 분명한 정기(正氣)일 따름입니다. 우리나라 의학은 일반적인 것을 넉넉하게 합니다.

함락기 : 하늘은 육기(六氣)[5]로, 땅은 오운(五運)[6]으로 되어 있습니다. 사람이 그 가운데 있고, 만물은 다 타고나서 형체를 이룹니다. 이것이 어찌 명철(明哲)하지 않은 것이겠습니까?

공의 상세한 깨우침을 바랍니다. 우열(優劣)에 대한 이론이 매우 기대됩니다.

---

5 육기(六氣) : 풍(風), 한(寒), 서(暑), 습(濕), 조(燥), 화(火) 등 6가지 기(氣)를 말한다.

6 오운(五運) : 목(木), 화(火), 토(土), 금(金), 수(水)가 목(木)에서부터 왼쪽으로 돌면서 상생(相生) 운동하는 것을 말한다.

스에마쓰 : 이른바 사람의 몸도 역시 하나의 작은 천지(天地)입니다. 이는 위인(偉人)과 달사(達士)의 이론입니다. 저는 이것으로 귀하께서 천지와 음양의 이치를 잘 꿰뚫고 있다는 것을 대략 알았습니다. 저는 한의와 양의 두 학문이 그 내용을 달리하는 것은 서양 의학이 이론을 앞세우는 학설이지만, 한의학은 실제로 베풀어 활용하는 것을 우선하며 격물치지의 공부를 뒤에 하기 때문이라고 여깁니다. 그러므로 그 이론의 정밀함과 기계의 정교함에서 한의는 좀 더딘듯하지만 양의는 빠릅니다. 그러나 그 실제로 시행하여 활용하는 경우에는 더딤과 빠름이나 우열(優劣)의 구분이 없습니다. 그렇다면 이전에 행한 바의 더딤은 정말로 더딘 것이 아닙니다.

또 의사가 의사다운 의사가 되는 것은 도(道)를 넓히면서 기술에 임하는 데 있습니다. 그 당시 양의는 기술을 가까이 하면서 도(道)를 멀리함이 많았습니다. 오직 이익을 불리고 명예(名譽)를 낚시질하는 것을 자신의 만족으로 여겼습니다. 저의 가까이에 그것을 비유하는 말로 하나의 폐결핵이 있습니다. 한의인 저는 노채(勞瘵)라 하고, 양의는 폐환(肺患)이라고 부릅니다. 그러나 그 치료법에 이르면 더딤과 빠름의 차별이 없습니다. 이 때문에 그 하나로 동일함을 족히 볼 수 있었습니다. 비록 그렇다고 하더라도 저는 오래도록 대학의 의학부에 붙어 있으면서 서양 의사에게 나아가 의학과 의술의 대의(大意)를 듣고, 양의(洋医)의 장점이 외과인 것을 논하였습니다. 그것은 기계의 정교함에서 말미암으니 기술에 가까운 것입니다. 그 내과 치료법에 이르면 큰 우열이 없습니다. 귀하께서는 어떻게 여기십니까?

함락기 : 노채(勞瘵)의 증세를 폐병이라고 부르며, 그 일반적인 치료는

조금도 괴이한 것이 없습니다. 그 외에 능히 부합하는 것이 있겠습니까? 폐(肺)라는 것은 장기(臟器)의 꽃이며, 대체로 한 몸을 영위(營衛)합니다. 그러므로 큰 병에 이르면 폐에 귀결됨이 당연한 듯합니다. 노채라고 하는 것은 또한 말단의 병입니다. 그러므로 함께 치료하여 우연히 낫는 것이라고 응당 생각합니다. 그러나 서양 의학의 정묘함과 의료 기계의 정교하고 편리함 같은 것에 있어서는 과연 그렇겠습니까? 몸 내부를 빠뜨리고 외부를 보는 경우가 많은데, 기계로써 하는 치료 이론이 어떻게 내과(內科)에 통하여 그것을 치료할 수 있겠습니까?

스에마쓰 : 귀국에서 의학에 종사하는 선비들은 모두 『상한론(傷寒論)』·『온역론(瘟疫論)』·『금궤(金匱)』·『소문지(素問識)』·『영구지(靈樞識)』·『난경(難經)』·『천금방(千金方)』·『유경(類經)』 등의 책을 외웁니까? 또 그 배움의 주가 되는 것은 옛날의 방법입니까? 지금의 방법에 말미암습니까? 장중경(張仲景)[7]의 유파입니까? 동원(東垣)[8]의 유파입니까? 가르침을 내려 주시기 바랍니다.

우리나라에서는 수년 전에 모두 제가 말한 여러 서적을 말미암고 있었습니다. 근래 서학(西學)이 크게 행해지면서부터 사람들이 모두 옛것을 버리고 새로운 것을 좋아함으로써 서양의학이 성행하게 되었습니다. 제가 말하는 것이 귀국의 당시 일들과 더불어 대동소

---

7 장중경(張仲景, 150~219) : 중국 후한(後漢)의 의학자. 본명은 기(機). 남양(南陽) 출신. 저서로 『상한론(傷寒論)』·『금궤요략(金匱要略)』이 있다.

8 동원(東垣) : 금나라 때의 명의 이고(李杲, 1180~1251)의 호(號)이다. 하북(河北) 출신. 비위론(脾胃論)을 창제함으로써 후인에게 내상병을 치료하는 데 새로운 방법을 제시하였다.

이할 것입니다. 그렇지 않습니까?

함락기 : 우리나라 의학자라고 하는 사람들은 『소문지(素問識)』·『영구지(靈樞識)』·『난경(難經)』·동원(東垣)과 장중경(張仲景)의 저술·천금방(千金方)의 박학한 의론뿐만 아니라, 혹은 각 시대마다 나온 명의(名醫)의 경험을 따르는 경우도 있습니다. 견해를 같이 한 물음과 평가에 감사드립니다. 귀국의 당시 대사(大事)는 우리나라와 대동소이합니다.

어찌 서양 이론을 본받는 풍조가 없기야 하겠습니까? 그러나 서양 의학이 온통 널리 퍼지는 것은 진실로 한스러워할 상황입니다.

위는 메이지 14년 신사(辛巳) 7월 13일 석상(席上)에서의 필담이다.

스에마쓰 : 지난번에 찾아뵈어 높은 정성을 입고 감사드릴 때, 불행하게도 말하려고 했던 것을 다하지 못했습니다. 청컨대 오늘 한가하니 대충 마음을 토로할 수 있겠는지요?

함락기 : 공께서 수차 방문해주시니 기쁘기가 헤아릴 수 없습니다. 휴가(休暇)의 여부는 잠시 놓아두고, 어찌 뜻을 받들지 않겠습니까?

스에마쓰 : 저의 평소의 뜻은 결코 의학에 있지 않았습니다. 그러나 집안의 세업(世業)을 이루어 조상이 하던 일을 이어받는 것도 자손의 임무입니다. 그만둘 수 없어 그것을 합니다.

근래에 다행히 저희 회사에서 휴가를 맞이했습니다. 그래서 제 마음대로 찾아왔습니다.

평생 생각한 바를 몇 권의 책으로 만들어, 그 이름을 『관규론(管窺論)』이라 하였습니다. 상편에서 전문적으로 논한 것은 '도규(刀圭)[9]

는 어떠한가?'이며, 하편에서 논한 것은 정체(政體)에 미칩니다. 스스로 '관규(管窺)'라고 한 것이 역시 타당할 것입니다. 그 『정체론(政体論)』 같은 것은 □□하여, 홍영식(洪英植)과 어윤중(魚允中) 두 분의 훌륭한 논평을 구하였습니다. 지금 그 상편 『행원이론(杏園理論)』을 가져 왔습니다. 귀하께서 한번 보신 후 잘못된 곳의 수정과 아울러 책 머리말 한마디를 써서 내려 주시기를 바랍니다.

함락기 : 저의 평소의 뜻 역시 의학의 이치에 있지 않았습니다. 그러나 이른 나이에 부모님의 병환을 애태운 나머지, 다급하게 보면서 의서(醫書)를 시작하였습니다, 다행히 귀하를 뵙게 된 것이 진실로 우연이 아닙니다. 많은 명편(名篇)을 얻어 마음대로 볼 수 있어 너무나 감사합니다. 마땅히 일러 주신대로 펴서 보겠습니다.

스에마쓰 : 저는 문장이 졸렬하고 말씨가 거칠어, 책을 지어 완성하는 것이 두렵고 어렵기만 합니다. 지금 귀하의 낭랑한 목소리를 듣고, 마음속 사사로이 의혹을 느낍니다. 귀하께서는 어떻게 여기시는지요?

황천욱 : 비평은 감히 할 수가 없습니다. 오직 공께서 은혜를 베풀어 주시기를 바라고 바랍니다.

스에마쓰 : 아름다운 광채를 감추지 마시기 바랍니다. 단단한 돌과 같은 빛이 □□한데, 광채를 감추는 것이 어찌 가능하겠습니까? 겸양은 한때 한자리에서 처음 새로 만나 서로 접할 때에나 하는 일입니다. 이런 뜻을 헤아려 책의 처음과 끝에 한 말씀을 써 주시기를 청

---

9 도규(刀圭) : 가루약의 양을 잴 수 있게 만든 숟가락을 이르던 말, 의약(醫藥)이나 의술(醫術)을 가리킨다.

합니다.

황천욱 : 마땅히 가르침대로 하겠습니다.

김량한 : 절반도 읽지 못했지만 곧바로 금석과 같은 소리가 쟁쟁하여, 「천태부(天台賦)」와 같은 기이한 격조를 가지고 있음을 느낍니다.[10]

스에마쓰 : 지나치고 넘치는 찬사를 제가 어찌 감당하겠습니까? 지금 귀하의 기개와 모습을 엿보니, 호탕하고 담담하며 그윽하고 품위 있는 선비이십니다. 그러하나 하신 말씀이 진실로 저의 부끄러운 마음을 더하게 합니다.

스에마쓰 : 아름다운 말씀이 있다면 곧장 제가 공손히 볼 수 있기를 청합니다.

김량한 : 감히 말씀을 드리지 못합니다. 담소하시는 자리를 지나다 귀한 글을 보게 되었습니다.

그러므로 감히 졸렬한 말을 얽어, 공(公)의 「과고전장(過古戰場)」 시를 차운하여 드립니다. 아마도 그 잘잘못에 대해 웃으실 것입니다.

싸우는 말 달리던 곳에 개자리 풀 무성한데, 戎馬翩翩苜蓿肥
지금에 사신되니 시 짓는 창자가 끊어지네. 至今得使斷詩腸
지난 일 처량하나니 무슨 물건 남아 있는가? 往事凄涼何物在
꽃잎 떨어져 흐르는 물에 저녁 해 또 빗기네. 落花流水又斜陽

스에마쓰 : 저는 마음이 맑고 깨끗해집니다. 거칠고 난잡하며 무식한 사람의 안목으로 뜻밖에 지금 이렇듯 훌륭한 작품을 보니, 푸른 하

---

10 금석과 …… 느낍니다 : 진(晉)나라 손작(孫綽)이 「천태부(天台賦)」를 짓고 나서, 그 시를 땅에 던지면 금석의 악기 소리가 울릴 것이라고 자부한 고사를 인용하였다.

늘을 헤치고 밝은 태양을 보는 것과 같습니다. 기(起)와 승(承)은 그 윽이 빼어나고 유창하며, 전(轉)과 결(結)은 슬프고 감개하여 진실로 보는 사람으로 하여금 마음을 놀라게 합니다. 존경하여 감복합니다.

김량한 : 어찌 하늘을 헤치고 밝은 해를 본다는 예찬을 감당하겠습니까? 도리어 부끄럽습니다. 저는 일찍이 『춘추(春秋)』를 읽으며 느끼는 바를 한 편의 절구로 지었습니다. 지금 감히 보여드리면서 바른 가르침을 바랍니다.

정지된 주나라 예악 접할 수가 없었는데,	周停禮樂不能縫
오직 공자님 홀로 스스로 종주가 되셨도다.	惟有宣尼獨自宗
이백 년 이어진 왕들의 자취 끊어졌나니[11]	二百年來王迹熄
『춘추』 주석 끝난 것은 노나라 애공이라네.	春秋註盡魯哀公

스에마쓰 : 읽고 외울수록 존경하여 감복하는 마음이 그치지 않습니다. 이와 같은 시가 이른바 시(詩) 중에서 행한 하나의 역사 논평이라는 것입니다. 학식을 겸비한 사람이 아니면 어찌 이 같은데 이를 수 있겠습니까? 저희가 꾀하여 미칠 수 있는 바가 아닙니다. 감복하고 또 감복합니다.

김량한 : 귀하의 예찬을 감당할 수 없습니다. 그러므로 세 좌석 뒤로 물러납니다.

제가 올 때 부산항에 이르러 우연히 율시 한 수를 지었습니다. 지금

---

11 이백 년 …… 끊어졌나니 : 『춘추』가 시작된 노나라 은공(隱公) 원년(B.C.722)에서 그 기록이 끝난 애공(哀公) 14년(B.C.481)까지 242년을 대략적으로 지칭한 것이다.

보잘것없는 것을 귀하께서 보시고, 웃으며 바르게 고쳐 주시기 바랍니다.

해 뜨는 푸른 바다 어귀에 말 세우니 立馬扶桑碧海頭
동남쪽을 관할하는 웅장한 고을이로다. 東南管轄是雄州
조선은 나라가 열린지 삼천 년의 운이요 朝鮮開國三千運
일본과 이웃으로 사귄 지 이백 년이 되었네. 日本交隣二百秋
공인과 상인들이 모두 다 언어로 화답하며 言語工商皆和答
배 타고 수레 모는 인물들 비로소 오고가네. 舟車人物始通流
지구를 그린 지도 속에서 천하를 바라보며 地球圖裏看天下
만고의 참된 자취를 붓 하나로 거두어들이네. 萬古眞迹一筆收

스에마쓰 : 저는 교유가 매우 많습니다. 특히 그 가운데 청나라 문사(文士)와 묵객(墨客)들 중에 좋은 벗들이 많았습니다. 그리하여 여러 번 가서 잇달아 시문 모임을 행하였습니다. 그곳에서 지은 시는 그윽한 절조가 유창하게 통하는 것이 많아, 외워 둘 만한 것이 있었습니다. 지금 존귀한 작품을 우러러보니 그윽한 절조가 역시 사람을 감동시킵니다. 그 시를 보면 비록 그 사람을 보지 못하더라도 한스러울 것이 없다고 말할 수 있습니다. 지금 제가 그런 사람을 만나고 그 시를 보니 역시 훌륭한 읊조림이군요! 조선에 한 분의 뛰어난 시인이 있게 된 것은 진실로 당연합니다.

이는 귀국이 중국에 근접했기 때문일 것입니다.

김량한 : 저에 대한 높은 칭찬은 감당할 수가 없습니다. 저는 진실로 풍부(馮婦)의 옛날 태도를 비로소 깨달았습니다.[12] 저는 예전에 맹

세하여 이르기를 "정학(庭鶴)이 되어 하늘 높이 치솟아 날아오를 수 없다면 기러기 따위가 되지 않을 것이며, 잠룡(潛龍)이 되어 구름을 타고 오르는 비늘로 변화하지 못한다면 그 형상을 드러내지 않을 것이며, 영웅이 되어 그때를 만나지 못하면 그 자취를 감추지 않을 것"이라고 하였습니다.

이것으로 감히 저의 이 맹세를 지킨 지가 오래되었습니다. 그러므로 공(公)을 본 것이 몇 번이나 되지만 종래 말하지 않는 것을 잘하는 것으로 여겼습니다. 지금 뜻하지 않게 귀하의 질문을 접하고, 스스로 드러냄을 알지도 못하고 드러내었습니다. 그런 가운데 풍부의 옛날 태도를 문득 깨달았습니다. 공께서 기록한 담화(談話)의 초안을 잘라 던져 없애어, 저의 허황되고 요란한 말이 남의 비웃음을 끌지 않도록 해 주시기를 바랍니다. 간곡하게 바랍니다.

스에마쓰 : 이 말씀은 서로 처지를 바꾸는 게 좋겠습니다. 이는 제가 할 말이며 귀하께서 하실 말씀이 아닙니다. 저의 부친 홍봉거사(鴻峯居士)께서 시구(詩句)의 한 연(聯)에서 "천리마는 발을 펴기 어려워 오히려 구유에 엎드려 있고, 용은 비늘이 이루어지지 않아 아직도 깊은 연못에 잠겨 있네."라고 하였습니다. 이는 귀하의 말씀과 합치하기가 부절(符節)과 같습니다. 그 풍부의 예스러운 태도를 띠었다는 말씀에 이르러서는 진실로 재주의 날카로움이 만인(萬人)의 흐릿함을 무찌를 것이라고 할 수 있습니다. 공경히 감복합니다.

---

12 풍부(馮婦)의 …… 깨달았습니다 : 『맹자(孟子)』 「진심하(盡心下)」에 나오는 고사를 인용하였다. 진(晉)나라의 풍부(馮婦)가 수레를 타고 들판을 지나갈 때 사람들이 몰려와 범을 잡아 달라고 부탁하자, 팔뚝을 걷어붙이고 수레에서 내려오니 사람들은 모두 기뻐했으나 선비들은 이를 비웃었다고 한다. 겉으로 훌륭한 척하지만 내실이 없음을 비유하였다.

김량한 : '구유에 엎드리고 깊은 연못에 잠겨 있다'는 뜻이 사람의 마음을 아프게 합니다. 영존(令尊)께 조사(弔謝)를 하자니, 지금도 눈물이 흐릅니다.

제가 마땅히 수일 사이에 찾아뵙고 인사를 드릴 계획입니다. 그리하여 훌륭한 책의 좋은 시편에 화운(和韻)을 하겠습니다.

스에마쓰 : 공경히 사례 드립니다. 가르침을 받겠습니다.

오늘 유쾌한 벗을 얻으니 또한 유쾌한 질문을 하지 않을 수 없습니다. 어찌 시화(詩話)와 문담(文談)뿐일 따름이겠습니까? 피아(彼我) 간의 정(情)을 서로 통하는 것 또한 오늘 급하게 힘써야 할 배움입니다. 귀국에 창관(娼館)과 기루(妓樓)가 있습니까?

김량한 : 창루(娼樓)에 관한 일은 제가 자주 들은 바가 아닙니다. 그러나 이미 있다는 것은 들었습니다.

스에마쓰 : 귀하께서는 이미 요시와라(芳原)[13]와 야나기바시(柳橋)[14]의 흥미로운 상황을 한번 보았습니까?

김량한 : 요시와라와 야나기바시라는 이름은 듣지도 못했는데, 어느 겨를에 구경했겠습니까?

그러나 어느 날 밤 피서를 하며 어느 거리에 이르러, '요시와라'라고 하는 말을 들었습니다. 그러나 소위 볼만하다는 것이 스스로 합류할 그런 재미는 아니었습니다. 다만 눈과 귀에 파고들어 오는 것이 매우 웃길 따름이었습니다. 공(公)께서는 혹시 이와 같은 풍류가

---

13 요시와라(芳原) : '吉原'로 쓰기도 함. 에도 시대에 에도 교외에 만들었던 공인 유곽(遊廓) 이름. 현재의 도쿄 다이토구(台東區) 센조쿠(千束) 4번가와 3번가 일부에 해당된다.

14 야나기바시(柳橋) : 도쿄도 다이토구 남동부의 지명. 에도 시대부터 유흥가로 유명하다.

있습니까?

스에마쓰 : 저는 평소 강골(强骨)에 성격이 소박 강직하여 거칠 것 없이 살았습니다. 그러므로 도쿄로 온 이후 이미 수년의 세월을 보냈습니다. 그러나 가가이(花街)나 류코(柳巷)[15]에 가서 놀지 않았습니다. 비록 그러하나 한가하게 산책할 때 우연히 그곳에 이르러 대략 그 광경과 상황을 보았기 때문에, 또한 그 사정과 상황을 잘 압니다.

김량한 : 보이는 광경은 아마도 그럴듯하겠지만, 그 실정을 정확히 알면 그렇지 않을 것입니다. 이는 공(公)께서 제가 재미있게 지낼 곳을 말씀하신 것인데, 참으로 우스울 따름입니다.

스에마쓰 : 가가이(花街)가 요시하라(芳原)와 같다면 쓸데없이 마음 내키는 대로 즐겁게 널며 방탕할 수는 없습니다. 그러나 도쿄의 사정을 잘 알고 싶다면 한번 기루에 올라 창녀들이 노래하는 자리와 접해 보지 않을 수 없습니다. 귀하께서는 어떻게 여기시는지요?

김량한 : 흥취와 회포가 매우 졸렬하여, 본디 가가이(花街)의 꽃을 채취할 뜻이 없었습니다. 공(公)과 더불어 하기를 사양합니다.

스에마쓰 : 그 졸렬한 논의에 이르러서는 끝내 논제가 다르지 않습니다. 우리 일본 정부가 매우 비밀스럽게 하는데도 우리 무리 중의 분개한 선비가 게재해 올렸습니다. 그리하여 신문에 실려 죄를 받기에 이르렀습니다. 가벼우면 벌금이 부과될 것이요 무거우면 금고(禁錮)에 처해질 것입니다. 이는 저희가 수년 전에 흥재(興齋) 사장이 되었을 때 자주 금기에 저촉되어 죄를 받은 것이기도 합니다. 이런 미미한

---

15 가가이(花街)나 류코(柳巷) : 예전에 '유곽(遊廓)'을 달리 이르던 말. 홍등가(紅燈街)를 말한다.

논의를 바탕삼아 정부의 폐단에 적절하게 대응했습니다.

제가 홍영식(洪英植)과 어윤중(魚允中) 두 분을 모시고 이미 몇 시간을 보냈습니다. 귀한 자리에 크게 방해가 되었습니다. 매우 감사합니다. 귀하께서는 두 분의 귀국 시기를 예측하십니까? 가르침을 내려 주시기 바랍니다.

김량한 : 지내면서 수차례 만남에 실수가 잦았는데, 마음에 두지 마시기 바랍니다. 두 분의 귀국은 생각건대 돌아보시기를 다한 후에 있을 것입니다. 그러나 출국은 아직 미리 헤아릴 수 없습니다.

스에마쓰 : 예, 잘 알아들었습니다.

우리나라 지금 풍속에, 벗을 사귀어 서로 가까이 지낼 때는 반드시 함께 촬영해서 후일 길이 사귐의 표식으로 삼습니다. 이전에 제가 대학 의학부에 있을 때, 간혹 벗들과 모임에서 청명한 날을 기약해 사진루(寫眞樓)에 올라서 촬영을 했습니다. 그리고 그것을 앞에 두고 사진과 더불어 서로 가까이 하였습니다. 지금 우리나라와 귀국이 비록 친숙하게 국교를 맺는 중에 있지만, 만약 하루아침에 서로 의심이 생긴다면 서로를 알 수가 없게 될 것입니다. 그러므로 오늘 석상(席上)에서 친숙하게 알고 있는 여러 선비가 가까이 청명한 날을 정해 사심루(寫心樓)에 올라, 함께 한 사진을 다 같이 남기는 것이 어떻겠습니까?

김량한 : 두터운 정을 깊이 느낍니다. 그러나 여러 사람이 몹시 바빠 겨를이 없습니다. 아마도 반드시 그렇게 하지는 못할듯합니다. 공(公)께서 역시 이 점을 이해해 주시는 것이 좋겠습니다.

스에마쓰 : 저는 다행히 여러 선비의 좌석에 함께하여, 아직 듣지 못한 것은 듣지 못했습니다. 매우 감회가 즐거워 이야기를 펼치고자 하

는 것이 끝이 없습니다. 그러나 날이 이미 저물었습니다. 모레 만날 수 있도록 약속해 주시기 바랍니다. 거듭 감사드립니다.

준하대 북갑하정[16] 19번지
시오다(塩田) 저택 내
조선의 신사 수결

16 준하대 북갑하정 : 현재의 주소로는 도쿄 지요다구(千代田區) 스루가다이(駿河台) 1번가에서 4번가에 해당된다.

ஐ 원문 ௸

末松二郎筆談錄

1

明治十四年 辛巳 六月上旬 乃至七月中旬.
自由書屋主人 末松鴻岳二郎 卽席筆談.
與朝鮮文學士李月南筆談錄.

乾

明治十四年辛巳六月六日.
自由書屋主人 末松二郎鴻岳 筆談問答.
與朝鮮紳士 筆談問答錄 上篇.

明治十四年 辛巳 六月五日.
末松二郎 鴻岳問答.
與朝鮮紳士 筆談問答錄.

我 頃日讀我邦日日新聞 得詳先生之尊寓. 敬慕之念不絶. 乞賜高顔.
俞[1] 在過客 有此克念. 感謝感謝.

---

1 兪 : 유진태(兪鎭泰, 1831~?)를 가리킴. 자는 중암(重巖), 호는 기천(杞泉). 본관은 기계(杞溪). 한양 홍현(紅峴)에 거주하였으며, 승지 심상학(沈相學)을 수행(隨行)하였다.

我　敢問先生尊姓名?

俞　俺之姓名 兪鎭泰也.

我　近者尊銜入通于鄙所 而適我有故 失迎. 甚悚. 幸恕焉. 敬謝敬謝. 頃日聞僕友人淸國汪揚玄 當時開講幃於貴國某港 果然耶? 向東留我邦.

俞　汪揚爲誰? 若淸國人 則俺豈有不知之理也? 實不得聞. 幸詳教焉.

我　嘗聞 自古貴國多鴻儒碩學輩出. 當時尙隨來乎?

俞　鴻儒碩學 何代無之 而但其名聲(1행 결락) 知其然也. 聖人然後知聖人 賢人然後知賢人. 俺非鴻儒碩學 安能知誰某爲鴻儒 何人爲碩學? 雖然近日或有一國之傳誦者耳.

我　先生韜光謙讓 不堪敬服.

俞　惡是何言也. 有光然後 可以韜之 而俺本無光者也. 何韜之有? 此無乃貴下過褒於人乎? 還悚悚.

我　否否. 僕性迂直素朴. 欲爲過譽 溢美之辭 何不得也? 頃日幸讀了我諸新聞紙. 略得詳貴國文明日盛一日矣.

俞　雖一村之內 有貧者焉 有富者焉. 況一國之內乎? 就其中 有文明可得名之人焉, 又有魯劣四十無聞之人焉. 貴第思之

我　僕自幼時有風流之癖. 世之所謂書生道落(道落猶言放逸)者也. 故躡蹻擔簦 遨遊放逸 無所不至焉. 然其志所存 惟仰慕名家而已而私自謂高志尙行者 無如逢其人, 知其爲人 莫如見其書蹟焉. 故區區之心 所到皆乞潤毫 以自慕矣. 乞先生諒僕之志 而不顧鼠鬚之勞. 有賜 伏乞伏乞.

俞　貴下可謂豪傑人也. 昔司馬子長二十 南遊江淮 以博其志. 於楚漢古戰場 得其雄偉之勢, 於洞庭瀟湘之間 得其廣闊浩蕩之意. 所以韓文公勸 馬才子學子長之遊 今見貴下所示. 傲遊放逸 無所不至云 果然如子長之南遊乎. 然則雖使韓文公在世 必當許與一

頭地 不後於馬才子也. 至若知其人 莫如見書之示 甚切當切當. 大抵書法 能寫其心. 雖然 使不能筆者當之 則雖欲寫其心情 其於不能筆 何哉? 僕果不能筆者也.

我 冀先生不韜瑤光 而賜鼠鬚之勞.

俞 奚徒鼠鬚? 雖使龍涎墨 瑪瑠硯 當前人非王右軍 則筆也 墨也 硯也 便與瓦礫同歸矣.

俺果於筆甚劣 故不得奉副盛意. 幸恕焉. 果不能.

我 先生之謙讓 何其甚太也? 僕來京以來 乞淸國諸名家之筆 皆得充僕意焉. 今先生有斯博學之材 而有斯謙恭之言也 宜矣. 然乞察僕之微意所在矣. 僕今日匆匆出家 不得捧書畫帖. 故近日內再拜候之時, 捧書畫帖並紙 以切請先生足下揮毫焉. 伏惟先生之於書也, 韓氏所謂一擧手一投足之勞而已. 切乞 諒許焉.

俞 天池之廣 有一怪物焉 卽今日見困於貴下之俺也. 幸勿惜一手一足投筆之勞 而使此不能筆者 少安于心焉. 還乞還乞.

我 他日書畫之惠示 甚庸預感 而但聾盲之質, 於丹靑, 有何益焉? 雖然此亦博覽之一機會也. 惟聽貴下所敎 而請一覽玩其書畫也.

李[2] 半時相對 不相通名 甚涉齟齬. 僕卽月南居士 李商在者也. 活學何學乎?

我 僕素九州之一貧書生也. 姓末松 名二郎 號鴻岳樵史. 前言者 卽謙中有諧謔 先生亦善謔者也. 然不可謂善謔兮 不爲虐也. 其才學 亦可驚哉. 僕旣已讀貴國鴻儒某氏所著 懲毖錄. 已知貴邦多文客詩人也. 貴下驚俺之才乎? 俺驚貴下之才乎? 貴下之所驚 卽假驚也, 俺之所驚 果是眞驚也.

非但驚也. 驚字 去其馬字 可也. 敬服敬服.

---

2 李 : 이상재(李商在, 1850~1927)를 가리킴.

李 我非懲毖所撰時人也. 前日文明 何關於今日李商在乎? 更驚更驚.

我 僕蒙昧 未知貴國帝王宰相爲誰 何姓名年齡 乞賜教示焉.

李 古經不云乎 耳可得聞 口不可言. (1행 결락) 君父之諱乎. 口言尙難. 況筆之於汗漫問答之地乎? 至於宰相 則三公六卿 其位甚夥. 何可枚擧以書也. 當於更面時 安閒相對 以陳矣.

我 信然信然. 尤切請陳貴邦帝王尊號

李 徽號.

肇極敦倫

今已晩矣. 貴下所囑一筆 果難揮落. 當於明日 忘拙書呈矣. 幸勿捧腹仰天否. 大抵交友之道 只可通情而已. 何必以筆技小小事件之劣 自隱不露於朋友指字之地乎. 當圖奉別 而自顧劣技. 恐難合於高明之眼. 爲明日事預切 赧然 赧然.

徽號之紙 不可汗漫. 俺當奉留. 貴下更以貴筆書 携無妨.

我 信然信然. 就今日相携 而決不混斯諸紙 而謹藏諸篚裏焉. 先生勿爲意焉.

今日何幸披賜斯高教善諭也. 不堪感戴焉 而不覺向晡. 敬謝敬謝. 請奉他日慈教焉.

李 今日委訪 甚是慇懃. 若得頻頻相逢 則足慰此望 而不敢更請. 倘貴下不鄙 而更枉否? 敬語尊辭.

我 然則 今日所乞之紙 寫尊詩而可 而其紙記拙號是請. 僕拙號鴻岳. 僕頃日微恙. 幽燠坐 詩有數首. 呈併記舊拙作. 乞賜慈政.

自由書屋自由人, 獨與靑山好作隣.
幽意元憐三月暮, 故依籬角植長春.

晴來曉雨送微凉, 積翠重嵐壓爲墻.

茶是良刻醫病骨，酒當素藥洗愁腸.
人間得失如爭局，世際窮通亦戲場.
堪笑差池堂上燕，運泥終日爲誰忙.

李 二則瓊韻. 一遍沈吟 令人牙頰不覺生香. 銘服銘服.
俺拙於筆 拙於詩. 素不足爲列於文人墨客之間 而頃於來此之路抵西京遊覽 有一片山勤者 能於詩 而要我一絶. 故露拙構得. 幸鑑正否.
西京自是舊皇居，伊昔繁華尙有餘.
車響人聲叢褋地，片山高士獨詩書.
我 一誦三歎. 秀絶 妙絶. 敬敬服服.
李 明日何刻來訪?
我 僕明日午後三四時 當拜晤焉. 登時當奉僕書畫帖 並拙詩文 以乞明鑑慈政.
李 當盥薇以讀.
我 同來庭侶還談.
是人卽僕塾之管小務者也.
李 今日問答紙 幸勿掛人耳. 閒焉 筆荒辭拙 恐招人笑.

坤

明治十四年 辛巳 六月七日.
自由書屋主人 末松二郎 忞[3]. 鴻岳筆談問答.
與朝鮮紳士 筆談問答錄 下篇.

---

3 忞 : 스에마쓰(末松)의 수결이다.

明治十四年 辛巳 六月六日

我 僕交友甚多. 今日午後三時欲出 忽逢緊要的親友. 劇談移時 以愆期. 請恕焉.

李 俺以慇懃實信四字言之 而貴下反以愆期請恕四字爲答. 俺甚不安於心.

我 斯人姓天野 名八太郎 卽僕之友人也. 今日欣慕貴下之高德 以欲奪德馨 特特共來. 乞賜尊顔焉.

李 高姓大名 今因鴻岳濯耳 而如是委枉 甚覺悚悳. 僕之賤名卑姓 卽李商在也.

我 昨日所囑之書 已賜高手乎?

李 遠海跋涉之餘 忽自昨夕有薪憂. 今日晏起 姑未得把筆. 當於少間 露拙矣. 幸恕焉.

我 今日再逢也 比昨日 尤有深焉. 幸賜僕之所質否. 愧悚愧悚.
所囑 何擇期日 唯任足下用肢之日而已. 然僕之所望 唯在速之一字耳.

李 拜領.
俺入貴國 初無所交之人. 日前始與內務省書記官西村捨吉公有交 而爲觀貴國政要 略有所得. 冊書當其中多有不同文之處 未得詳解. 是何異於呑棗之囫圇乎. 就其未詳處 當一一取質矣. 幸賜詳答否?

我 我皇朝政要 略不過一小部. 故其所言簡短省略 而不周到詳悉. 足下欲(知)[4]我邦方今政要 則亦有他書而已. 何一小部皇朝政要拘拘爲? 然我邦自古有我國之文子言語 卽所謂倭文者. 今人多

4 知 : 원문에는 없으나, 전후 문맥상 '知'를 넣어 풀이하였다.

厭繁好簡 而方今政體事情記載之文 多不漢之 而倭之. 故盡其詳悉之書 則不有漢文者. 然足下若欲聞我方今政體 則僕不顧不才爲有所言焉.

李 果如貴言. 每於緊要之文 多用伊呂波字. 他國人何以詳知? 當以俺之所得冊子一質問也.

我 西村公係內務官 故所贈冊如是耳. 足下不能通此文意 則乞僕漢譯之 以示其一端乎?

李 盛意可感可感.

我 聞頃日貴國有開新守舊二黨 而相軋轢焉. 乞詳賜回答.

李 開新守舊等文字 在我國時 未之聞焉. 始到貴國長崎 而見新聞紙 則我就其中 有朝鮮開新黨入來之文字. 故問於土人 則以爲日本素有此等黨論 而大抵遊覽他國者 謂之開新云. 故俺則但信其言而已. 在我國時 未之聞焉. 更請貴國開新守舊之黨 果指何之言耶?

我 貴下外諸君子 果有何緊要事件 而自數百里重洋航來乎? 僕不爲徒遊覽也. 請聞其意所在.

李 非徒俺也 同行諸公 素以風流之人. 同心渡海 爲觀貴國復古後政令興旺 而且爲遊覽山水之趣也. 有何別意所在.

我 其然 豈其然? 是深智遠慮人之徒. 托風流之遊 而其實有所欲爲也. 若君好風流之遊 則奚以航我彈丸黑子之一小島乎? 何不爲歐州亞國文明開化都府之遊耶? 英京也 佛都也 亞府也 皆所宜君之遨遊焉. 是僕所以有疑問也.

李 有何疑焉? 大抵人生遊覽何往不可 而但各有艮限在前. 貴國則自是修好通信之國也. 所以來遊而已. 於外他各國 則初無相通. 何可容易自犯於我國之禁 而往遊耶? 我國則初無外交之規 而所事者惟淸國也 所交者惟貴國也 則不憚跋涉之艱難 而來矣. 君以

奚以航我等字嘲我? 然則俺之此行果誤耶?

我 敢問貴國陸海兩軍之制法如何?

李 農業則問於老農 圃業則問於老圃 可也. 軍制事 何可問及於如我放浪客耶?

我 何爲足下之秘國事 而一一不會我問. 當國事 不可言者不言之 而可言而徒不言 是所謂徒嘲人者也. 足下甘爲之乎?

李 非秘也. 若使我以風月事問之 則我當答之 而以軍制事問之 則是何異問氷於夏蟲哉?

我 足下覽必稱風月風月. 然則何以我內務省制規問於我. 爲是所謂假托風流者也. 余熟察足下. 足下豈一風流一蕩浪之人也哉? 是名其言 而實其行者也.

李 此亦無怪之言也. 若使我國軍制冊 當前而問之 則俺當一一對之 而旣無其冊 則是所謂摸空索影 俺何可對耶? 至於內務省事務 則旣有冊在前 故問之也. 貴下不肯詳對 則僕當閣冊 而望壁捧腹自笑. 我無廉而已矣.

我 貴國文子聲音猶雖形異言殊 所要尚有同於中國平上去入者乎?

李 字形不與中國相異. 但聲言或有不同處 而統計 則不同者 不過百分之一也.

我 貴國定數文子有幾干乎. 乞述其擬略於左.

李 此兩冊外 又或有漏落字 而其數則何可詳知耶? 余未曾計數也.

我 此是僕舊作拙文詩稿. 乞一覽賜删正.

李 僕當玩覽 而此何異盲者丹青也. 皆所言 亦有是耳.

我 乞留尊什.

李 曾無所著之毫字等耳.

我 至光.

足下何謙讓之甚太也. 古語不云乎? 交友之道 以信成. 今以足下

謙讓 是善瞞羞人者也. 非不能也 不爲也. 所謂折條之類. 非挾泰山 踰北海之類也.

李 非但挾泰山 便同蚊負泰山也. 盛教旣如是 勤摯當以一 則奉寫而倘不有嫌於佛頭汚糞耶?

俺於此行渡海時有一短 則當書呈 以謝善瞞之罪也. 詩拙筆拙 可謂二拙備.

我 乞賜足下旧製佳什.

李 曾無所著. 設或有如干所著者 何可遠程携來耶?

我 然則胸中草詩記書可.

李 胸中茅塞無儲 可謂甖瓶俱罄.

我 若早知貴意之若是無情 則初何敢以此爲請也. 噬臍無及.

李 足下以何爲僕無常之人乎?

我 非曰無常人也. 今惟曰 無情人也. 余有所請 而不許. 在我觀之 豈可曰有情人乎.

李 共力與事者 是交友之常. 僕非不肯也. 足下英敏之問 常先於僕也. 僕一問中 足下不善詳述於僕 而常先足下之問也. 足下善許僕之問 信切許於僕 則僕何敢不吐露情實哉? 故足下善許僕之所問 則僕何忤足下哉? 足下諾否諾? 友道之互相 較短量長 恐不合於相信之道. 蔽一言 更不當 以此爲請也.

我 所托囑之書 何日賜成工乎?

李 今日若寫呈 則俺之拙手 今日露矣 明日書呈 則明日露拙矣. 與其露拙之速也 不若差後也. 雖然當於明日寫呈也.

庭人去乎.

我 千不當萬不當. 今欲使他買紙也 而待公之潤毫也.

李 漢文譯之人 此近有之乎?

我 此近傍未知有善譯者也.

李　有不得不譯者 而顧無所交之人. 奈何奈何.

我　如是之書 別有修史焉. 當時有名儒重野·川田 其他數百名漢學者任之.

李　此兩人之名 已聞之 而其於無交. 何哉. 三冊係是農商務之緊要者. 故將欲譯漢歸携 而不得如意 甚悶甚悶. 貴下幸爲我 廣搜其人以圖譯得 則當爲酬勞之意言及於其人焉. 若得貴下之親手譯惠 則甚幸甚幸 而涉於敖慢 而不敢請也.

我　僕何敢然? 足下不省僕之拙 而强囑之 則僕不自揣. 將下筆 漢譯之. 是亦交誼之一端也歟.

李　若蒙惠諾 則何啻百朋

後編

明治十四年 辛巳 六月十二日.
自由書屋主人 末松二郎 忞.
鴻岳筆談問答.
與朝鮮紳士 筆談問答錄. 後編

明治十四年 辛巳 六月十一日.
末松二郎 忞. 鴻岳問答.
與朝鮮紳士筆談問答錄.

我　昨辱貴价併蒙卿雲 感謝感謝. 旦聞貴恙 欲速訪. 未果. 謝之. 今日受特特 枉駕之愛顧 僕何幸如之耶?

李　間有賤疾 向約已違. 尙今罪悚. 今日則爲訪朋友 兼謝前日之違約. 幸恕之否.

今日始有瘳 故專訪耳.

我 前日所囑之揮鳳毫弄鸞墨之件 已賜成巧也否.

李 素以拙筆 又在病餘 雖爲揮得 恐不合高明之眼. 甚悚甚悚.

我 足下忠信以接人 德惠及於我輩. 感戴感戴 奉謝奉謝.

李 何感之有 何惠之有. (1구 결락)

我 魚允中·洪英植二氏 貴國之紳士耶, 將墨客文士乎? 僕少時有風流之癖, 亦切欲乞斯人之書. 然未由知之也. 伏乞足下爲(去聲)媒 而得斯人之書一二枚也. 足下善爲周旋否?

嘉賜惠投 不堪感戴. 銘肝也 敢領敢領.

李 當如戒周旋 而洪琴石 自數日前 病感委席. 魚學士則現今他往矣. 第待幾日後 奉副盛意也.

足下之才氣文章 靄然顯於片言隻語之間 果何如也. 還用悚悪.

我 此等書畫 是我邦當時有名諸老先生之所揮 而吾知言者也.

李 幅幅珍寶 字字美玉 如此璀璨之鋪. 鄙之一筆 不免瓦礫. 甚悚甚悚.

我 是人當時弊邦大學医學部總理 石黒忠德者也. 信才學兼備之人也.

李 其姓名緣署已知 而見其筆想其人 雖不對席 宛如握手娓娓.

我 是人亦當時有名鴻儒蒲生重章 號褧亭者也. 其著有近世偉人傳佳人傳. 与余相善

李 余則但知鴻岳之爲鴻儒. 鴻岳外又一鴻儒 可敬可敬.

褧亭爲鴻岳之師門耶?

我 僕來京以來 久與是人爲師友之交. 一日余囑書 不圖 書以余號也. 是人卽中村敬宇者也. 該人兼通和漢洋三學 故爲當時學者之巨擘.

李 拜悉.

我 足下嘗聞弊邦賴山陽氏乎?

李 余素寡聞 故未之聞.

今日趨晤 非徒訪友. 爲謝違約之 而今已謝矣. 請還歸之.

我 足下之忠信 誠銘人之肝膽矣. 今請傾一茶杯. 請小留焉.

李 可感可感.

前日相逢於弊寓 今又此地相接 亦是宿緣也.

我 是人卽僕塾之監事也. 頃日與僕俱訪足下之時 有緊要的事件 速去. 請諒焉.

李 此人之著偉人傳 雖爲假託於人 實是自傳自家偉人也.

我 足下之鑑人也 深矣. 信當矣 信當矣.

李 一逢再逢 至于三逢 其誼必篤 而但言語不通. 非筆 則愧坐 而脈脈相看 此果固情乎? 深滋昧沒意思無過於此矣. 旣不通語 則返不如不交也. 甚欝甚欝.

我 頃日貴囑之譯書 不顧拙劣譾才 而譯了 已脫稿. 然未淨書. 唯所淨書 僅僅半枚耳. 不日須淨書以呈焉. 足下諒僕之譾劣也否?

李 非徒感謝. 貽惱還悚. 雖未淨書 請賜一覽.

我 是卽直譯體 而不加私意.

李 不必直譯也. 十分加意 使他國人通暢昭見 甚好甚好. 幸諒此意.

我 別有草稿. 然文字縱横 故不敢也.

李 請覽. 貴儲中地理論略 卽但論貴國地理者乎? 總論天下地理者乎?

我 制射策決科之目方乎? 取士仕宦 尙仍舊制乎? 所悉第問之.

李 貴下以抱惑爲教 何必姑捨乎? 請以所惑者 枉問焉. 僕當解其惑也. 貴下以試士取人問之 則僕當一一進對如左.

我國試士取人之法 其規多岐. 一曰製述科. 製述科者 自各村 薦其村內文學才識之人 以貢于地方官. 地方官蒐聚本地方各村所

薦之人 拔其最優者 以貢于觀察使八道伯. 觀察使又如地方官例 而拔其最優者 貢于朝廷 此曰初試. 自朝廷 定有司之人 都集各道初試之人 而拔其優者 以充太學宮 是曰進士. 進士始進士列之謂也. 又以進士之人 設科取之 是曰及第. 及第以後 各隨才器而登用. 及其官爵之序 則各隨其才 不可指一論之也.

我 襟碌碌 初不及磊磊之萬一 而貴下以磊磊二字爲教 碌碌者何敢當磊磊之論也. 公明平大者 何必磊磊然後有之哉? 碌碌者亦有碌碌中公明 磊磊者亦有磊磊中平大也.

李 貴下何必以此深責也. 且貴下若以可應者問之 則僕安敢不應也? 貴下之責 實出於無情也. 請更諒恕焉. 僕之不應 僕實不知 而貴下先知之. 自反 而不知者 亦可曰 燈下不明 當局之迷也.

我 足下之論鋒舌戰 善擣虛振抱刺人之腔窾也. 敏矣才矣 僕之鈍刀何敢當也? 然今足下論理中 僕多抱惑之件 姑措焉. 今陳拙問於左. 乞回答

嘗聞貴國貢試取秩之法 倣擧唐

有公明平大之膽也 不俟論矣. 然今閉襟韜光 亦不似足下之胸膽也. 男子可言而言 可行而行. 何挾人人之意於胸中哉? 況於熟面也?

李 燈下不明四字 當局昏迷四字 皆是深得之論也. 我國政事 僕尙未詳 而貴下則從新聞紙 已知之. 僕之自反之忸 當何如哉? 近見貴國新聞紙 則不是公文者也. 卽結社 而隨聞隨筆之蒐集者也. 雖以今番吾行中事論之 或有姓字之誤書 又或有名字之相左者. 姓名者昭著於外 人皆呼之 人皆知之 而尙此誤書似是 況外他事乎? 貴下之不如逢其人問其事云者 亦是深得之論也. 僕則素以庸劣下品之人胸.

我 僕與足下交通數回. 懷襟互開 話柄談欛 得友益多矣. 然未談及

貴邦政事制度焉. 故今僕欲要多少愚問 足下幸賜回答否?

李 問亦有法. 問以可答之問 然後答者亦以所問有答. 若問農政於漁夫 問漁業於峽氏 則此所謂問氷於夏蟲也. 請貴下以僕之可答者問之 則僕當以所問有答也.

我 僕友人多當地諸新聞社長矣. 時時談話之間 略得詳貴國之情. 且時讀書 略知貴邦之事情矣. 然自以爲知其國之事 不如逢其人 而問其事也. 故將有乞問焉. 然足下不應焉 而言及樊遲問稼之事 抑何也? 僕甚惑焉.

李 蓋足下胸中磊磊之人也. 磊磊之胸中端焉. 違傲悚甚.

我 請勿韜光 而詳賜示教.

李 韜光之敎 尤極悚甚. 大抵有其實 然後有其光 有其光 然後韜與不韜. 皆存乎光之有無. 顧無其實 安有其光. 旣無其光 有何韜之乎?

我 性情之厚薄猶光之濃淡歟 足下善識光之有無理 而豈有不知性情如何之理者. 然足下之謙讓亦甚.

李 非敢曰善識光之有無 欲自明自己之無光 而以及於有光之論也. 請恕罪焉. 大抵光之爲光 在物在人 均是一樣. 祥瑞有光 不待自光 而人先知其光. 人之有光亦然. 人之視人 尙此云云 況自反而無其光者乎? 深知自己之無光 故發於言辭者 亦然.
曾學易學乎?

我 過焉 拜観 蒙高款 謝謝. 僕今日訪友人某 途中倉卒拜叩. 請恕. 且今日詳得 過晩所論 性理形態之高諭. 敢乞敢乞.

李 理與性 古昔賢人 尙云難言. 如我後進 何敢率易開口 自犯唐突之罪也? 難言之地 不如無言. 請以他論發.

明治十四年辛巳六月十七日.
自由書屋主人 末松二郎 忞. 鴻岳筆談,
與朝鮮人 李月南居士商在 筆談錄.

李 拜晤之時 必可捧呈焉.
我 貴下他日有閑暇 則當枉駕. 切乞切乞.
五錢.
指示車夫.
萬萬正通貴寓宿地.
僕唯憂足下之勞 敬謝敬謝. 唯有二枚而已. 請賜畵揮.

感謝感謝. 今輀車方至.
李 □價示之然後歸. 當報債.
我 何當枉顧耶?
何當枉顧乎?
李 僕來十四五日中當拜所. 所譯之書 何時了耶.
我 余素醫人也. 故書屋之外 余藥局 有同仁藥室之號. 請書紙尾併記拙号.
李 紙之前後有空白 故列姓名於前後 而可.
我 乞書斯草什.
乞自由書屋四字 譯貴國之書 而揮賜.
自由書屋四字 譯貴國之字.
漢子與貴國文字 如斯同乎?
切乞切乞.
李 筆劣. 幸恕.
我 有飛龍驚蛇之勢 徹天之力. 感服敬服.

李　使人更慙.

我　日已晩矣. 請歸朝.

(1행 결락)

李　承諾 承敎之.

我　距貴寓不遠也.

李　日前移寓.

我　請記於左.

李　神田區 駿河臺 北甲賀町 六番地. 旅人宿. 良久金八第.

我　焉則 乞揮龍川於二三枚 而可乎. 切乞切乞.

李　不爲携來 奈何. 更俟後日恐好.

我　僕意先貴書 而後貴印. 故今日賜揮毫 而捺印讓他日 而可乎. 足下許之否.

李　非不難也. 筆拙不敢當. 且僕筆則已有所識. 當於鄙行中 歸言盛意也.

我　臨發表情 代以一箋. 感戴感戴.

拜讀 驚慚交至. 不歇汗背.

李　詩不盡情. 恐不得盡道鴻岳本色. 甚悚甚悚. 豈以筆哉詩哉以情也.

我　已知足下之勞神. 然切乞摘名手於三四枚之紙上.

李　筆拙姑捨 倉猝之筆 又安得如意耶? 以他日爲期恐好

我　貴下則以此言敎我 亦可也. 何者 蓋是朋友相讓之道也. 僕意如此. 貴意則以爲如何.

李　何日枉施乎?

我　來十五日十四日兩日中 當拜俟焉.

李　聞明日卽貴國休業之日云 果然乎? 然則明日雖訪友之事 全闕之乎? 願聞願聞.

我 信然信然. 維新以來 模倣西敎 七日爲一周 一周之初日爲日曜. 都鄙一般休業. 僕明日有共同演舌[5]會之要件. 然若任尊命 則如尊命.

李 僕何敢質請耶?

我 此書則枉旆時 携惠焉否.

李 然則 宜如尊命.

我 足下今日帶印來乎? 若携佩
拜侯之時 携來可乎. 其時亦可呈以前所囑之書也. 足下善待乎否.

李 此則萬萬不敢. 大抵人之爲人 先以廉恥爲務 然後仁義禮智 亦在其中矣. 前日所囑 雖出於不得已者 而更又以此貽惱於貴下 則是但知友誼之爲重 而不知廉恥之何居者也.

我 貴下雖以友誼 而有此敎 僕則不敢不敢.

李 若貴下不薦一人 則譯書一事 將斷念矣. 善待二字 倘不免我責耶

我 足下之言 萬萬不敢者 抑何也. 僕甚惑焉. 皆交友之道 以信爲最貴焉. 旣信焉 則吐胸膽開襟懷者勿論耳. 足下以一譯書囑我. 我雖不免拙劣之材 唯思信之一字. 故我若不能焉 則致諸我所知之友人文學者 素其責也. 然今聞足下之言 信所不解焉. 足下以爲如何.

李 貴下之言 亦無怪也. 在我之道以我言爲重 而先顧廉恥可也. 在爲屑言. 然足下言轉 僕果何言?

我 非僕之友人 則僕不敢許也. 已爲僕之友人 則任僕之意 是勿論也.

李 貴下何若是爲言也? 僕之所托 卽他日更譯之書也 非日前所托之書也. 第以日前所托者 論之.

我 僕與貴下 旣有再逢之誼 而非但再逢也 情誼已爲慣熟. 故僕有所

---

5 舌 : '說'의 오기(誤記)이다.

托 而貴下有所許也. 今何可以是更提耶. 貴下之一章責我者 非僕之罪也. 卽貴下之使無罪 人做作有罪人之意也. 仁人君子 寧有是也. 第更思之. 僕則當以貴下責我之責 責之於貴下矣. 貴下倘恕之耶? 朋友責善 亦一好道.

李 足下自今以往 欲速譯之書 大部也乎? 足下若不欲速 則一二日中(원문 누락)

李 是係泰西譯書 卽論萬國地理之略者也. 至我邦地理 則有兵要地理誌. 貴國地理誌兵要外 更無農務所關者乎?

我 我國古來 多種樹之書. 如農學全書 農務小言等書是也. 然近來我政府人民共所據所貴者 多主泰西之農學也. 然未見其譯書之可者. 今所譯了之書 唯有來西農學 他有數種 盛行於世耳.

李 所譯者 漢文乎? 貴國和文乎?

我 當時所布之書 概所謂漢和混同之書耳. 農學之關乎政事者 唯有農政本論也. 是亦兩混之文也.

李 農政本論幾冊乎?

我 全五冊也. 一冊不過三四十葉也. 足下若欲覽該中要件 僕當摘譯其一二可乎

李 何敢望也. 情誼仰感.

我 草稿字蕪語未全 故再訂考 而可呈也.

李 何必乃爾. 請覽.

我 不必直譯. 或上下 或存拔. 期使文理相續 雖如我無識之人 俾得昭覽可也. 恕之耶?

李 若得急速 則尤幸尤幸.

此外又有緊切所譯之書 而貴下則必無其暇. 幸爲我廣求一人 以副此願 則其所費之物 當爲轉償也.

我 足下有欲譯之書 則僕辭諸友也. 然不及敢酬報也. 但望費工之償

者 是非友人之情誼也 又非人情也. 所謂一卑商之手段也. 吾輩決不聞 略將聞該事矣. 據吾所聞 因斯二黨派相軋之際 生葛藤矣. 足下果不知乎? 將欲圖之隱事 告於人乎?

李 僕自到日本以來 始聞開化守舊之說. 在我國實未聞知. 亦無以生葛藤之事矣. 何隱之有?

我 貴國貢科學士之法 今尙倣擬淸朝制度乎? 嘗聞貴國古制 政堂常置三公六卿 以掌事焉. 今尙然乎?

李 我國設科取士之法 全倣宋明制度而已. 官制則自政府三公六卿以至百執事之職. 此則與貴國大同小異也.

我 日已暮矣. 乞期後日再晤焉. 敬謝敬謝.

□ 神昏之際 豈可念及於此哉? 惟望勿咎焉.

我 足下知貴邦李商在乎? 月南號之人歟. 果知之矣

月南文學之人乎? 將官職乎?

□ 月南文學之士也. 姑未登科. 姑未兮. 前榮達之不可量.

我 僕過刻訪魚允中氏 他是亦文學之士 而在貴位者乎?

□ 魚公亦文學中人. 登文科及第 曾經弘文館應教職耳.

我 聞貴國有開化守舊二黨. 然則方今貴國搢紳之士 開化黨乎? 將守舊乎?

□ 我國無此二黨名目. 是誤聽也.

我 我友人爲當地諸大新聞社長者多多矣. 頃就其人亦就其公. 然新

□ 身體不健 兼有看字之役. 無暇 汗漫書役. 寧竢後日淸閑之暇 隨意書副矣. 恕諒焉.

我 唯足下閑暇之時 揮染以賜下可. 然則何日爲閑暇?

□ 姑不敢預質. 聞後日揮灑之時 更訪則當書應.

我 然則僕明日晚來. 須携紙而拜俟.

登時賜揮毫否?

□ 幾日之內 無暇於染筆. 無論某日. 有暇之日 當奉副. 還爲携歸後日更訪爲望.

我 足下善爲唐話乎?

切乞 足下偸閑 明後日中賜揮乎?

□ 僕歸期尙遠. 文字竣役後乘閑矣. 墨之時來求 則可矣. 心忙意促

趙[6] 望外來訪 盛謝盛謝. 俺始參.

趙準永

我 過刻聞李鳳植先生. 其人果誰.

趙 李鳳植在於隣房.

我 先生是李鳳植乎?

李[7] 不佞卽是也. 苟此委訪 欣感欣感.

我 僕自少時 有風流之癖. 躡蹻檐簦 遨遊於四方名門也久矣. 到處皆以乞揮染 以慕其人之志矣. 昨日於友人某席 以審足下之貴姓尊寓. 因今日特特來侯. 冀足下勿棄 而諒悉之. 慕名家之素志焉. 僕聞足下之善書也 久矣. 故乞恕鼠鬚之勞 而賜揮染焉.

李 僕不揆荒拙 略有酬應矣. 踰日

明治十四年 辛巳 六月六日
與朝鮮書家 李鳳植筆談錄.

---

6 趙 : 조선 말기 문신 조준영(趙準永, 1833~1886)을 가리킴. 본관은 풍양(豊壤). 자는 경취(景翠), 호는 송간(松磵). 1881년 조사시찰단의 일원으로 일본에 다녀와『일본문견사건(日本聞見事件)』을 남겼으며, 신문의 필요성을 주장하였다. 1886년 협판교섭통상사무(協辦交涉通商事務)가 되었다.

7 李 : 이봉식(李鳳植, 1828~?)을 가리킴. 본관은 전주(全州). 자는 원강(元岡), 호는 소은(小隱). 1881년 일본 문부성(文部省)을 시찰한 조사시찰단(朝士視察團) 조준영(趙準永)을 수행하여 일본에 다녀왔다.

我 久聞芳名 未接瑤光. 渴望早想之念 不已焉. 因今日未須媒介 突然叩先生之手. 不敬之罪 請恕請恕. 今日仰接芝眉 成得逞平生慕蘭之念. 千喜萬感.

僕姓末松 名二郎. 自號鴻岳樵史. 鴻岳 僕所居之地也. 國屬九洲之西陬

此帖上揮毫 切願切願.

李 今方出門擾擾. 後日臂病快愈後 書應矣.

我 到亦自以爲愉快矣. 過足下有揮染之約 故今日特特來候以乞.

李 久阻耿耿 卽面多慰. 僕多月處冷溫 痰侵身近 以肩臂痛 運腕極難. 悶憐 所以久廢揮毫 稍待後日爲好耳.

我 先生非過日驚於洪氏席上者 而賜揮毫者哉? 凡善書也 故未敢把筆. 洪氏席上揮毫 未知其爲誰也.

李 洪公伴行者耳.

我 先生肩臂疼痛 眞堪愁驚也. 然僕今日特特携書畫帖. 請先生諒察僕之意. 卽時(결락)

明治十四年辛巳七月十一日午前十時. 第三會.
自由書屋主人 末松二郎 鴻岳
與朝鮮書家 李鳳植筆談錄.

我 過日 自接紫眉以來欠拜候. 貴狀何似. 僕雖迂狂疎豪之質乎 自少有風流之癖. 聞貴邦人來航我國 輒來訪. 將知己之益者多矣. 如彼貴邦洪英植魚允中氏等 取交友之益 最多互往來訪. 足下若有緊要的之件 則宜速去. 然僕於此書畫帖 則切乞速賜揮毫. 足下諒之. 僕今夕當從价携去 如何.

李[8] 今夕則與貴國人 有約相會矣.
當於明早送价焉.

我 此拙詩稿 幸已得辱貴邦內閣大學士 參政議官 洪英植氏並魚允中氏評談矣. 乞足下題一言. 當附一言 以效驥蠅也.
然則明發當使小价併携去. 故其時兩賜揮毫焉.
事或由於人. 僕未聞自古交遊間有謙讓韜光之事也.

李 最. 故足下深諒斯意 勿疑焉.
洪魚兩氏 曾訪貴寓乎?

我 然然往來已爲數回矣.
四海之內 孰非兄弟 相面之交 孰非親已? 但近日淳薄人心 或以結交之早晩 或以往來之頻數 而貴下則想必以此爲懵也. 專以情通心通爲要 可也. 倘貴下深諒此意 永不外我乎? 僕結交於貴國參議諸貴紳七八名者. 情好之密 於足下爲最矣. 同行之人 住於他館. 今日有約 故今以及書相促. 恐不得與貴下久對. 甚悚甚悚.

李 勿深慮勿深慮. 有緊約 則乞勿從意而去.

我 過日洪氏枉駕之時 亦會金洛俊氏. 來偶濕暑之際 頻勸登樓 不肯而去矣. 足下許向所囑之揮毫一件否?

李 筆拙辭澁 恐有佛頭汚糞之歎耳.

我 勿韜光勿韜光勿韜光. 謙讓或由於(결락)
是僕幼時十二三歲之舊作詩稿也. 舊稿已經諸名家之評刪. 今度謄寫 唯請余所知之淸國文學家及貴邦文學士評刪焉. 足下文學之碩儒也. 乞卽時題一言.

李 僕非文學士也 卽放逸人也. 何敢出一言於大方家大眼孔大聲名

---

8 李 : 이봉식(李鳳植)을 가리킴.

之前乎?

我 放逸之人多文學之才矣. 今足下以是書爲別賜乎? 余輩唯恐文學士之不放逸耳. 僕素雖迂犯疏豪 不容於世人之質乎? 有風流放逸之癖 故不論和漢之人. 自以爲足所益者 則訪來以聞其意見矣. 已聞貴邦洪氏魚氏之居所 過日來數回相覯. 眞如舊相識. 是莊周所謂莫逆 孔子所謂淡交. 兩氏亦數回相往來 甚以爲愉快矣. 然交情之密 相知之久 於足下爲(결락)

僕過日成譯了其半. 然至其學科之周密 則非數十葉紙之所悉也. 然僕如貴諭 可及的悉其周詳焉. 然足下若非用之於實用 則此周密之譯書 唯屬畵餅耳. 記其大略而可 若施之於實地 則甚可. 頃日已譯了 大學醫學部制規學課 並病院規則矣. 未譯及彼開成校之規制也.

李 醫學病院之規則 已爲譯成乎? 此何可一時可學之事乎? 直不過觀覽其規則 察其制規之如何也. 請以已譯者詳示焉.

我 譯書通意 則僕何敢焉? 唯不忽足下之高囑 而塞其責而已.

(결락)之句 改定之好矣. 未知貴意如何.

李 近因病暑 尙在圍圍之中. 今見故人淸風 可以病瘳也.

我 我國詩文之開祖廣瀨淡窓翁之聯句云

炎暑苦秦政 淸風逢漢王

是一聯得唐人之贊評 而膾炙於後世人口也 久矣. 故僕取此意云爾耳. 然不知是句協詩調乎. 足下以爲果不協於詩調乎? 亦如是之語 僕往往於唐人通語及尺牘中 多覿之. 僕就唐人某講唐話之時 往往有如是之語. 足下爲果不可用乎?

李 大寒陽春之論 卽大宋濂洛之正論. 故僕但就此 而言之也. 尤敢曰廣瀨詩不協于詩調也?

我 足下過日所囑之諸官學校諸規制(결락)

明治十四年辛巳七月十二日. 第十一回逢會之筆談.
自由書屋主人 末松鴻岳二郎 忞.
與朝鮮文學士 李月南席上筆談錄.

我 唯有炎暑之暴以秦政 未逢早涼之淸如漢制. 久欠拜候. 貴狀近何似惟勝常淸迪. 欣喜欣喜.

李[9] 僕未聞秦政如暴暑 而但聞其如大寒. 又未聞漢制如早涼 而但聞其如陽春. 請以大暑酷吏去, 淸風故人來

明治十四年辛巳七月十二日,
自由書屋主人 末松二郎 忞. 鴻岳筆談
第十一回逢會席上
與朝鮮紳士席上 筆話錄. 食.

李 君子目擊道存也. 今於公可其然也. 一言便悟也.

我 悟道醒世之金言 千古不折. 須珍藏鑑戒焉. 先生高標 眞可欣 則可敬服.

是僕知已辱交之士書畫帖也. 乞先生題一言.

僕不自揣犯顔之罪. 再呈言於先生繁恨中. 然僕唯願今日先生揮染此一帖也. 餘紙唯任爲日閑暇之時耳. 先生恕一筆之勞. 乃伏願伏願.

李 今無其暇 諒之焉.

我 乞無辭 而揮染焉.

9 李 : 월남(月南) 이상재(李商在)를 가리킴.

李　近日事多煩劇. 無擧筆之暇. 當於後日有暇然後可寫矣. 姑爲待之 如何?

我　感謝感謝. 先生已諾製筆之勞 則僕那擇日也.

先生尊姓貴名 朴定陽.

請足下揮毫 而如何? 切乞切乞.

足下姓名兪鎭泰.

揚子泣歧路 墨子悲素絲. 是古賢之鑑心 而後人誦其言 而求詳知其義者 千百人之一人. 今書於先生之高諭 大有所感悟焉. 先生亦高標士中之慷慨一人也. 敬服. 拜服拜服.

風流高標之客起足下. 請爲僕媒之.

李　足下有要緊的之件乎? 今云小待 而欲去者 果何?

我　僕自待 當陪觀 如何?

李　俄方托筆 而未了者數字. 請少待焉.

我　何故苦辭? 瑜不蔽瑕. 我輩觀之 何損於先生?

李　看亦無妨 而但座中甚矗擾故也.

我　足下揮毫之際 僕當千隣諸青衿. 先生同話焉 如何?

常聞先生善謙恭 而辭揮毫. 然僕唯仰望先生之高識. 故唯聽其高識之表 而自仰慕其爲人而已. 故切請兼客室 要晩飱

勿嫌焉

電學者西語謂之越列機 則如電信. 雷電則 其氣之書 明也.

請喫飯焉. 喫後優優當交話矣.

余等數年前已卒業斯數課矣.

李　開成學校者 何也?

我　開成校之所授學目有三. 曰法律學, 所學皆仏蘭西与英國之法律也. 曰文學 是泰西文學而 (결락)

明治十四年 辛巳 六月二十八日.
末松二郎 忞. 鴻岳
與朝鮮人李月南筆談錄.

我 過日拜晤之時 不幸際於責善 而失望千萬. 今日再晤 以僕起屋如何?

李 喫畢 當更拜. 少待 如何?

我 勿關意矣. 請喫了.

李 見今少可 但不得快善.

我 只今具病上 開翰墨之請. 足知土地風俗略記. 然國之本未詳悉. 貴國亦入其中 我國必不入也.
僕頃日有洋書飜譯万通誌. 近日將上捧焉. 若一見之 則略知. 万國歷史物理政事風俗土地農學工學之數十科也.

李 今已晩矣. 若以此事相聞 則緣於急速 而必多遺漏矣. 貴下若不外我 則請以一冊詳細分條錄示.

我 是僕不得已應書朴某之請. 故皆和漢混文 而爲易讀也. 然如其一小件則 漢譯之一切也. 然大訥也. 何有漢譯之之資也. 請一覽.
理學上分溫熱爲五. 曰日熱 曰火熱 曰聚合熱 曰相生熱 曰電熱是也.
聚合熱 一物与他物相合而生 如石灰和水 而生熱 其例亦多. 相生熱者 同物增加 相感生熱 不与不合生熱. 電熱者 雷之落而生火 是也.

李 溫熱者何謂也?

我 日熱與火熱甚異. 是足下所知也歟?

其書冊規模

某學校 其目有三.

一曰 法律 主.

一曰

一曰

法律學 其目有幾

一曰

我 足下明日有閑 則枉駕焉. 登時 僕覽其本洋書與飜譯本.

李 明日則與同行諸人有約. 往覽他處矣. 不得如戒. 後明日与貴國人有約. 來訪 不可抽身. 當隨隙一進.

此冊何當了乎?

我 僕今有他要緊飜譯的之事. 故一二日 不如命也. 自今七八日之中可如命可乎?

僕今日有要急之事 故切乞(불명확)揮.

李 素以劣筆何可倉卒間書乎.

我 明日午後三時在寓乎?

李 不必今日書之. 當於他日進貴庄時 更有僕筆之. 先書者何必更求書之也?

此非向日書帖乎?

我 是帖僕交通當地名家之書畫帖也. 今足下一揮染以賜 僕明日將携往他也. 故今切乞切乞. 處請諒焉.

李 無妨 而但余性素燥急 恐有生病之.

我 然則明日三時頃再侯.

該學物理學中尤難者也. 故其目在該卷尾. 然到究其理 則奇拔妙巧 終可悟也.

李 其冊幾卷 僕當苦待.

我 須如命也. 然僕生來惟惟. 懶懶加之多交通之人. 故終日客來 不得閒暇也.

李 各有方言 何必以言妨文. 只可領其大意 可也. 淸國俗語代矣. 焉歟耶數字以了哩麽 而其行文之法 文字轉倒 稍異而耳.
勉矣.

我 僕一昨年來 爲彼大□□新報社社長. 該誌中以有詭 激慨切之, 大虞也. 治如斯之症 則曾如乞治於洋醫也. 洋醫之最有名者 此地甚多. 如駿臺 池田謙齋(主上二等侍医) 佐佐木東洋 是也. 其他淡路町學生舍杉田玄端 亦善醫也. 盍速乞治也.
愚以謂 足下一試之於我邦有名洋學醫耶? 感意雖感 不必過慮也
僕嘗爲淸國公使何氏 漢譯本朝律令矣. 該文以爲急 速全. 當今支那俗語譯之矣.

李 君若善通於淸國俗語 則請食以俗語談之.

我 足下等善通於華言乎? 僕稍通於廣東言. 又稍通北京言. 若通之則代筆話而可. (결락)之於漢文也. 然今際於貴恙 不能如意也.
是等之書 所謂各學科專門之書 而我邦當今公私所用之諸書 皆譯之者也. 然未能盡其原書之全意也. 如地理与樹木部 則譯此壹貳植物書 尤多基也.

李 此冊之惠果是勤念也. 感謝萬萬. 許多冊子 不可一朝一夕可譯者也. 謹當還呈. 恐不得奉副盛意 尤極懷恧.

我 僕昨日偶然到貴國魚洪二學士之寓 大蒙其高款. 貴國人之善謙讓 而知禮節者 信可驚哉.

李 待人之地 固是幸幸.

我 足下有眩暈之症 則當速乞治焉. 僕雖不知足下之善信洋醫否. 僕非以爲足下之病輕症也. 何足爲(결락)

2

明治十四年 辛巳 七月十九日 午後一時乃至五時
自由書屋主人 末松二郎 忞. 鴻岳筆談.
與朝鮮閔種默席上筆談錄.

明治十四年 辛巳 七月十九日 午後一時乃至五時
與朝鮮文部理事官閔種默筆談錄.

我 留一日接紫眉 不幸而際乎貴恙 不果所欲言焉. 邇來望蘭之念未止. 今日謀際于弊社業暇. 幸得拜覿. 請先生勿棄樗櫟之才 而賜爰顧焉. 僕卽九州之一陋士. 姓末松 名二郎. 自號鴻岳樵史者. 鴻岳僕所居之山名也 故所以爲拙號. 僕頗好奇士人. 此以後千路蹄轍 汩汩十丈紅塵中. 未得半晷淸話. 日前公枉辱弊寓 蓋亦愛. 忘其醜之厚意 而僕適病吟 且未知先生之何如人. 果不免尋常推過矣. 每因他 問公盛名. 果是東武名士 何以得此聲耶? 幸得承接 此心欣瀉.

閔[10] 人有人外之人 而言有言外之言也. 人而外則怪人 言而外則怪言矣. 僕性成迂直疏狂 常喜爲人外之人 而漫爲言外之言. 故亦不容於世焉. 然愚以謂不容易 疾不容 而益足見其人之怪 其言之怪矣. 雖然當時氣節之士 搢紳之人 亦或有善客. 僕怪公之身 怪公之言者. 是所以僕以怪怪自居也. 今溫乎其客履乎? 其言足以容. 僕不堪感喜 心謝焉.

---

10 閔 : 민종묵(閔種默, 1835~1916) : 본관은 여흥(驪興). 자는 현경(玄卿), 호는 한산(翰山). 1881년 조선시찰단의 일원으로 일본을 다녀왔다.

我　公之良誨淸譚 足令人翹翹 而大抵公素執可知也. 然其素所自期願一聞焉. 文章學問 雖一貫道 然亦各有趣向之不同近耳.

閔　公之專門攸業 果何等耶?

我　僕是所謂飄落放逸之陋士 而非官非俗者也. 然僕自以爲愛國二字意味之淺深 常不在官士 而却在草莽野郊之人也. 若好爲官士則多釣利鑄名之徒 而其胸間 常有名利二字也. 草莽之士 有求於內 而無俟于外也. 故其膽中 常銘報國二字也. 且僕常謂有觀世之目 而無看書之目也.

閔　我有爲(去聲)國之志 而無爲我之志也. 若體認斯意 則讀書之目是看世之目也. 爲我之志 是爲國之志也. 君子常懷百年之憂 非獨以貴題言也. 公之素執 眞有得於此. 感誦萬之. 第朋交之道 貴於資益. 此所謂相觀而善也. 僕之遊覽幾月 亦緣病吟. 且言語不通 文字難曉 不得無鬱鬱者. 願欲披襟傾蘊 公勿各焉. 果能隨問開曉否.

我　先生之言 則偉人逸士之言也. 隨聞隨悟. 實可想其爲人也.
僕今朝訪貴國接理官魚允中氏. 情好日密 筆話甚親. 談及此彼政體制度 問答移時 遂至于今矣. 嘗聞 僕所熟知之洋人法律學士某氏之說曰 貴邦人有獨立獨行之氣象者 冠于東洋矣. 然未交通於各國者 其第一之弊也. 當時未信其然否. 頃日自多接貴國之士始知其有氣象精神也. 感服敬服. 僕木强之狂夫 而常不好美刺他人也. 今於貴國之人 不得不下斯一語也.

閔　公意則未交通於各國 爲第一弊 則以弊邦閉關絶交 不可依前規固守前日之規 爲敎耶?

我　是則法律學士洋人某氏說也. 僕亦以爲妥當之論也. 蓋貴國若與各國相交際通商 則漸于開化之域 倍於弊邦歟. 且不特貴國人民之幸福 亦各國之幸福也.

是理雖非吾輩容喙 僕頃日有所獨感獨思者. 故不揣不才 而作朝鮮論十編. 近日將投於新聞紙 而未果也.

閔 此編何必入於新聞耶? 願一得覽 則亦吾輩之指南良規. 何不諒此耶?

我 談論草 辭拙理暗 不足以供高覽也. 其始則論貴國與他各國相關涉之事 終則論其富國强兵之法矣. 然僕之譾劣 豈得當理哉?

閔 此是巽辭也. 僕當一覽後 璧完. 勿以爲靳許也.

我 此他僕有拙著把憂論十冊. 是唯表憂國赤心之片魂者 而不足供大方名家焉. 然志之所存 亦可觀焉耳. 此稿切論弊邦政體如何亦多觸於官忌者.

閔 此亦不足以爲嫌忌. 觸卽居其土之謂也. 公論傍觀 有何觸忌之爲嫌. 且僕欲一覽 亦不向吾輩人傳說. 公其諒之. 古言曰 若藥不瞑眩 厥疾不瘳. 必是公藥石之論也.

我 高論敬服. 唯所爲其觸官忌者 僕等無官無位 且不屑屑於官爵之間 而不諂諛於官位之人. 不但不諂諛 却蔑視彼輩矣. 若有醜行汚業 則喋喋論於新聞上 而鳴其所爲焉. 政府亦有如斯之輩 而多資 而以改焉. 猶福澤(是吾同郡人也)氏不仕 而放言高論也.

閔 曾聞此公之盛名矣. 新聞之意 就政府觸忌者 無一避諱者耶? 亦有阿諛 不曾扞格者耶?

我 是新聞條例罰目中揭載. 高位之醜行者 或罰金 或禁錮. 唯任其罪之輕重也. 吾黨友人 亦多蒙此罪者也. 若自喜爲官 則欲吐斯言 豈可得哉? 是所以樂無官也.

頃日 洪氏枉駕之時 席上賦此以贈. 未定稿乞刪正.

弊屋客枉駕, 謝君約不差.
淡交情莫逆, 閑話思無邪.

四海皆兄弟，五洲同室家.
沉於唐蜀國，何暇論瑜瑕.

其二.
彼此俗稍異，東西情所同.
暑雖則如燬，樸樸有情風.

閔 纔讀數回 淸麗婉楚 不覺火宅冷犀. 非職詩途之超出杼柚 其宛轉之意 尤多.
天涯若比隣之意.
翰山題.

我 胸間光風霽月 到處靑山綠水 是吾素志.

末松鴻岳識.

3

明治十四年 辛巳 七月十七日 午後一時 乃至七時半
自由書屋主人 末松二郎 忞. 鴻岳樵史
與朝鮮侍醫 咸洛基
縣令 黃天彧
同 金亮漢 三氏 席上 筆談錄.

明治十四年辛巳六月二十八日. 與朝鮮人李月南筆話 [月南當時寓於駿河臺 南甲賀町 良久金八 家]

我 僕昨二時半拜侯. 僕之來 速於約 故中道齟齬 至如是矣. 遺憾遺憾.

李[11] 昨日事 甚覺愧悚也. 以於午前八時出門者 蓋與人有約故也. 午後三時半冒雨歸來. 仍有滯病 經夜苦痛. 今纔擧頭而坐 良覺客苦之難也.

我 僕昨日携彼洋書 將足下眼前飜譯.

李 五矢五中爲壯之. 或有四中鵠取之者.

一曰 砲科. 與弓科相同 而立標準於二百步之外 五度五中者爲壯之. 或有四中取之者.

右貳科試取後 以六韜三略 孫吳兵書(皆兵法也) 皆以講之 論以試究. 若或不通於兵書 則雖有弓砲之得捷 不取也. 外他筭學科醫科觀象科等並.

一曰 講經科 亦如製述科例. 自各地方各道薦之 而竟至於及第 而其科取之目 則製述科者 詩·賦·義·疑(問難 而答之也)·頌·銘·策·論·表. 此外又有細細節目 不可一一枚擧. 講經科者『詩傳』·『書傳』·『周易』·『論語』·『鄒傳』·『中庸』·『大學』(曾傳)也. 其外細目不可枚擧 而此其大要領也. 受講之法 有司之人七位 列於講席 積置三經四書 而抽出一卷 使擧子背而誦之. 三經四書 無不通之 而七有司皆曰能通 然後則可取之. 七有司中 六有司曰通 一有司曰不通 則不取也. 製述科試取之法 亦與此大同小異. 是曰文科. 又有武科 其目有二. 一曰 弓科. 弓科者 取人之法 亦與

11 李 : 월남(月南) 이상재(李商在)를 가리킴.

文官例相同 而每於設場之際 立射布於一百步之外 以五矢試之,

明治十四年辛巳 七月十七日 午後一時 乃至七時半.
與朝鮮侍醫 官吏 某三氏 席上 筆談錄.

我 僕自結交於貴國內閣學士參政議官洪氏·魚氏 情好日密 來往已過數回 而至今未知該席上有足下也. 今切悔無識人之鑑 而相逢之晩也 千萬矣. 且始聞足下之爲一國手. 欣羨之意 何有如之者耶? 所諭東西醫學之精粗 愚未知其如何也. 然僕家累世業醫 而家君鴻峰 窮實純粹之漢方醫 而常自曰 洋漢二醫法無大優劣 而唯有小精粗而已. 家君平日之思論不屈於洋醫也. 僕愚指 家君之思論 亦當地漢家淺田宗伯氏之思論 同其意也. 如斯東西二學 足下爲孰優孰劣 請聞其高思偉論矣. 賜敎示焉.

咸[12] (侍醫 咸洛基) 無識人之鑑 正謂此生. 相逢之晩 彼此一般矣. 挽近以來 所謂西醫之聞論 未知其如何然也. 然切以謂 理外之理於弊邦所未聞 所未見之術也.

我 僕爲不取 而雖百無一失之謂 未嘗信其然. 且理外之陰陽之術 何休於人哉. 人身亦小天地. 水火卽陰陽. 非究陰陽 而何至. 若漢家之大方 果寧無難於正理也. 今聞貴宅世世漢家之國手. 實慊僕望. 曩者一往一邀於淺田宗伯之第. 姑無詳確. 然以其概論言之 与天地矣. 其理也 分明正氣耳. 弊邦之醫學饒其一般矣.

---

12 咸 : 함락기(咸洛基, 1850~?)를 가리킴. 본관은 강릉(江陵). 호는 옥파(玉派). 1881년 참봉으로 조사시찰단에 참가하여 홍영식(洪英植)을 수행하였다. 본 필담록에는 시의(侍醫)로 기록되어 있다.

咸　天以六氣 地以五運. 人在其中 萬物皆稟而成形. 是豈不明澈也哉? 幸公詳喩. 優劣之論 爲望爲望.

我　所謂人身亦一小天地 是偉人達士之論也. 僕以此 略識足下之善通于天地陰陽之理矣. 僕漢洋二醫學所以異其旨者 以洋先理論學說 而漢先實施活用之術 而後格物致知之學也. 故自其理論之精 器械之巧 則漢似迂而洋捷矣. 然至其實施活用之際 不有甚迂捷優劣之分也. 然則向所爲迂者非眞迂者也. 且醫之爲醫也 在擴道而臨技也. 當時之洋醫多近于技 而疎于道. 唯以鑄利釣名爲自得焉. 余近前其譬言有一勞瘵. 愚者 漢醫目爲勞瘵 洋醫名以肺患. 然至其療法 則不有迂捷之別也. 是以足見其一班也. 雖然 僕久寓大學醫學部 就洋師 聞醫學醫術之大意 論洋医之所長者 外科也. 是由其器械之巧 而所以近于技也. 至其內科療法 則不有大優劣也. 足下以爲如何.

咸　勞瘵之症 名以肺病 而治療之一般 聊或無怪. 然其他能副乎? 肺者臟之華 蓋營衛一身. 故病至於大 則歸於肺 似當矣. 所謂勞瘵亦末病也. 故想應同治之偶中者. 然而至若西醫之精妙 器械之巧利 果乎? 失於內 而見于外者 多矣. 以器械之治療論 則何透於內科 而治之乎.

我　貴國醫學之士 皆誦傷寒論 瘟疫論 金匱 素問識 靈樞識 難經 千金方 類經 等之書乎. 且其學所主因古方乎? 由今方乎? 張仲景氏流乎? 東垣氏流乎? 請垂教示. 弊邦數年前 皆由我所言之諸書也. 自近來西學大行 人皆棄舊好新 以爲洋學之盛行矣. 愚謂與貴國之當時其事大同小異也. 將非耶?

咸　弊邦之所謂醫學者 不啻素靈難垣張千金方之博論 或有追世名医之經驗. 齊口之試驗 而敬謝. 貴國當時之大事 大同小異於弊邦. 安無追效西論之風. 然洋學適列 實是可恨處也.

右明治十四年 辛巳 七月十三日 席上 筆談也.

我 過焉 拜候. 蒙高款 敬謝時 際于不幸 而不果所欲言焉. 請今日有閒暇 略吐露心胸乎?

咸 公之數次委訪 欣喜沒量. 休暇之與否姑捨 而豈不奉意耶?

我 僕平日之素志 決不在醫學也. 然家世業成 而襲箕裘之業者 子孫之任也. 不得已 而爲之. 頃日幸際乎弊社休暇 故漫躅. 平生所思爲數卷. 名曰 管窺論. 上篇專論刀圭之如何矣 而下篇論及政体也. 自爲管窺亦當矣. 如其政体論□□ 乞洪英植魚允中二氏之高評焉. 今携其上篇杏園理論矣. 足下一覽之後 幸賜高刪併卷首題一言.

咸 僕之素志亦不在医理. 然早年以親癠之焦餘 電閱始于醫書矣. 幸於奉拜 誠非偶然. 得此藪明篇之專視 感甚感甚. 當如戒披閱矣.

我 僕文拙辭蕪 恐難撰成. 今聞足下琅琅之聲 心私抱惑焉. 足下以爲如何.

黃[13] 評批不敢擬議. 惟公之惠貺 是企是企.

我 請勿韜瑤光矣. 有固石之光□□ 韜光豈可得哉. 謙讓一時一席上接新知之事也. 請諒此意 而爲卷首末題一言焉.

黃 當如教.

金[14] 讀至未半 便覺金石之響錚然 拂天台奇格.

我 過溢之瑤言 吾何敢也? 今伺足下之氣宇 活澹幽雅之士也. 然而

---

13 黃 : 황천욱(黃天彧, 1843~?)을 가리킴. 1881년 당시 칠원(漆原) 향리(鄕吏)로서 조사시찰단(朝士視察團)의 어윤중(魚允中)을 수행하였다. 본 필담록에는 현령으로 기록되어 있다.

14 金 : 김양한(金亮漢, 1841~?)을 가리킴. 본관 안동(安東). 1881년 당시 조사시찰단(朝士視察團)의 어윤중(魚允中)을 수행하였다. 본 필담록에는 현령으로 기록되어 있다.

有斯言也 信堪增僕慙恧之情也.

我 有瑤話 則請便僕拜覽焉.

金 不敢以陳言. 過談座 貴覽也. 故敢構拙辭 以次公過古戰場詩 呈之. 倘哂正否.

戎馬翩翩苜蓿肥, 至今得使斷詩腸.

往事凄涼何物在, 落花流水又斜陽.

我 僕淡潔. 疎狂無識人之鑑 不意今見斯高作 猶披靑天觀白日矣. 起承幽逸流暢 轉結愴悽感慨 眞使看者悚意焉. 敬服感服.

金 何敢當披天觀日之譽. 還慚之也. 僕嘗讀春秋 有感作一絶. 今敢呈之 以望斤正.

周停禮樂不能縫, 惟有宣尼獨自宗.

二百年來王迹熄, 春秋註盡魯哀公.

我 隨讀隨誦 敬感之情不止焉. 如斯詩 則所謂詩中之一史論. 非學識兼備之者 曷得至乎此哉? 非吾輩所企及焉. 感服感服.

金 不敢當貴譽. 故退之三席也. 僕來時 到釜山港 偶構一律. 今塵貴覽 哂而正之.

立馬扶桑碧海頭, 東南管轄是雄州.

朝鮮開國三千運, 日本交隣二百秋.

言語工商皆和答, 舟車人物始通流.

地球圖裏看天下, 萬古眞迹一筆收.

我 僕交遊極多. 就中 當時淸國文士墨客多善知己者矣 而屢往連以爲詩文之會焉. 其所作之詩調多幽調暢達 有可誦者焉. 今拜覽尊作 幽暢亦感人焉. 可謂看其詩 雖不見其人 無恨焉. 今僕逢其人見其詩 亦好詠歟. 以朝鮮有一詩囷者 信當矣. 是所以貴邦近接於漢也歟.

金 何敢當其人之高譽. 僕眞始覺馮婦之古態也. 僕自初誓心曰 庭鶴

不得冲霄之飛 則不作其鴻 潛龍未化騰雲之鱗 則不露其形 英雄不遇其時 則不韜晦其迹. 以此敢守此誓者 久矣. 故見公者幾回而終以默爲能. 今偶觸貴問 不知自發而發. 就中頓覺馮婦之故態也. 望公以割談草擲與 休使狂談轟說以惹人哂. 甚幸甚幸.

我　斯言互易地而可. 是僕之言 而非足下之言也. 僕家父鴻峯居士一聯云 驥足難伸猶伏櫪 龍鱗未就尙沈淵. 是与足下之言如合符節也. 至其馮婦故態之言 實可謂才鋒鏖万人之渾矣. 敬感.

金　伏櫪沈淵之志 使人心酸. 爲令尊弔謝 至今可流也. 僕當數日間 拜訪爲計 以和瑤編之瓊什也.

我　敬謝敬謝. 領教領教.

我　今日得愉快之友 亦不得不爲愉快之問. 何啻詩話文談而已也. 互通彼我之情 亦爲今日急務之學也.

我　貴國有娼館妓樓乎?

金　娼樓之事 非僕之所慣聞也. 然已聞其在也.

我　足下已一見芳原柳橋之景況乎?

金　姑未聞芳原柳橋之名 而何暇其景乎? 然何夜納涼 至到誰之街則聞道是吉原 而所謂可看者 非自流滋味也. 但針砭耳目 甚呵耳. 公倘有此等之風流乎?

我　僕平常以傲骨木强狂客居焉. 故來京以來 已經數星霜. 然未遊於花街柳巷也. 雖然暇間散步時偶到其地 略見其景況 亦善通其情狀也.

金　看景倘宜 而通情 則未然. 此公道於僕之滋味處也. 甚呵耳.

我　花街如芳原 則不可徒逸遊放蕩也. 然善欲知東京之事情 則不可不一登樓而接娼席也. 足下以爲如何.

金　興懷甚拙 素無花街採芳之志也. 與公謝之.

我　至其拙論 終未二題 則我日本政府之所甚秘 而吾黨憤慨之士揭

揚. 載之於新聞紙上 而至蒙罪矣. 輕則課罰金 重則處於禁錮焉. 是僕等數年前 爲興齋社長之時 數所觸忌 而得罪者也. 是由塵論切當政府之弊也.

我　僕待洪魚二公 已過數時. 大爲貴席之妨碍. 甚謝甚謝. 足下預二氏歸期乎? 請垂教.

金　隨寓多失數晤 幸望勿掛焉. 二公之歸 想在高眷之後. 然出未預筭也.

我　敬領敬領.

我　我今俗交友相親之際 必一同撮影 以爲後日永契之表鑑也. 曩僕在大學醫學部 或益友社 皆期晴天 登寫眞樓以撮影 置以前 与影相親焉. 今弊邦與貴國 雖在熟交之中 若一朝相疑 不得相知. 故今日席上熟知之諸彦 近日中期晴天 登寫心樓 共留一同之影如何.

金　多感厚誼. 然諸公皆滾汨無暇. 恐未必然也. 公亦諒此如何.

我　僕幸接於諸彦之席 未聞未聞者. 喜感喜感. 所欲言述者 縷縷矣. 然日已暮矣. 請期明後日之拜晤焉. 謝謝.

駿河臺 北甲賀町 十九番地
塩田邸 內
朝鮮貴紳 高[15]

15 高 : 누구의 수결인지 명확하지 않다.

【영인자료】

末松二郎 筆談錄

스에마쓰 지로 필담록

여기서부터는 영인본을 인쇄한 부분으로 맨 뒤 페이지부터 보십시오.

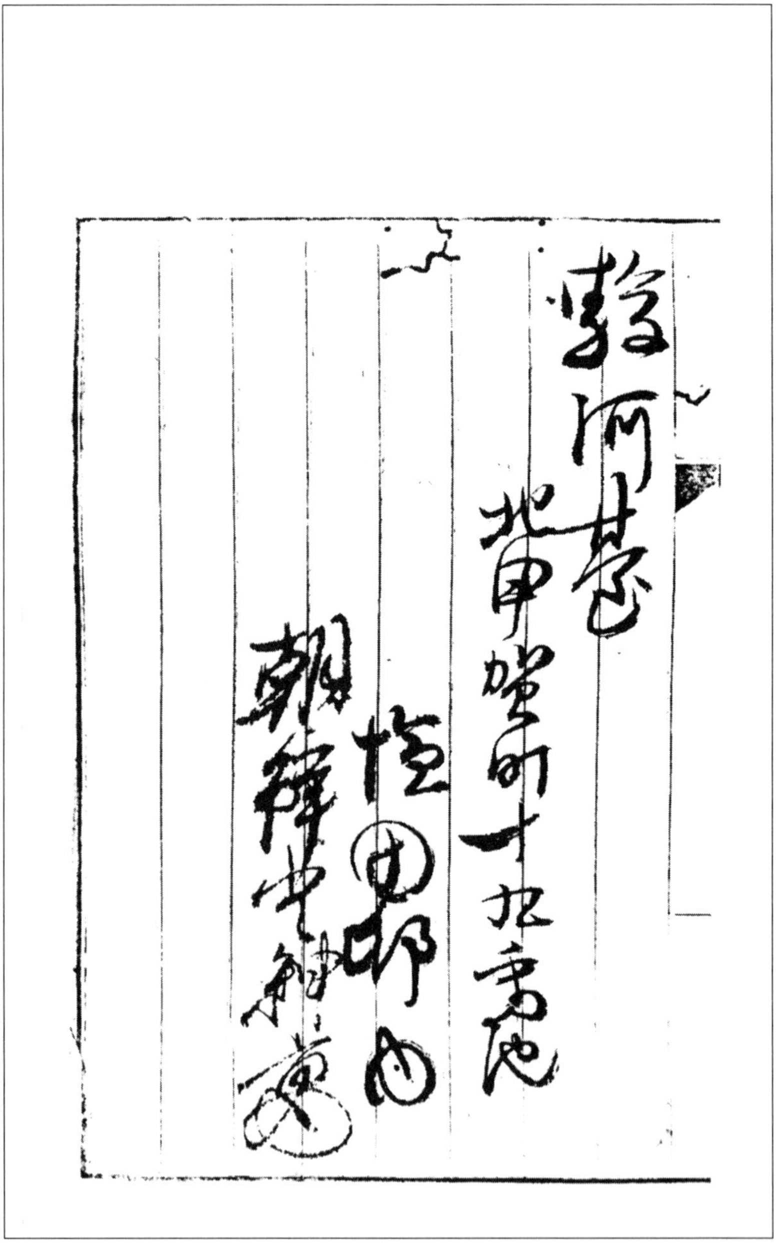
駿河臺
北甲賀町十九番地

37

生
多感厚經然請公踏議以爲
賜瞻未盈然也公亦存洪赫
哉
僕李梅秋諸彥之席末閱求閱者
蓄
舊歲々々歌竟木者韙之矣就日已
滿篝矣隨胡明將白之揮臨焉謝
之々

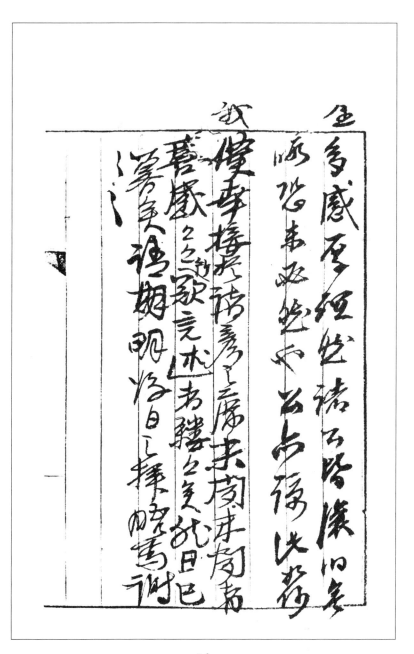

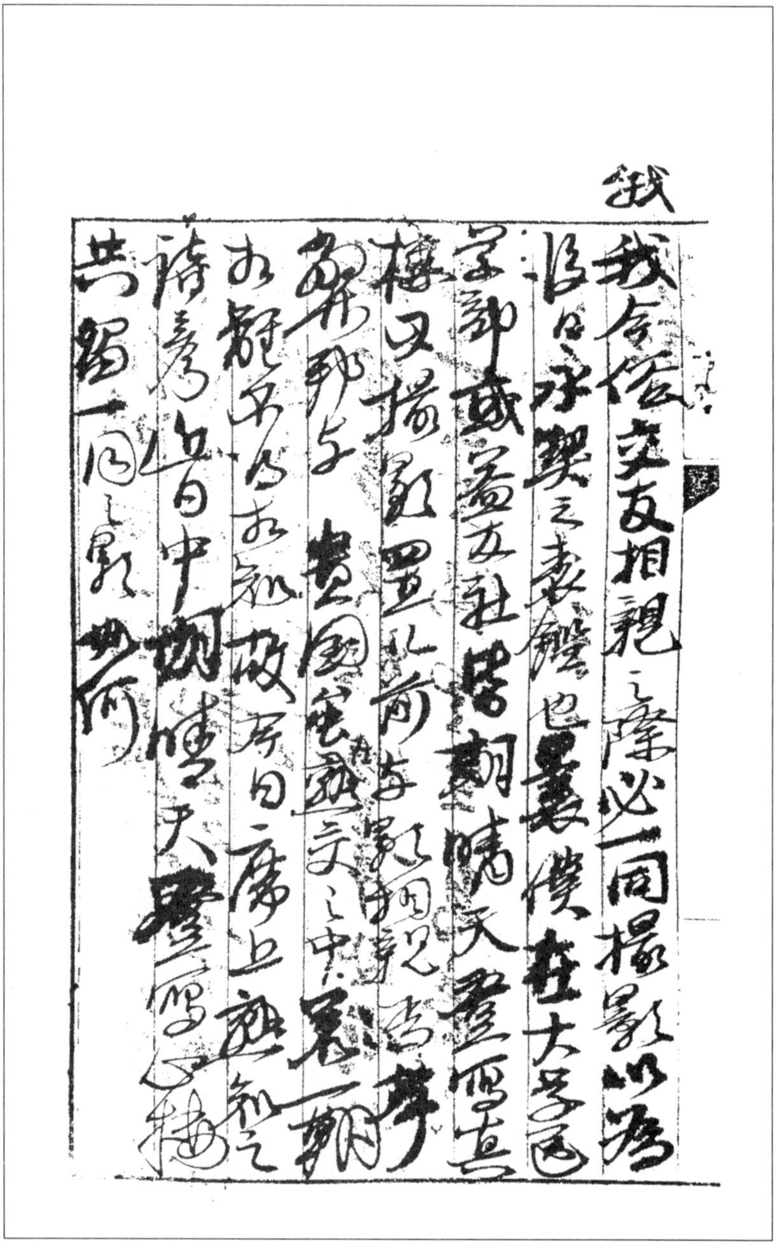

35

我 僕待洪尙二四日已過矣始於爲受
諒之嫌得遇謝々遇下頌哉
歸期未定後登啟

金 聽儂多少款情要面掛
爲二五日陶相逢高叙之

我 後能出來領留案也

敬領々々

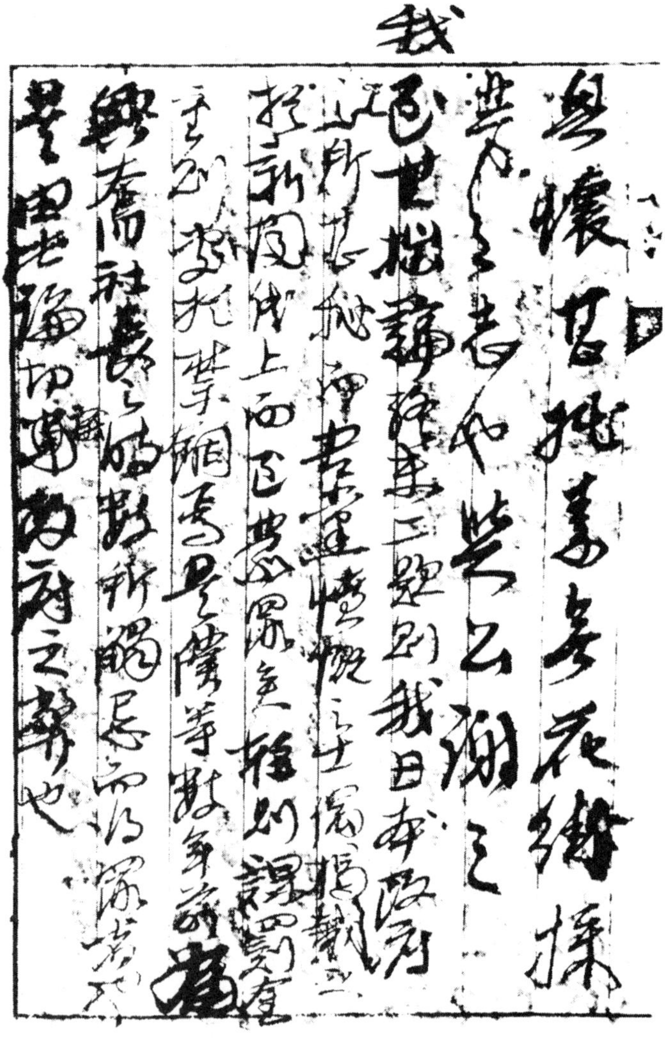

33

路上所過所至地頗見其景這
樣義廣貫恔快也
金
者若傳以之荷潰情於高總比
之
遙接緣之淺情處而其所之
我
國衔甚常量則不可捷便造路
修也哉長野親古事之有情則不可
不一登之攀而攀爐之虐也足下以曲

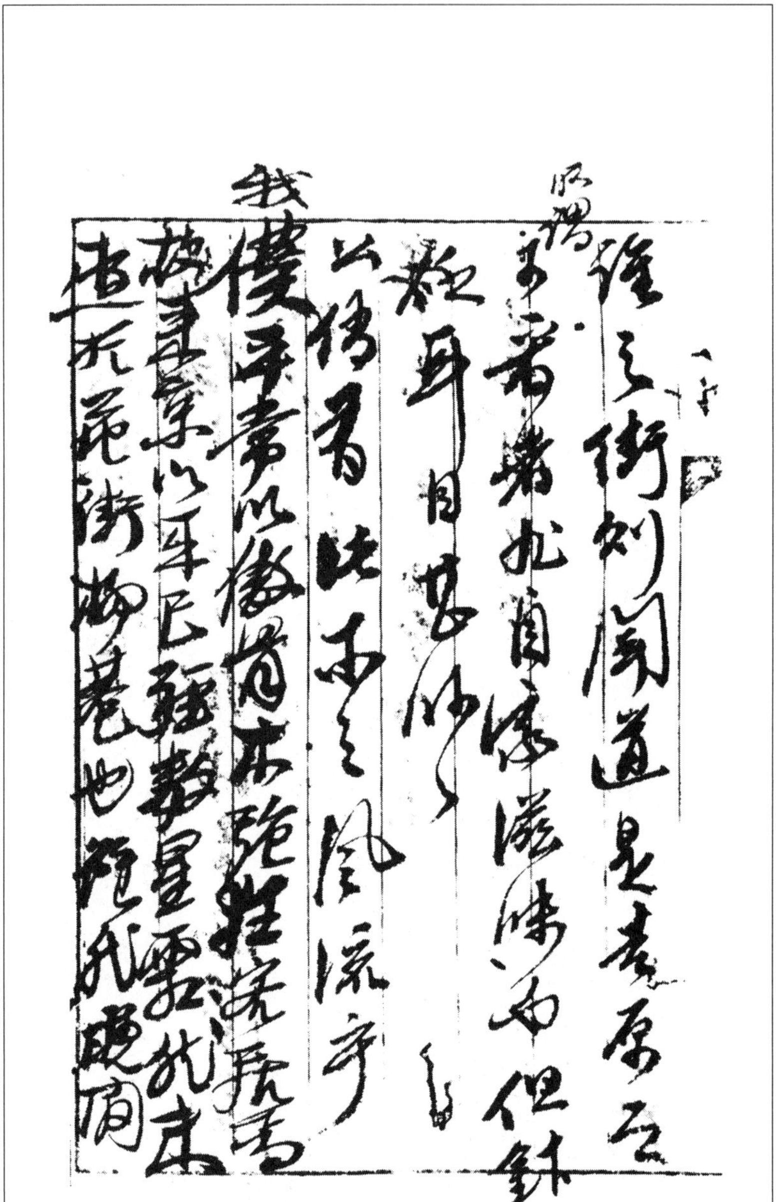

31

我 貴國之娼館妓樓乎

金 無娼樓之事，如俗之所謂閑

而然已閑散在也

我 是不已一見芳草柳橋之景況乎

金 然未聞芳草柳橋之名者有侮

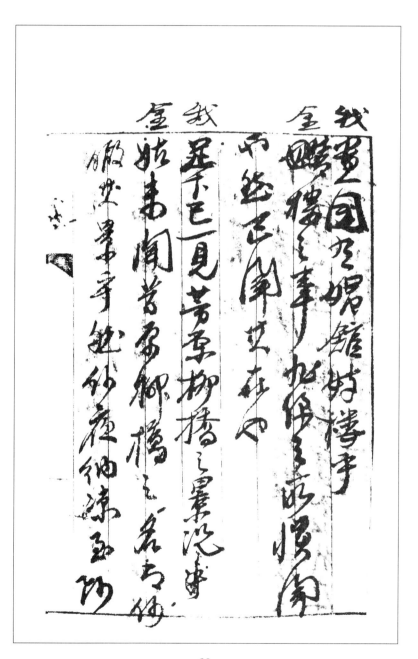

願世畢生年鍵紗庭徊凉與防

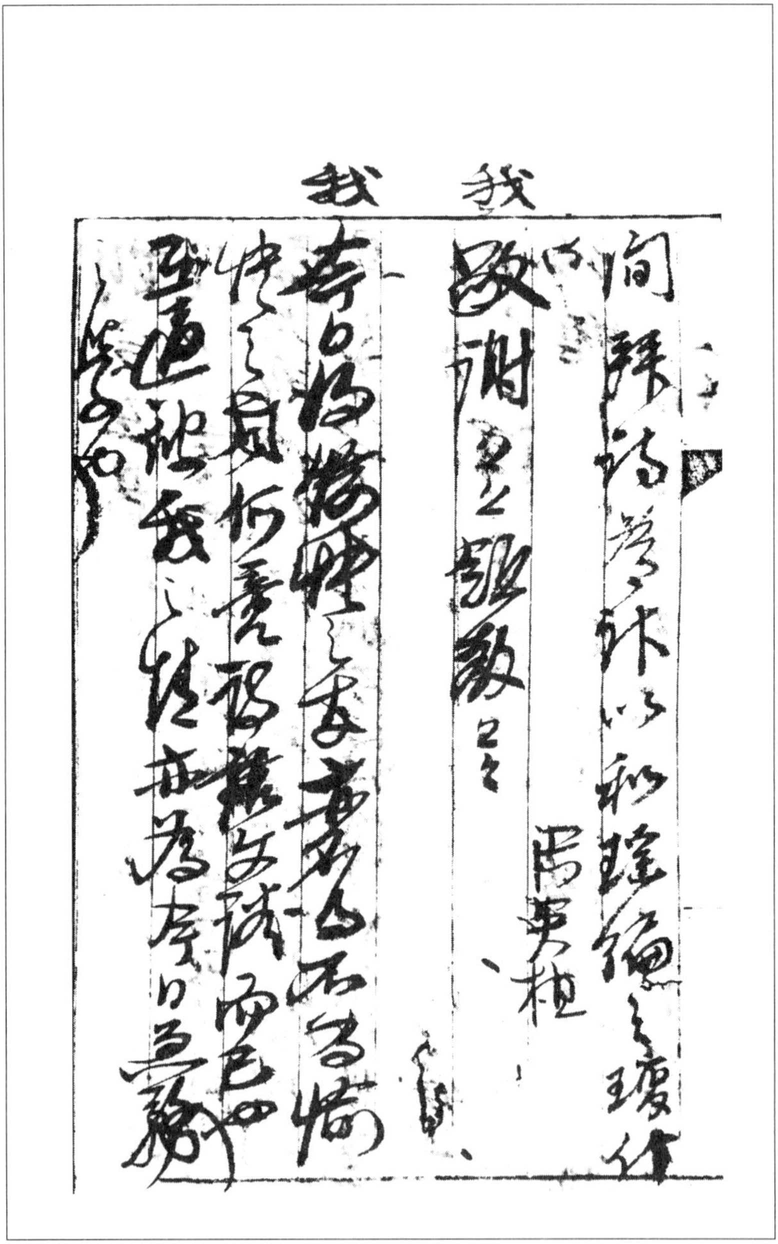

29

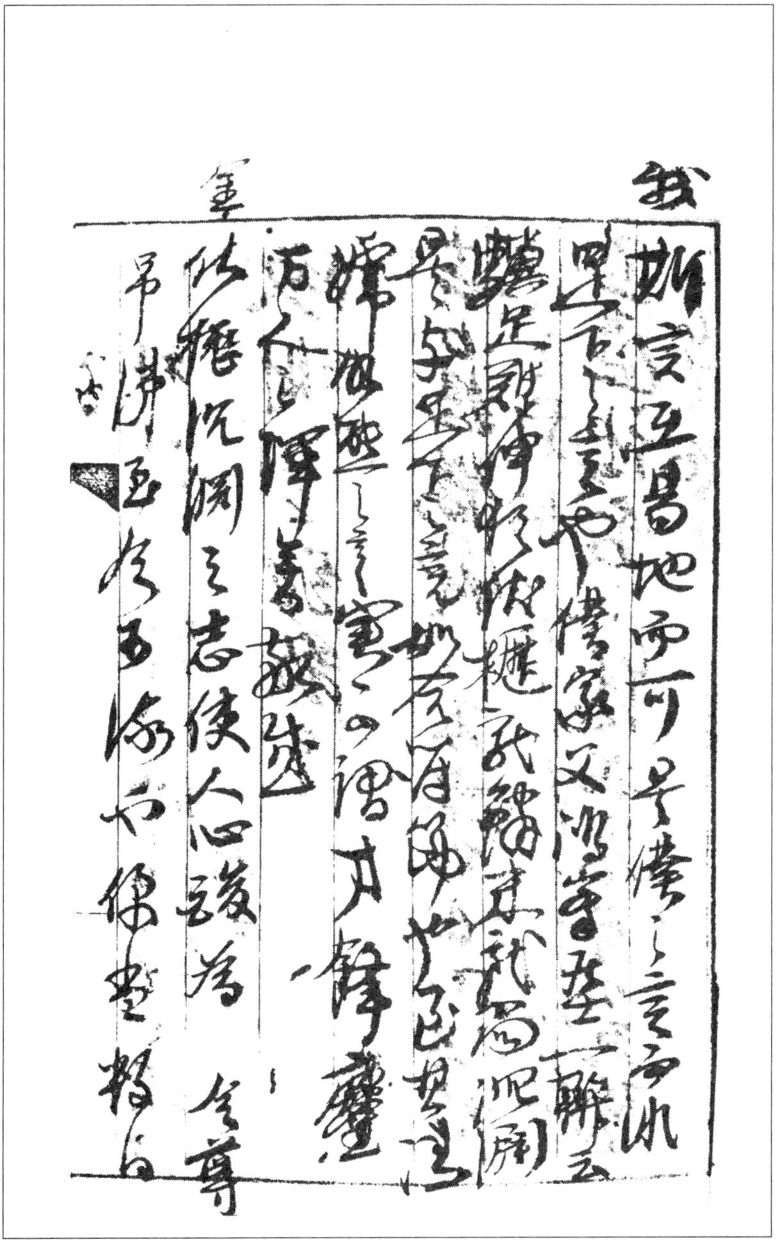

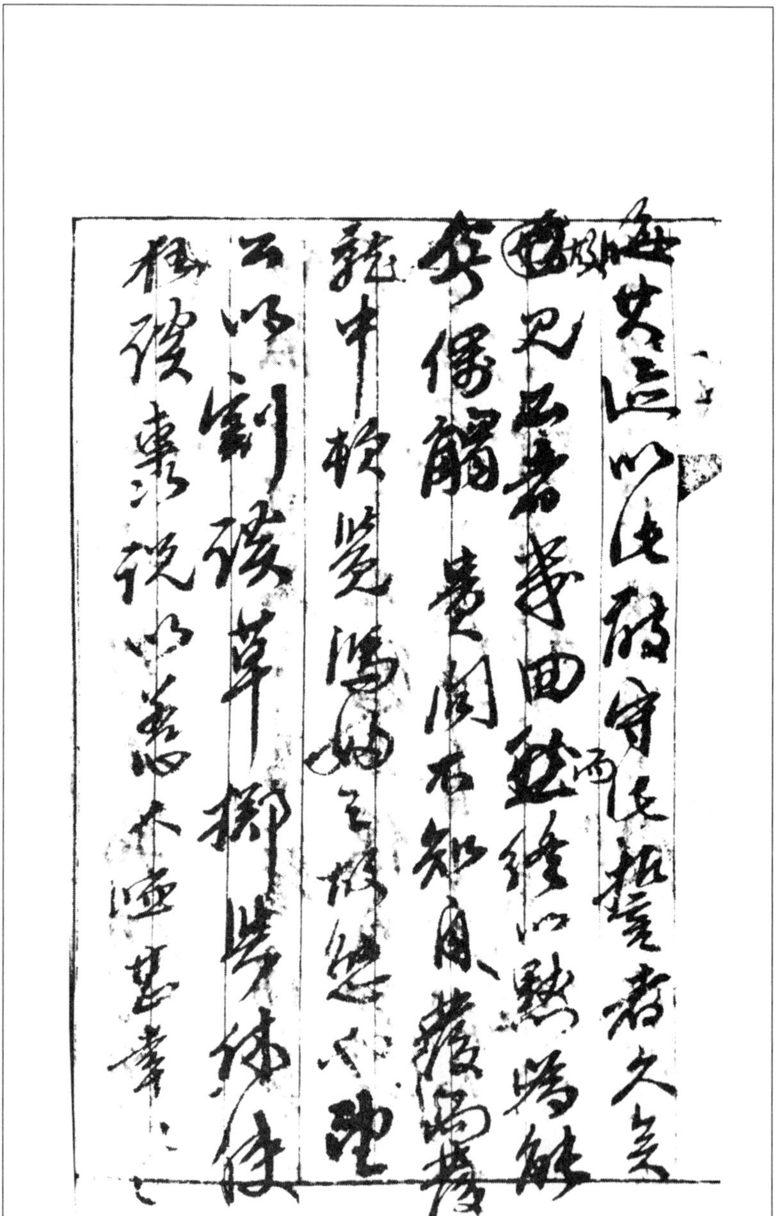

27

金

信當然是所以幸邦也以撓大
僕也文狀
偶讀書其人之真贊僕亦甚好
覽焉知之於龍也僕自和撓心
與彦龍不濁中有之氣則不[illegible]
其論中國潛龍來化騰雲[illegible]魚龍
不安鎮其形莫雄不[illegible]其餘不羣

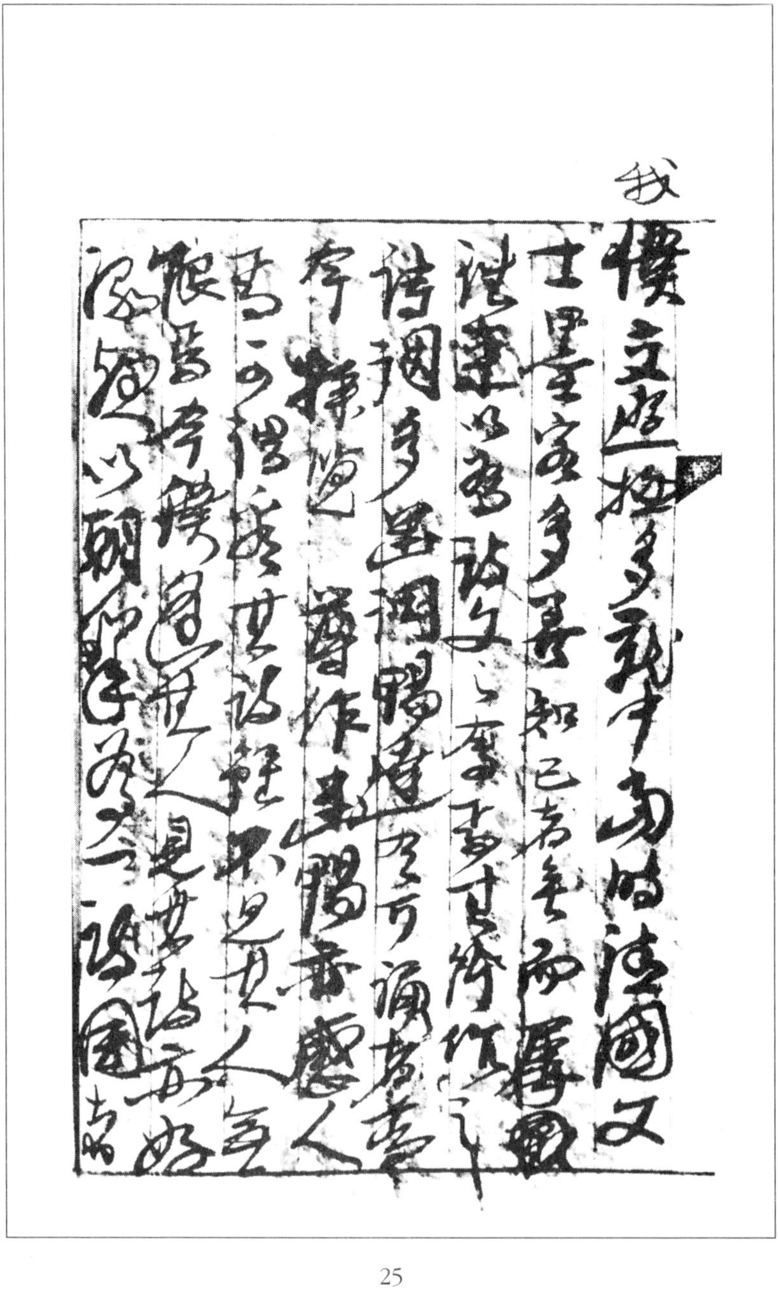

25

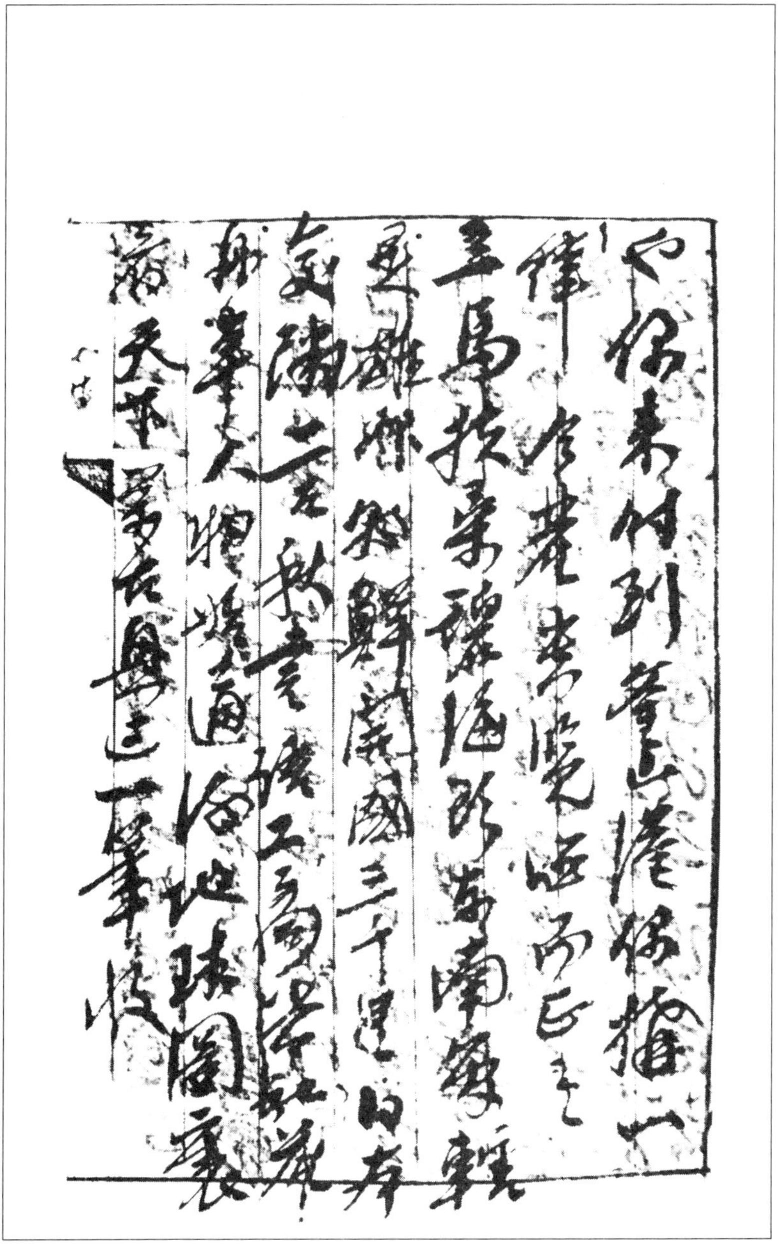

也係本村列豐山庵僧推一
律　作者素慶遊而臣之
至高拔群碌溪那南寧雜
恩離鄉發鮮歲國三千里自存
定陳之至數書懷五多[illegible]字[illegible]
典華大神[illegible]面海邊琉園囊[illegible]
前天平[illegible]長[illegible]之一筆收

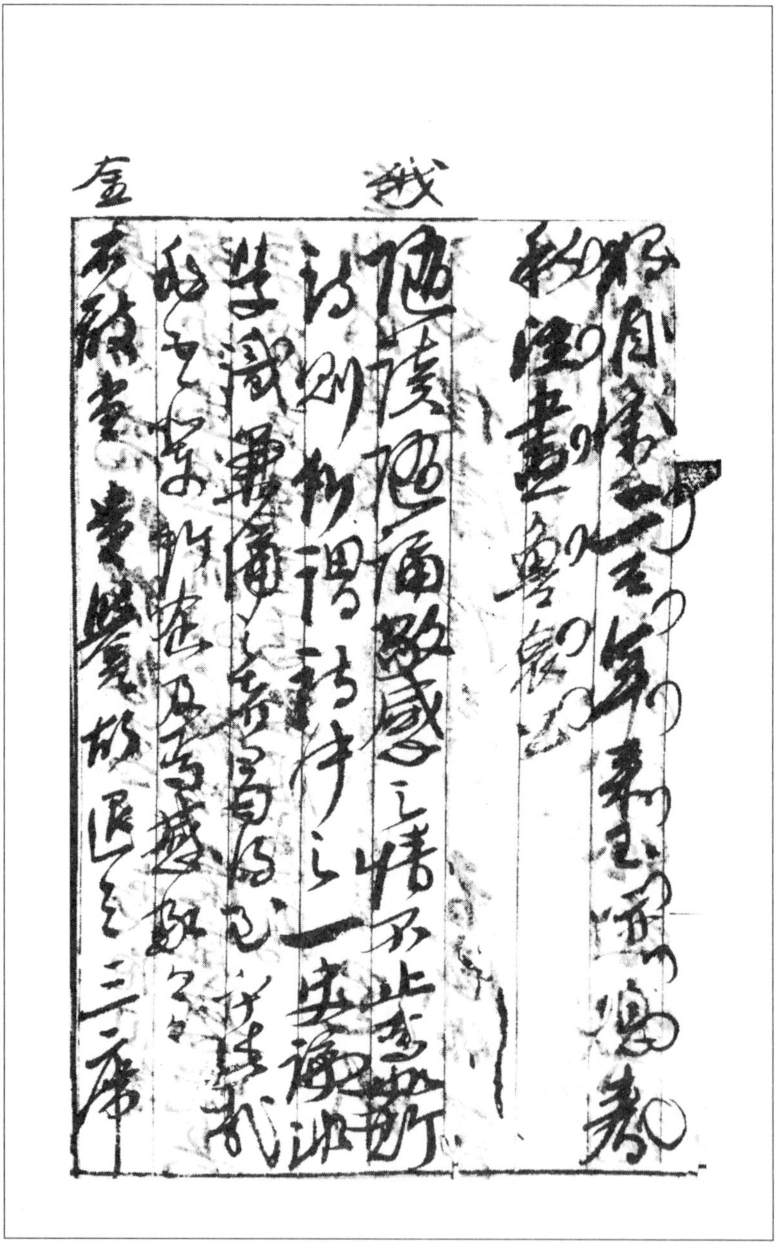

23

奎

見新尚佳篇擬畫[illegible]只管

超象呈逸流暢轉語[illegible]懷[illegible]悠[illegible]

係家春待至焉詒服感佩

拙詩[illegible]投來[illegible]淡[illegible]逞辯

不如佳篇[illegible]手 者識作律

冬[illegible]之以望斤正

閣[illegible]於筆不[illegible]

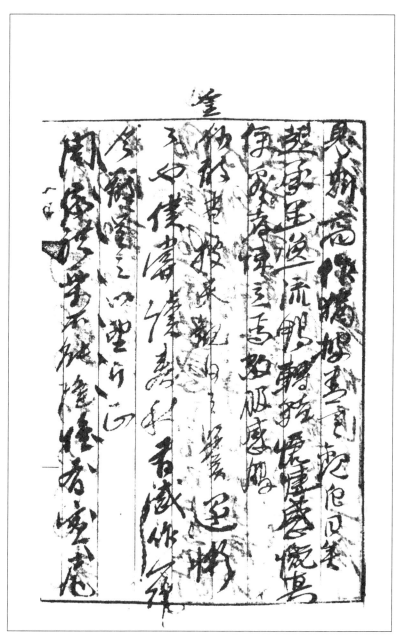

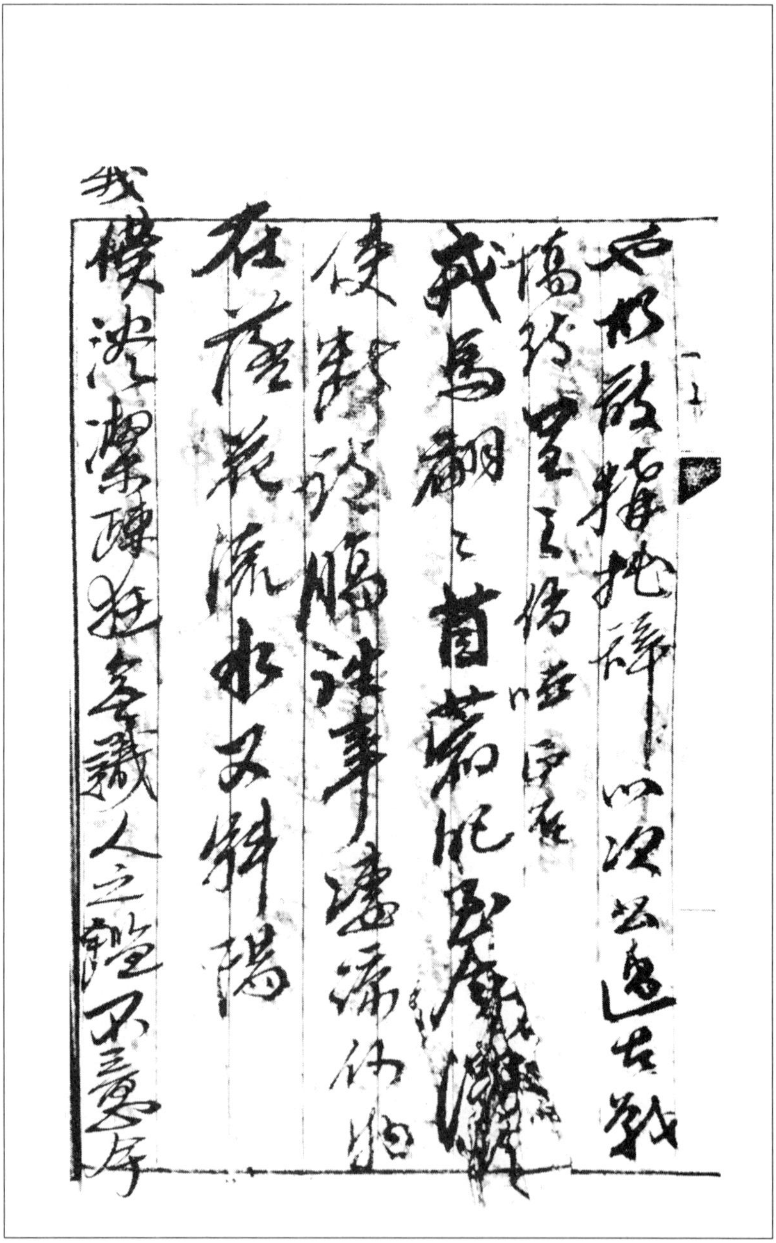

21

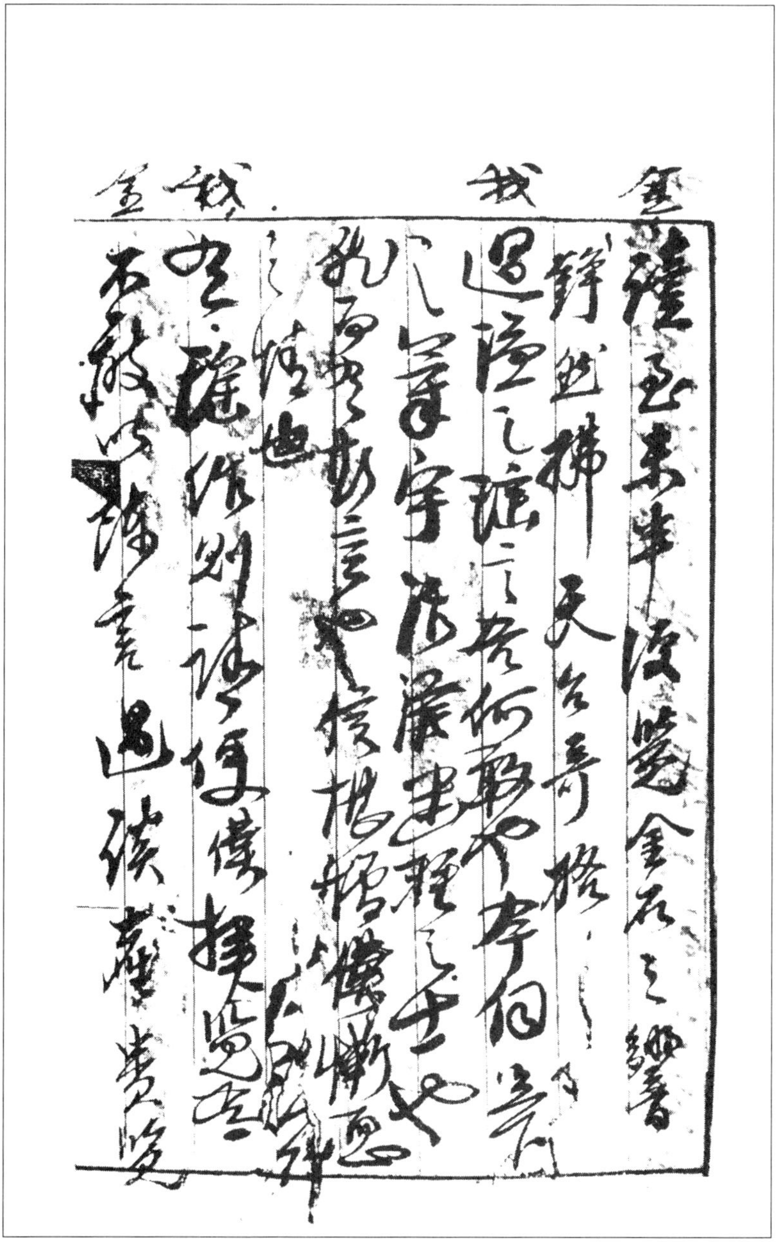

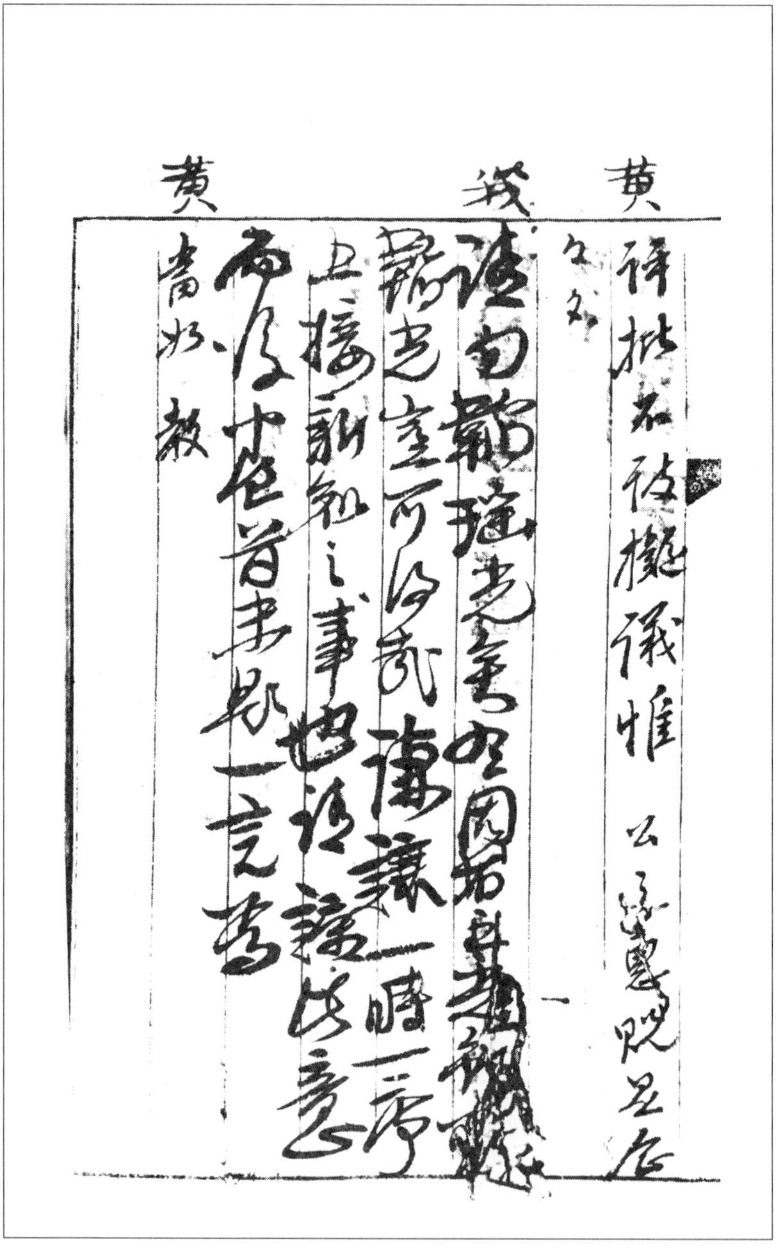
黄 拜拙右改擬儀惟 公[illegible]照是[illegible]

々々

筏 這句觸撥起[illegible]國君[illegible]

歸之室可以武陳讓一時一席

上接新紀之事也稍讓此意

而後十年首來聘一次焉

黄 當如教

19

戚

僕々素志亦不在發達惟於平年
以執庸々之良策寬於異邦達
矣幸哉生拙詩紀偶得蒙先生教
兩篇々幸視感甚々尚求戒招
閲竟矣 々

我

僕笑擬筆每々必難禮措
年問 先生語之々心知
抱懸書呈下以爲妙所

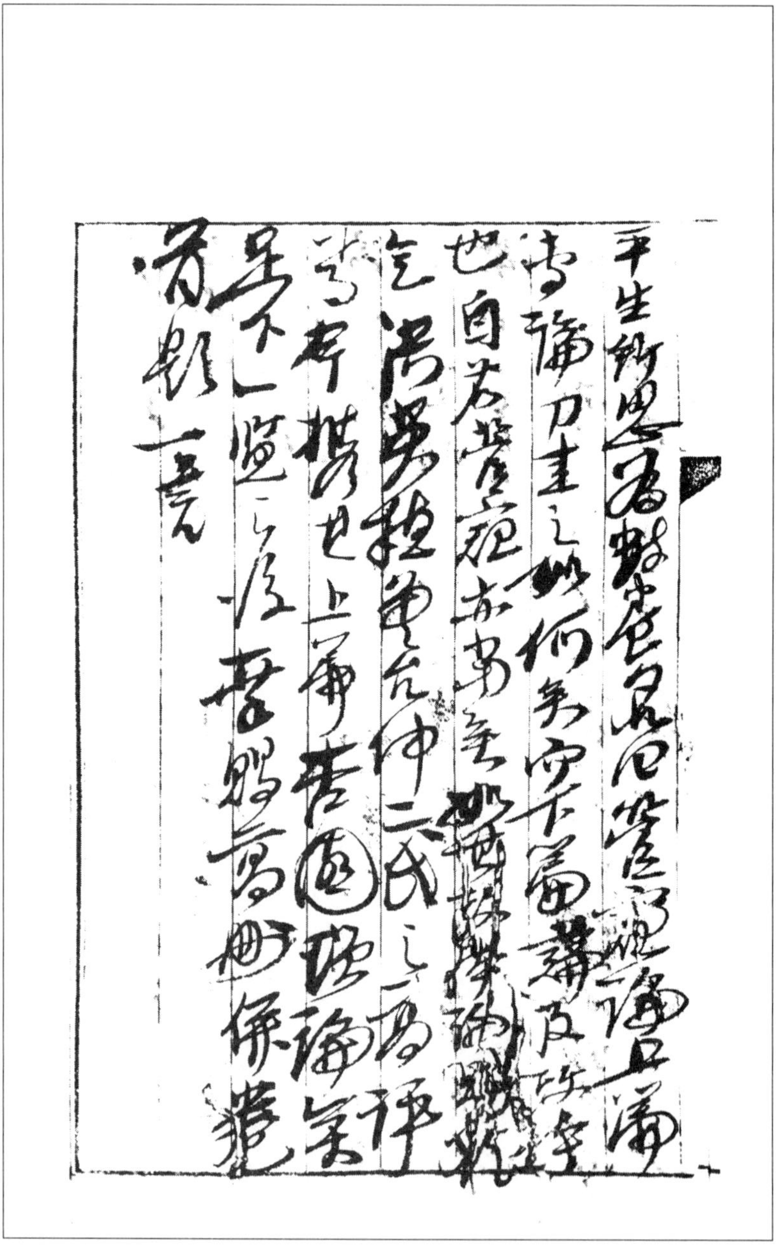

17

我 成 我

過爲推候崇高靴亦附時假于翠[illegible]
曷若異所聆於島語居日前剛[illegible]上
亦徒心論乎
尚之教君要揚畯義屢量 休[illegible]
之与君握手之壹不能見 其即
僕平日之業者法不從匠乎也 然[illegible]
[illegible]籠聚之業書字得之任也 [illegible]又己也
爲之深自事 際平釋[illegible]佳[illegible]學[illegible]

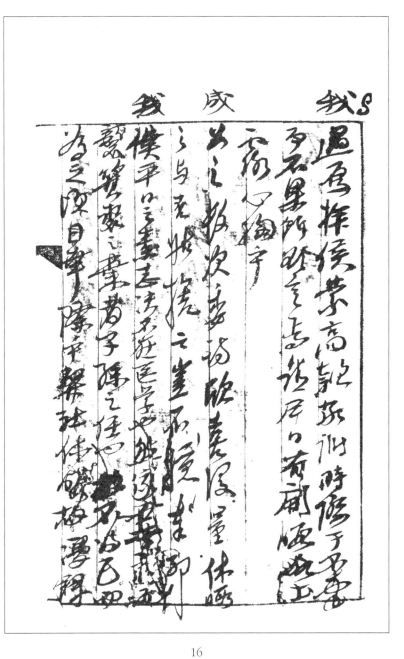

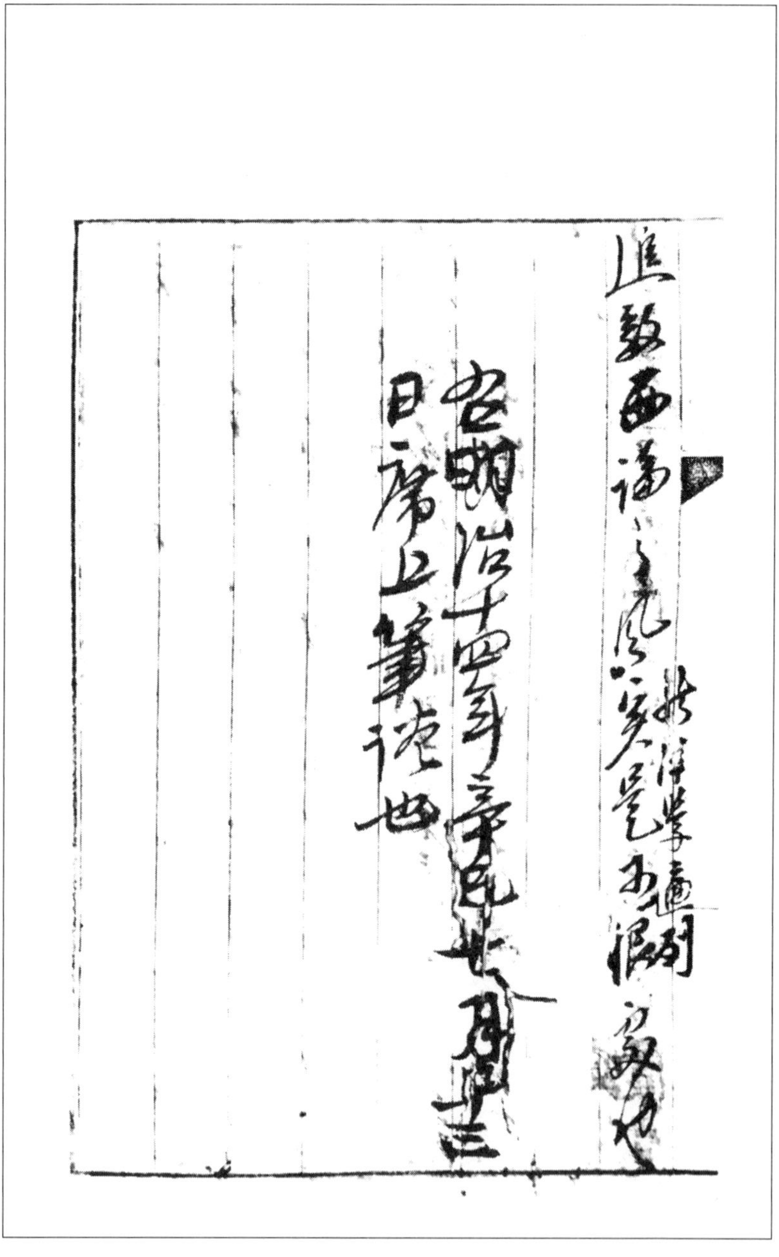
右明治十四年辛巳七月十三
日席上筆談也

成

前者因我所言之論書也自近來西學
大行人皆棄舊好新以為洋學之盛行
奚足謂乎貴國之方時其實大同小異
也如何耶
謙郎之所謂達識者不慮未來事雖
從張其勢之傳論或[illegible]
其經驗而試驗西歐諸國之[illegible]
明[illegible]大同小異也謙郎[illegible]

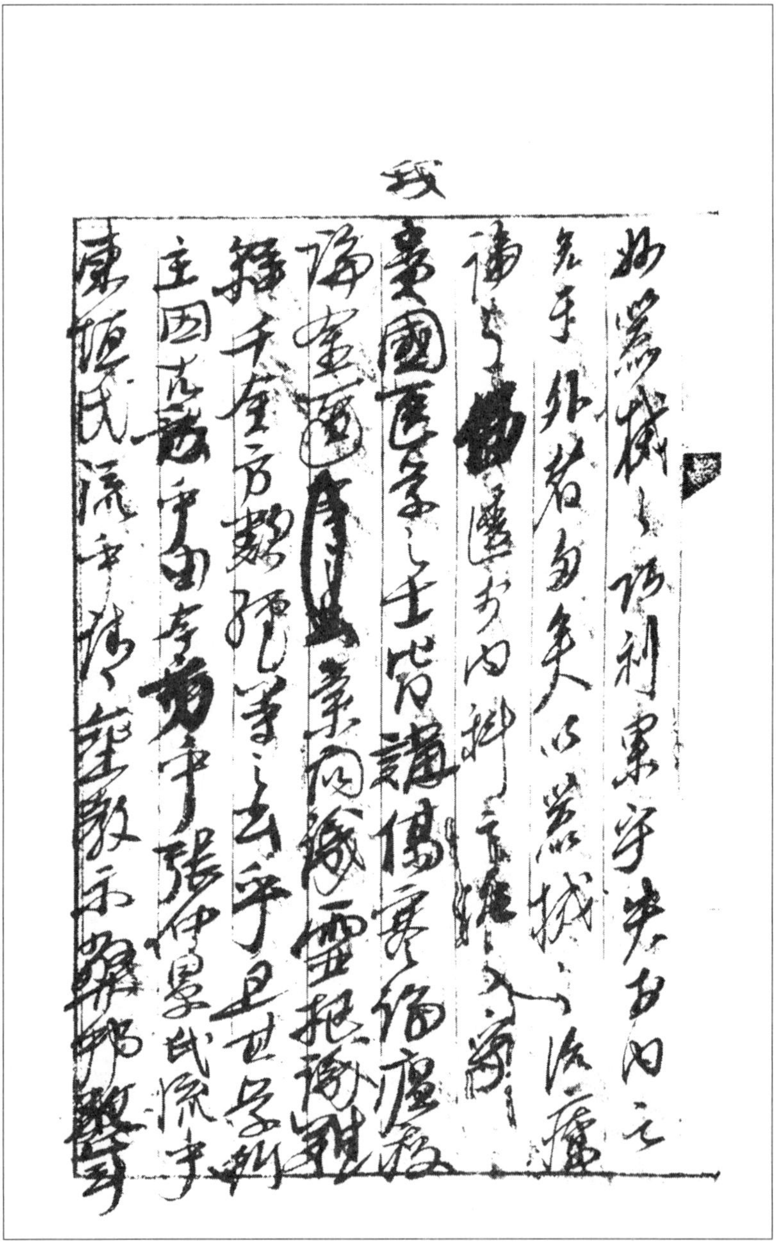

13

咳血者持也因其用秋燥治之者明大傷
之也是以為無用
咸
豐癸巳症者以肺病而治療之一
醫稱成其歷經其他諸醫多肺
者蓋大夢藥豈嘗斷一劑服症
劉雲大異歸雲肺以升氣出於肺
嘗痛無乎東病也故熱之症同治
之偶中者然之豈異如此速之精

論也且夫醫之爲醫也在據道而非技也當
時之浮屠多偏乎技而疎乎道唯讀刊約
者爲自療著居遮藏其釋要之陳者之一帶摩
患者漢醫自著鏡摩浮屠者以勝患我
邑其摩療而於是建標之語者也是以其道
之其一班也我我體父嘗大學宜之學鄉學
浮屠翁更醫學者之術與大意論浮屠之
所長者轉科學由其醫機之所而勝

我

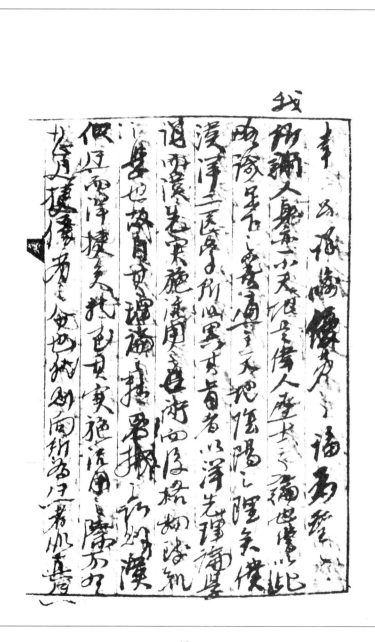

幸以様論僕等之論為證之
所謂人身者一小天地是僕人壁上之論也僕以此
西醫呈之之處臺兩國于天地陰陽之理矣僕
漢洋二醫學所以異其旨者以洋先理論是
謂西洋先實驗漢國之醫術而後格物諸氣
之學也故自其理論之推畧擬之論漢
似以西洋據實驗而其實施淸國之陳不如
於其道據儀為之是也然則兩邦各日一看以眞意一

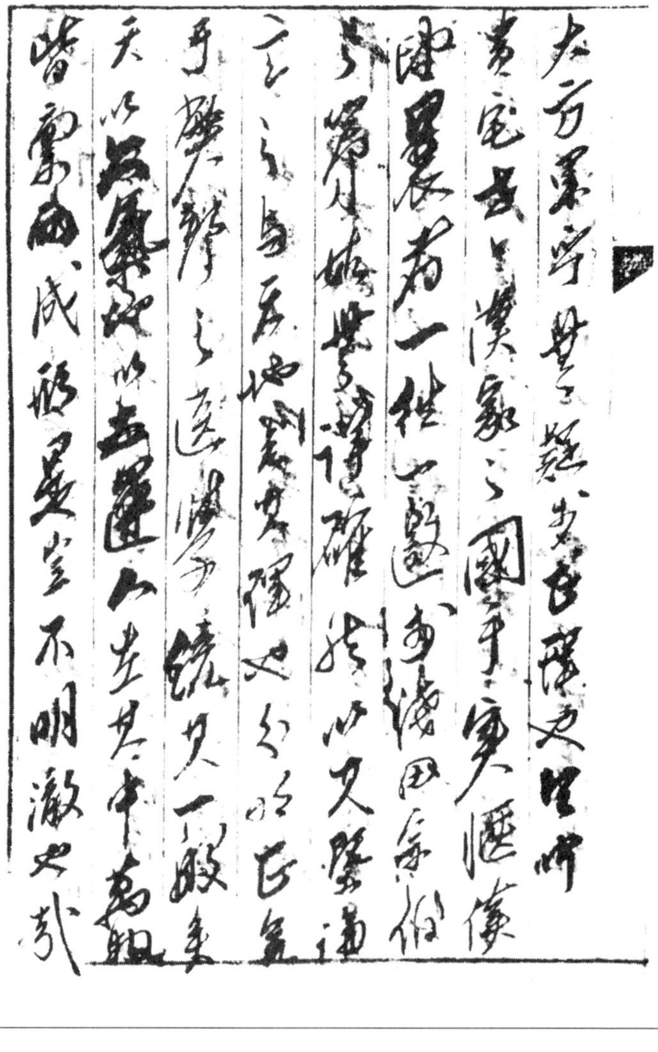

9

侍醫
感塞

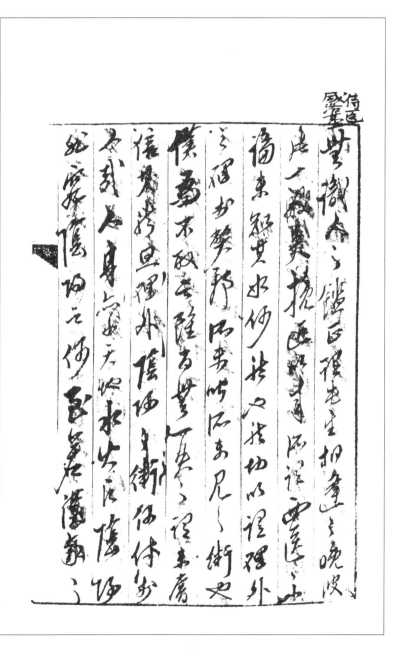

豈識人々鍼石理也生相逢之晚彼
此一般莫撫醫之事而誤西醫之小
論東醫其水何於人於地以理理外
之理於藝事而用而東見之術也
僕為不敢云雖為豈之理東膚
信其於且理外陰陽自衛何休術
否哉人身上之天地水火之陰陽
然而陰陽何云何氣花濁氣之

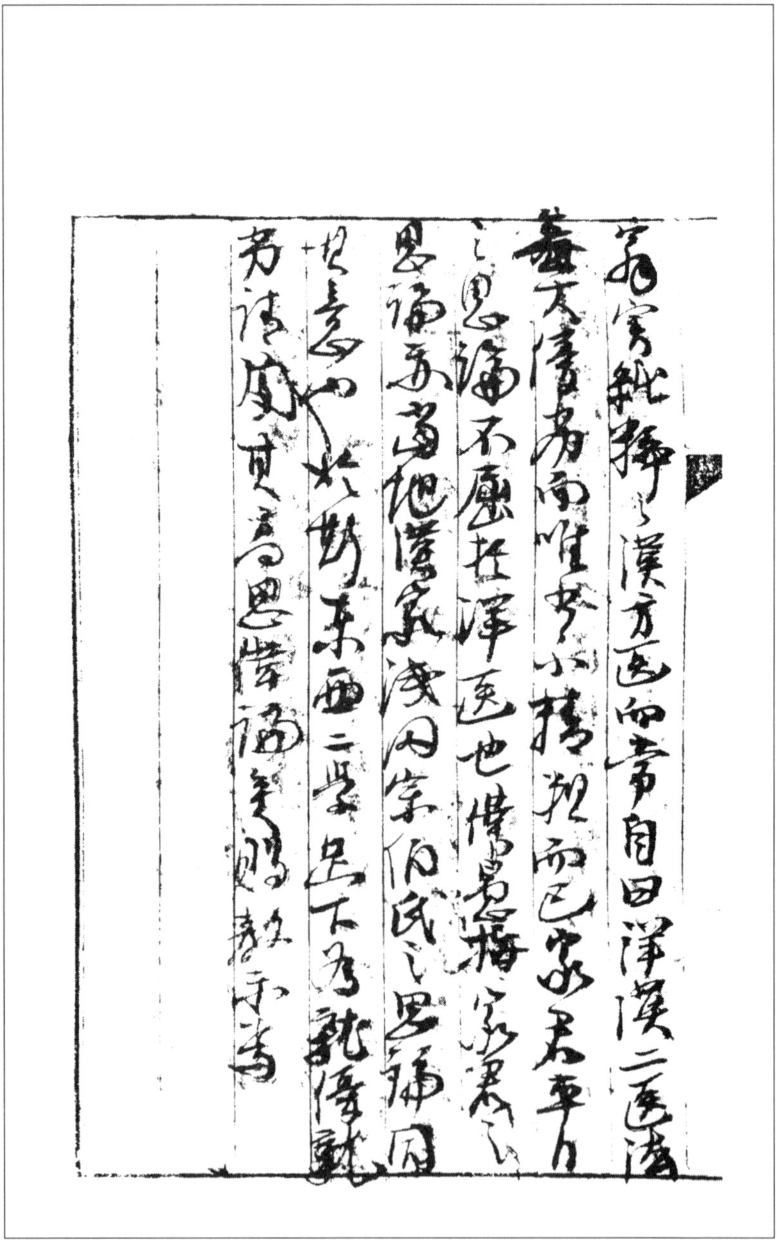
寡寡紙揮々漢方医而常自曰洋漢二医法
蓋大備者而唯其小精粗而已宋元君幸有
之恩論不廢於洋医也僕曾患梅家之
恩論亦當地體氣淺因宋伯氏之恩論因
想意也於斯東西二學足下為就傳
為請賜其為思學論

7

與朝鮮侍醫官度某三氏席上筆談錄

僕自結交於貴國內閣學士參政諸氏

浩氏適氏佳好日為東注已得教圖

而臣了未知讀者也是下也今把握

之識人之館而相逢之晚也千載之一且

聞足下之學一國手能醫之善何以也

者醉術之妙醫學之精是來知

其如何也然僕家累世業醫而家君鴻

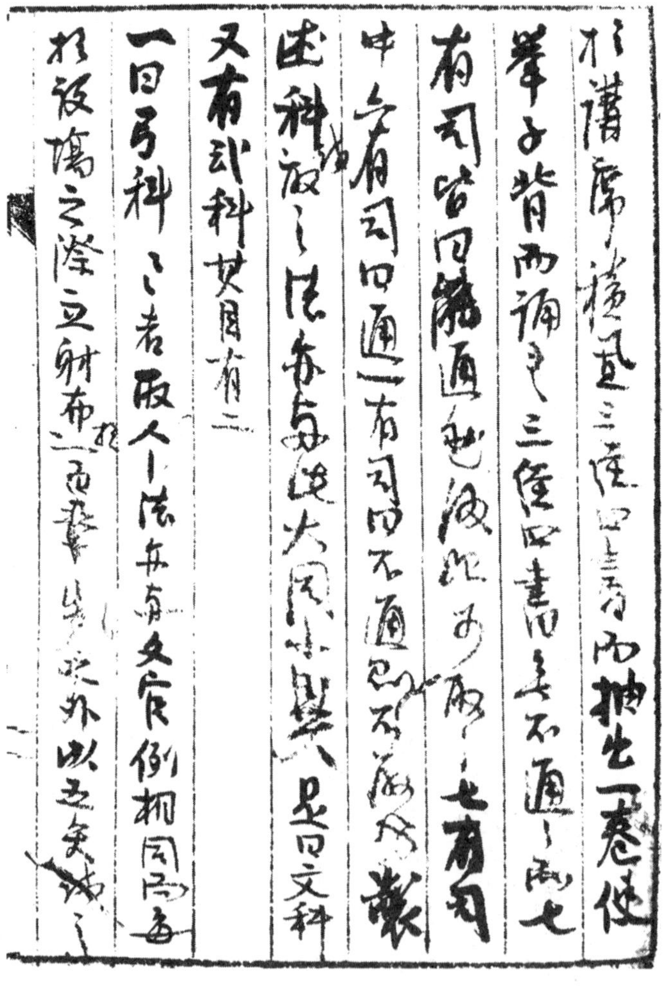

一曰講經科 本如舊[illegible]例自[illegible]
各道薦之而竟至於文筆而無科取
之目則 初之事而[illegible] 得[illegible]
製述科者詩賦義疑[illegible] 頌銘策論
表此外又有個々節目不可一々枚擧
講經科者詩傳書傳周易論語孟
傳中庸大學兼傳 無文分四目不可枚筆爲
此其大要領也 凡講之法有司之人七徑列

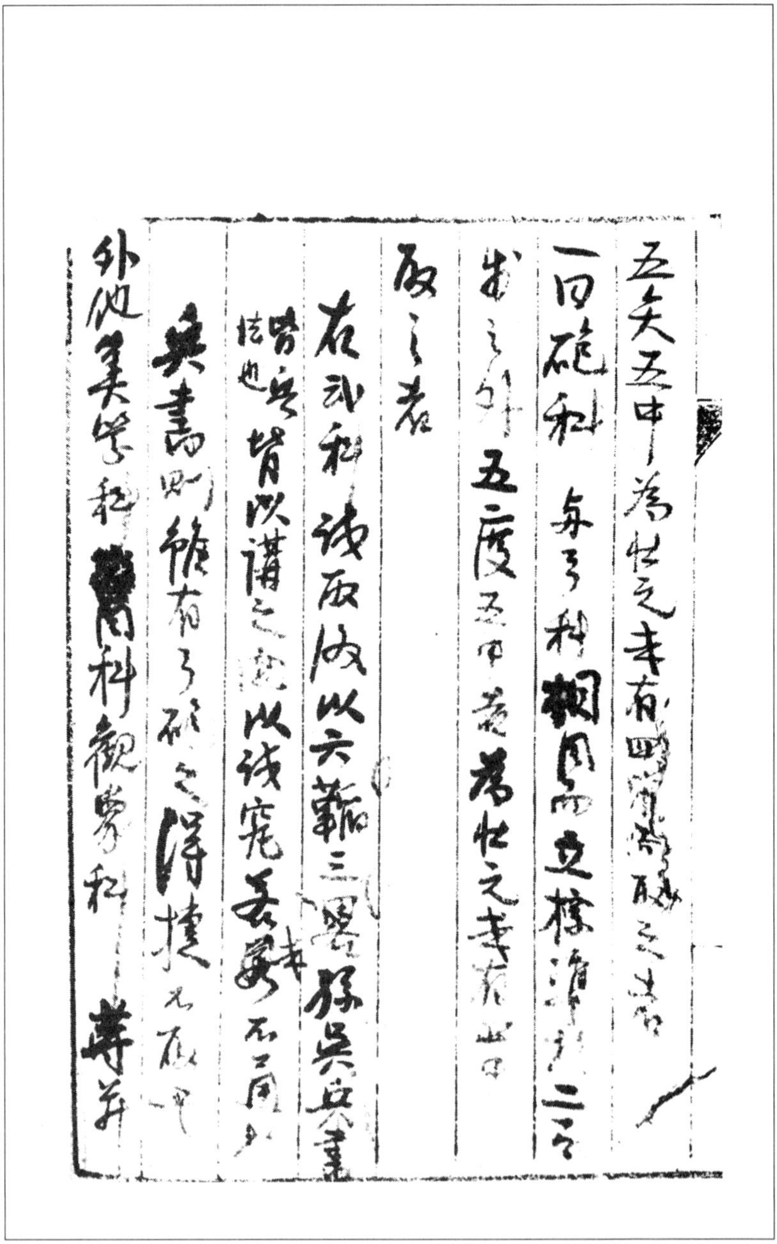

3

明治十四年辛巳六月二十八日与朝鮮人安宗南筆語有月南當時寓於駿河臺南甲賀町良久屋八宗邊

僕候二時半頃候僕了來僕様
約故中途觀錄至此是矣遺憾
々
昨日手甚覺悃悵於此於午前八時出
門書意安人寓約於午後四時來冒雨
歸來仍有滞病經夜甚痛今後筆
頭々 唯良覺害甚一難於
僕昨日接得誨書於岩根前翻讀

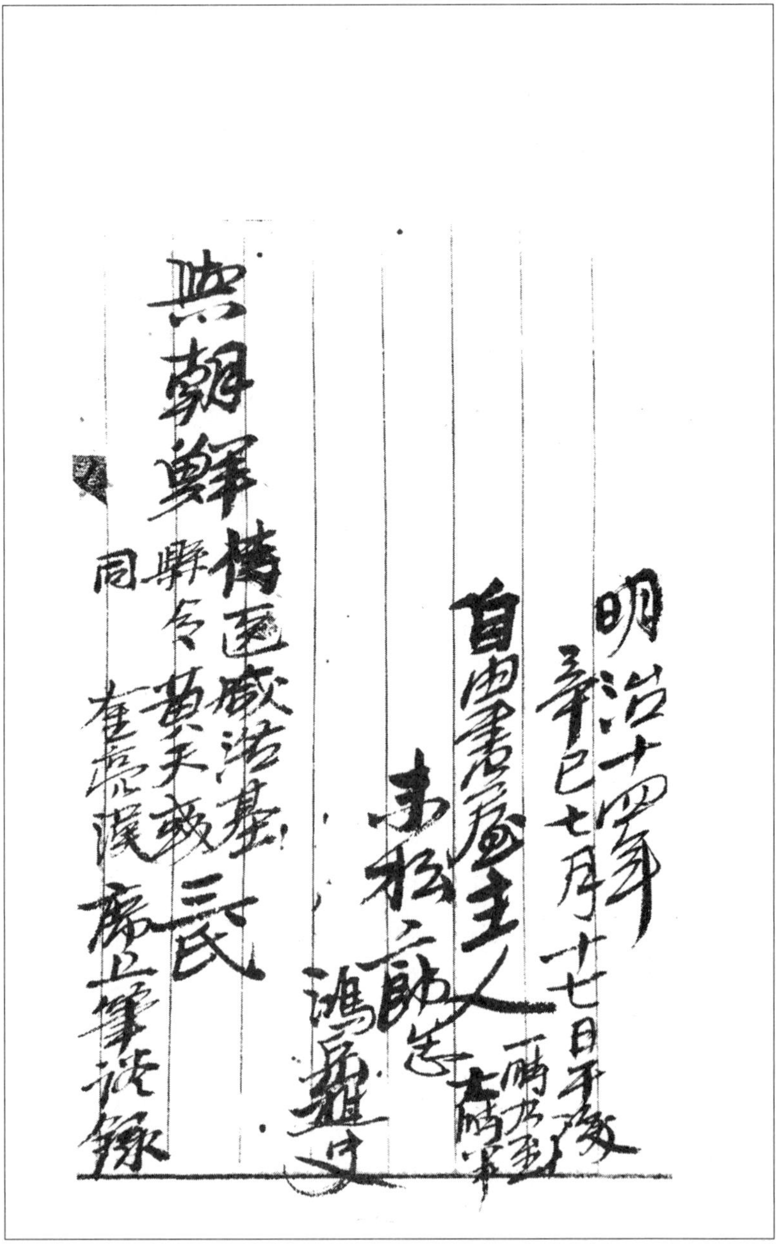
明治十四年
辛巳七月十七日午後
自由書屋主人
末松二郎 筆
鴻巣盛廣
與朝鮮修[illegible]藏洛基
縣令 黃天成 二氏
同 崔亮漢 席上筆談錄

1

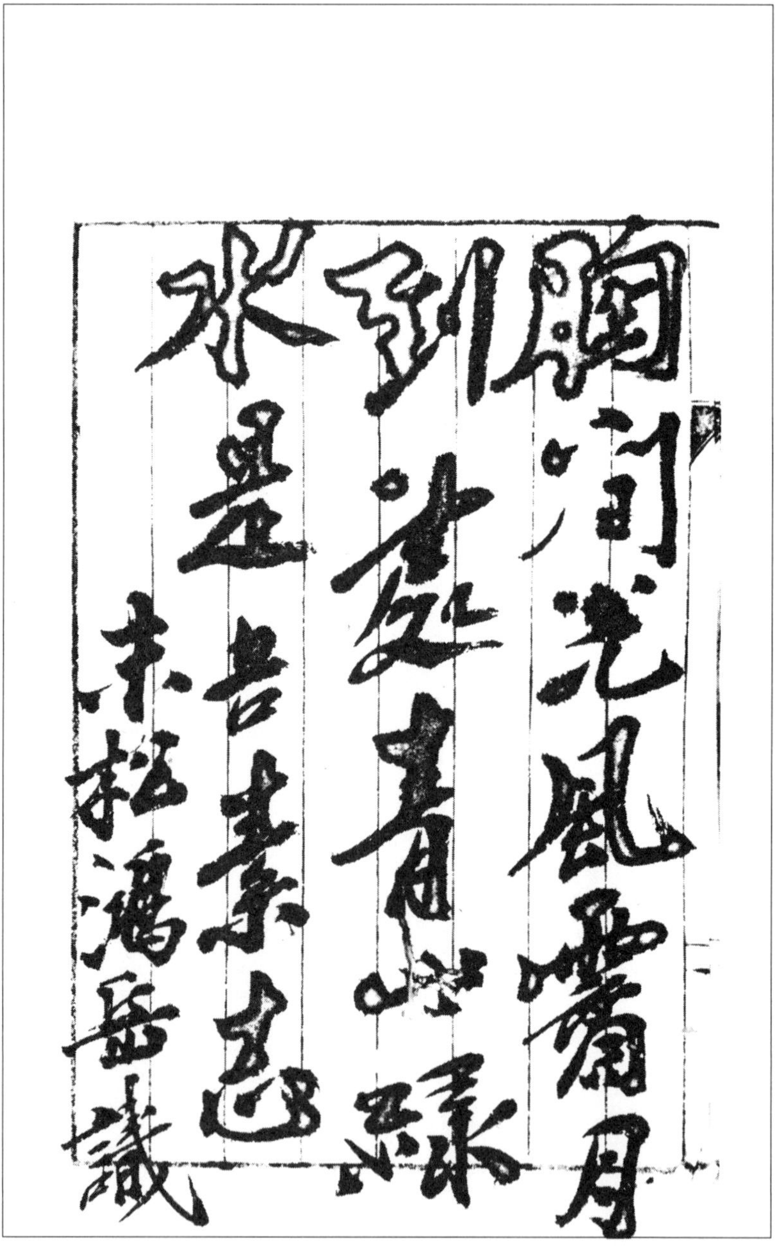
胸間光風霽月
到處青山綠
水是吾素志
末松鴻岳識

21

路山跋

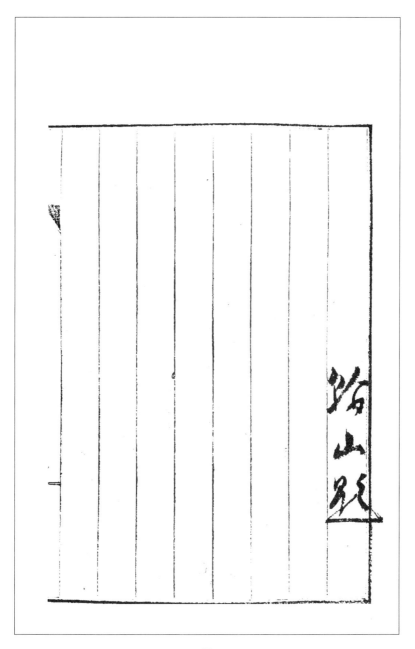

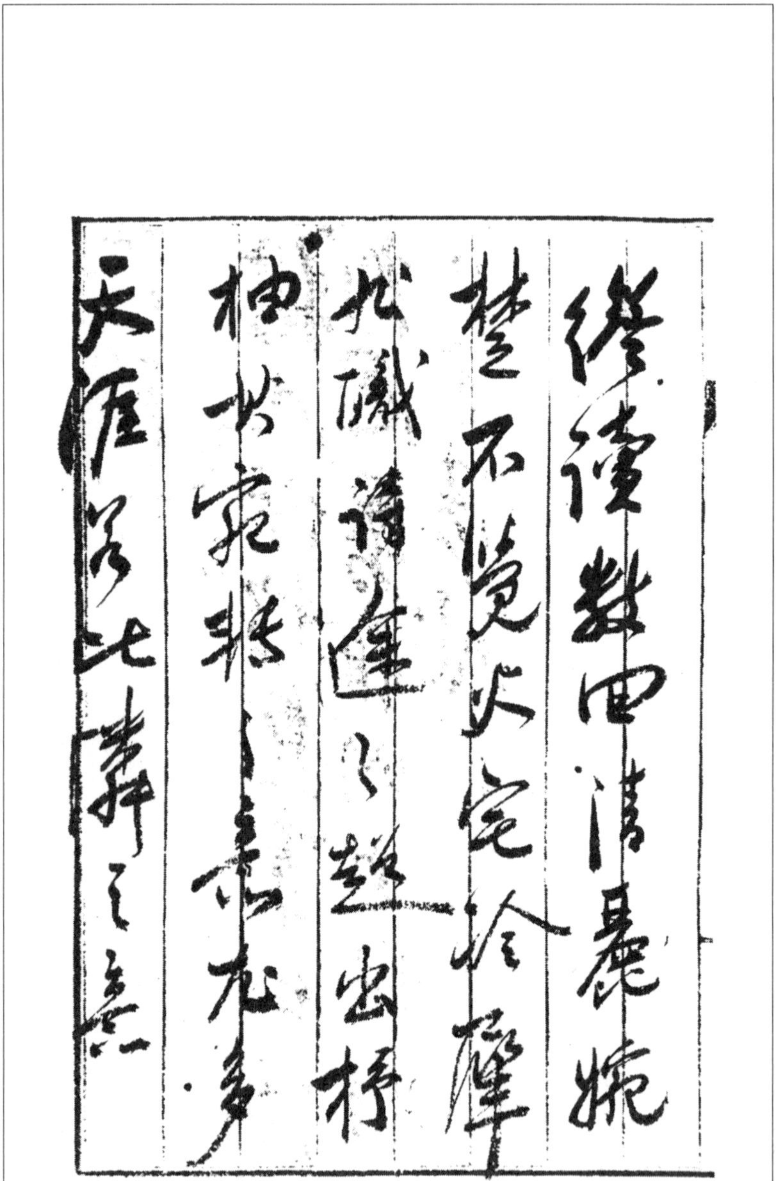

19

諦隨領
其二
聽此俗稱黑東西淸
新國暑雖則如燈樓
也要淸風

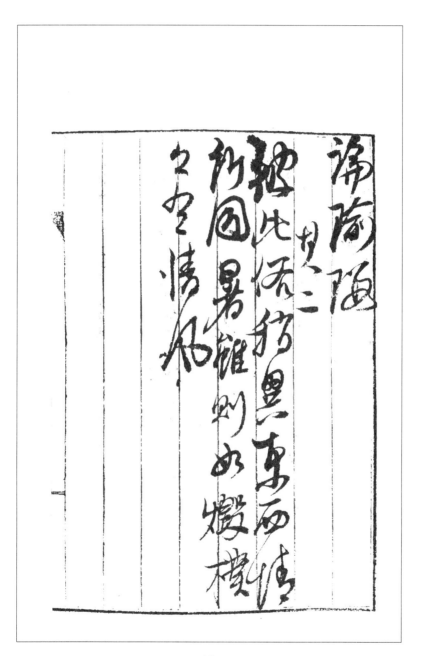

乞郢正

韓邑客相謝 君

約不差淡交情莫逆

閑談思無邪四海皆

兄弟五洲同室家

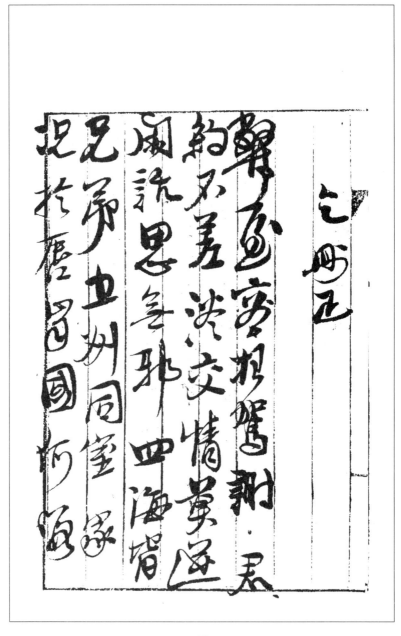

把於唐國何須

有司使不曾行於世也
是新聞條例罰目中揭載甚爲詳
々醜行者或罰鍰或禁錮准程
其罪之輕重也若無文亦多擬
此罪者也蓋自書爲官別於吐斯
言之室之所以亂其所以樂無窮也
明日洪氏在船之時請
出遊時以贈 末松稿

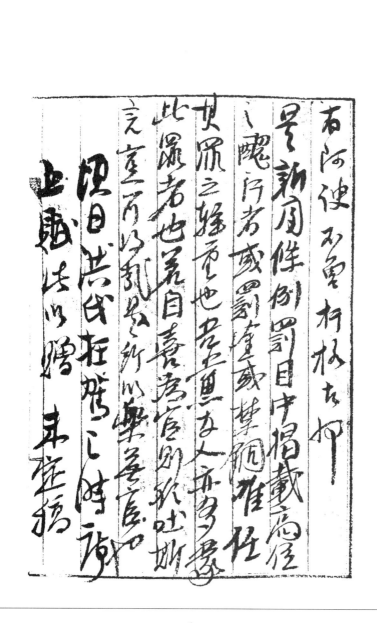

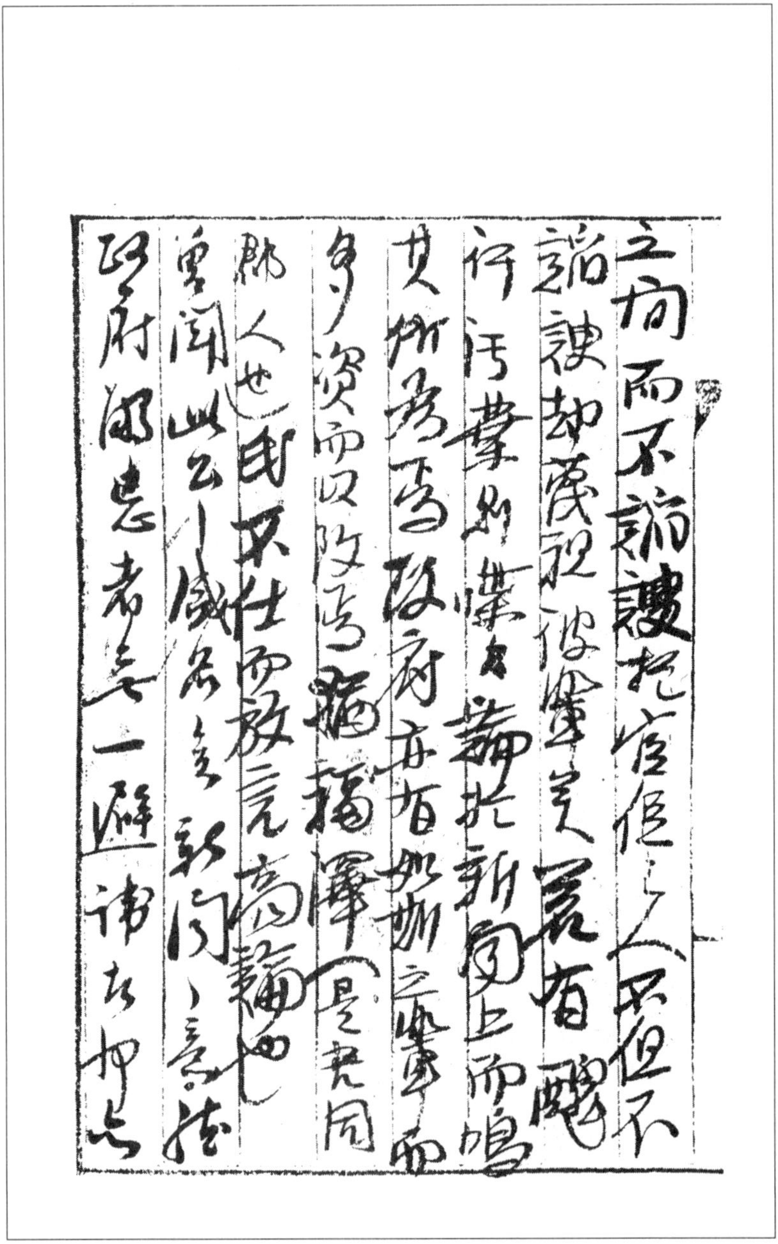

15

此亦不足以爲鑑且鶴亭居士
亦謂我公論倫敍有條鶴亭亦
務極且僅則一覽之耳向者華
人傳說公其源之言回頭筆
不瞑眩厥疾不瘳然公藥
石之論也
高論敬服唯所爲其獨官意者
僕等無官無位且不屑屑之捉從錄

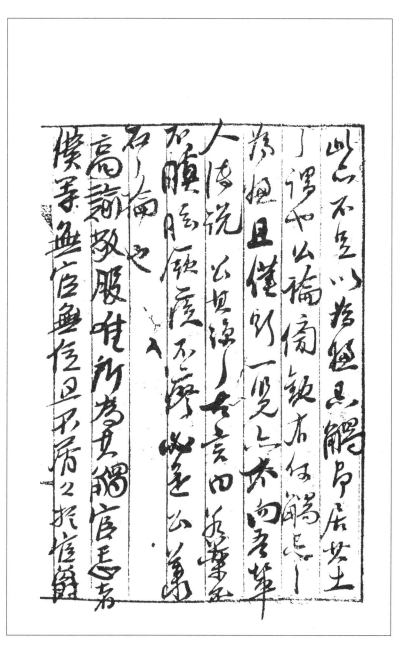

此呈奧辭也僕書一覽後璧完
勿以爲新奇爲
此他僕之拙著把要論十冊
毋雖表吾國赤心之片魂者而
不足供大方諸家爲鑑之所
存亦可觀焉耳 此稿切
論擬郵致寄新聞社者多鑑擬
後送焉

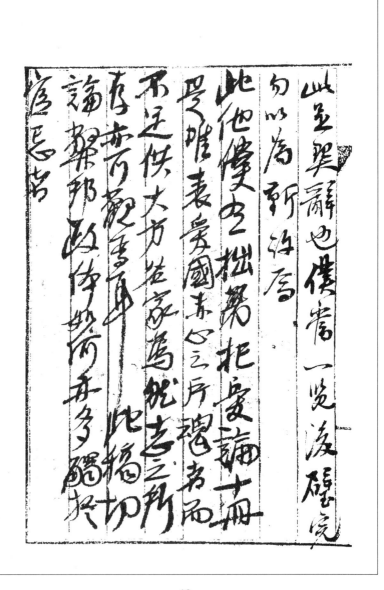

此編係余入於新聞紙頗一揭
覽則亦吾輩之指南良規
何若諸此序
議論浮雜攙理曉不足以供高
覽也其始則論英國與他各國相
關涉之事終則論其富國強
兵之法矣然僕之識見豈得窺
理亂

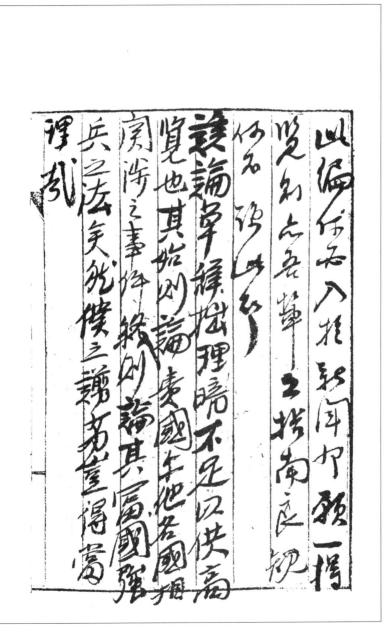

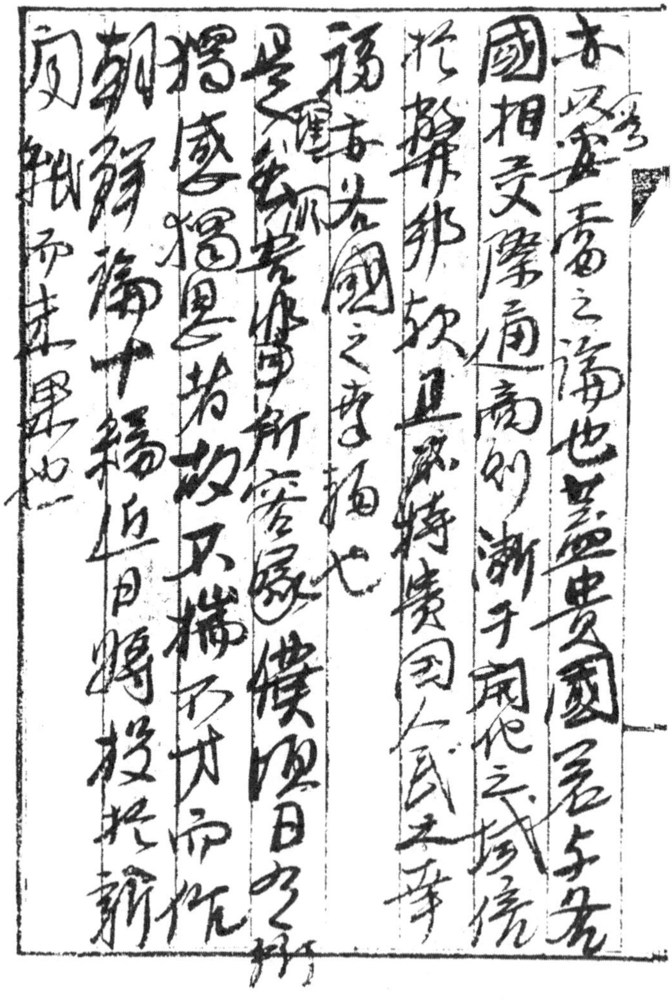

吾以爲至當之論也並貴國君子若
國相交際通商則漸于開化之域僥
於歐邦欲且取特貴國人民之幸
福吾共國之幸福也
是以我等所容緣僕頃日
獨感獨思若故不擬不甘而作
朝鮮論十篇近日將投於新
聞紙而未果也

11

樓者要之士觀於世於氣象精
神也感服敬服偉才隆之推
夫而常不好爲刺他人也寧於忠孝
之人亦乃不下斯一語也
此意則求益通於各國爲第一義
則以與郎開闊綿交不可係前規
國守前日之規爲敎耶
是即法律並保全其民{覓}也價

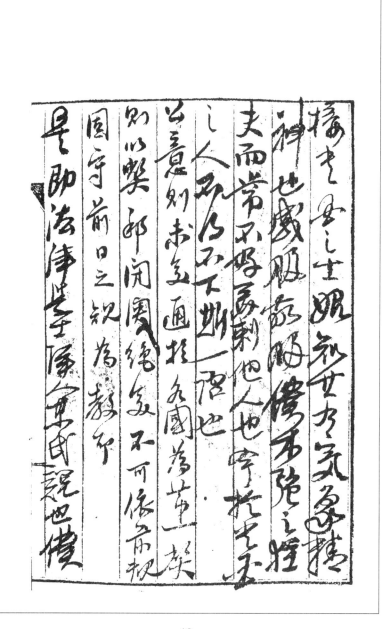

僕今朝訪貴國[illegible]理官魚允中
氏，情好日密，筆話甚親，談及
此邦政體制度，問答移時，遂
于今矣。常讚僕所論議[illegible]之譯法
律學士某氏之說曰：是非人智揭
之燭，許之氣象，若[illegible]于康[illegible]
[illegible]言通，挽各國，若其為一[illegible]
也。當時未俟其說畢，便曰自多

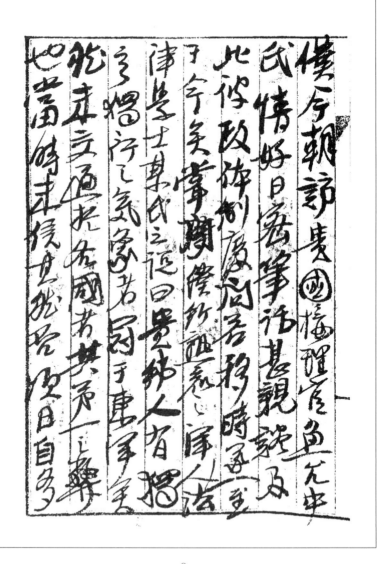

顏言也公之素執真有得於此感
誦篇丿第明是之道貴於溪學
此所詩相觀而善也僕之遊覽感
月兵像病今且言語不通文字雖
曉不問之措辭者新作樸樸傾
蔭公句各爲畢鋒隨問隨續墨
先生之言則偶人與士之言也隨問
隨答實可想其爲人也

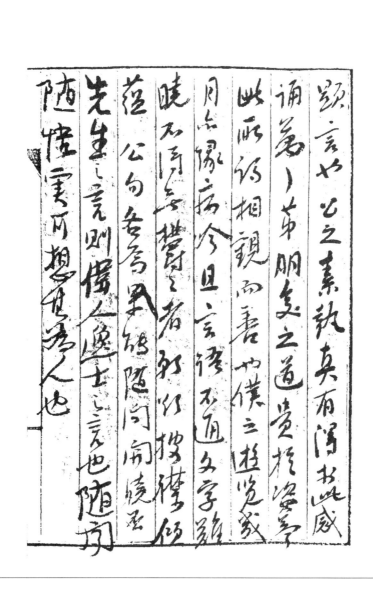

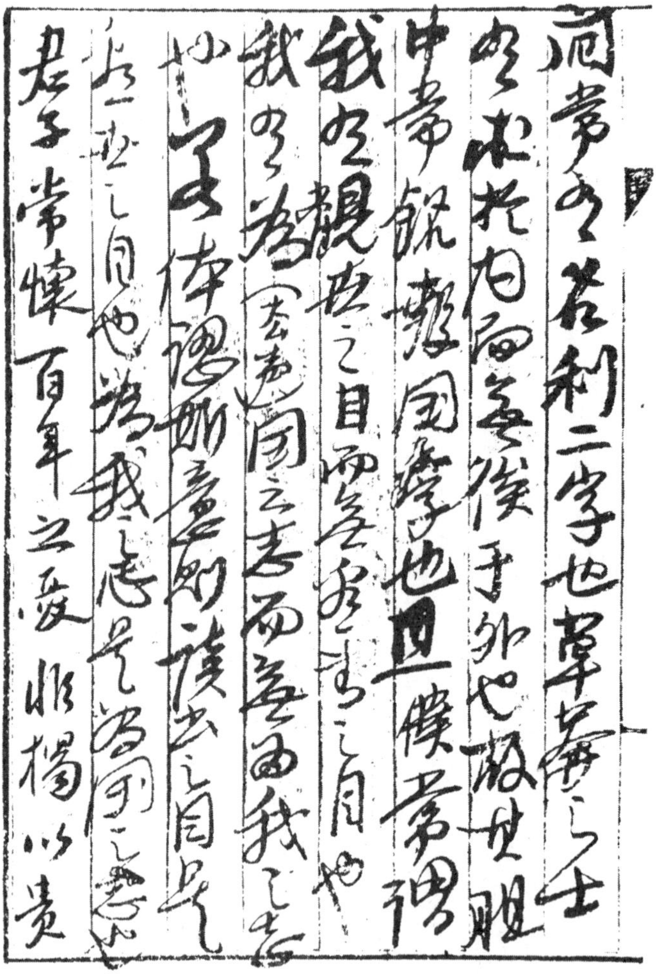

商賈之名利二字也草莽之士
如求於[illegible]無後于外也[illegible]其服
中華館[illegible]國學也且僕常謂
我之親[illegible]之目而無所之自也
我之為(天哉)國之志而無由我之志
小 了以體認無所[illegible]護其之自是之
無一[illegible]之自也為我之志是之為[illegible]之意
君子常懷百年之憂非獨以貴

朝鮮一國居文章學問能一
豈邪正亦各有趣向之不同無
公之專門俗業果何等耶
僕是所謂飄落放逸之儒士而
非官非儒者也然僕自以為貴國
二字意味之淺深者不在官士而却
在草莽野鄙之人也蓋好為處
士則何多釣利鉤名之徒而其胸

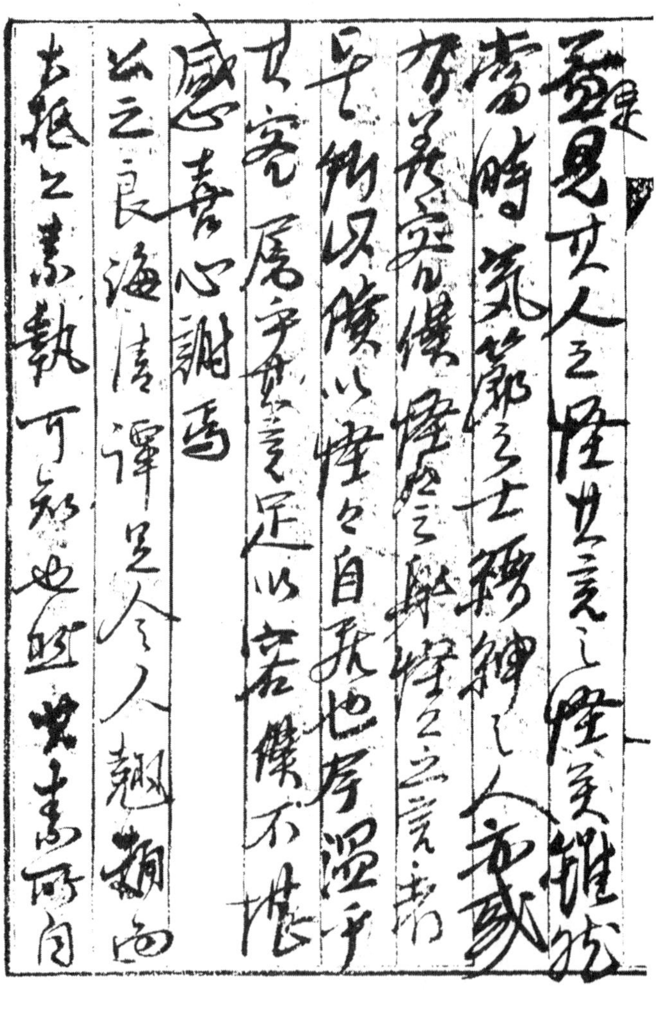

5

固御向公盛名果是東武名
士僕以得此聲耶幸得擲
接此仁語焉
人者人外之人而言也言外之言然
人而外則惺人言而外則惺言矣僕
性率任直醜拙常喜爲人外之
人而漫於言外之言故亦不容於
世焉我愚因爾不容屬應不容爾

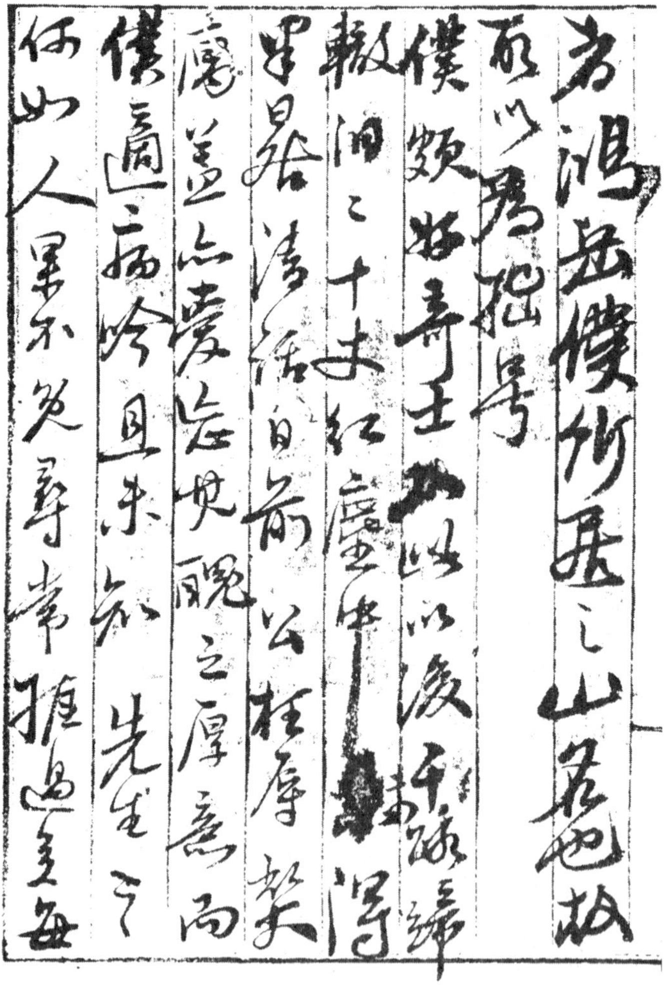

3

明治拾
四年辛巳
七月十
八日午後
一時乃至
五時

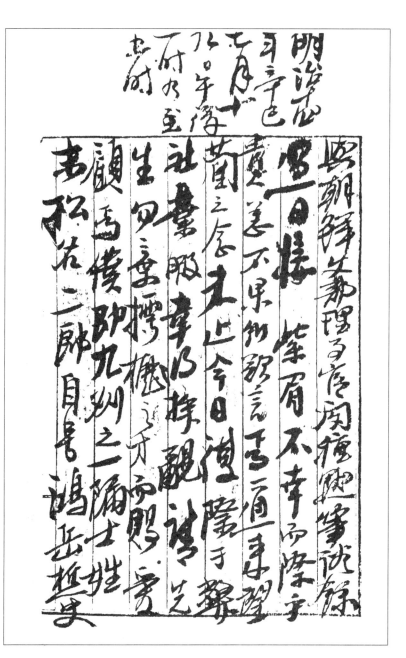

與朝鮮生義理事官閔種默筆談録
嘗一日接 峰眉不幸而際辛
囊之善不果相說言焉一面 進手習
蘭之念 主上今日 復瞻于琴
社臺服章乃接醜語之
生日主堂撲機之才而明者
顧焉僕即九州之一隔士姓
末松名二郎自號鴻岳樵叟

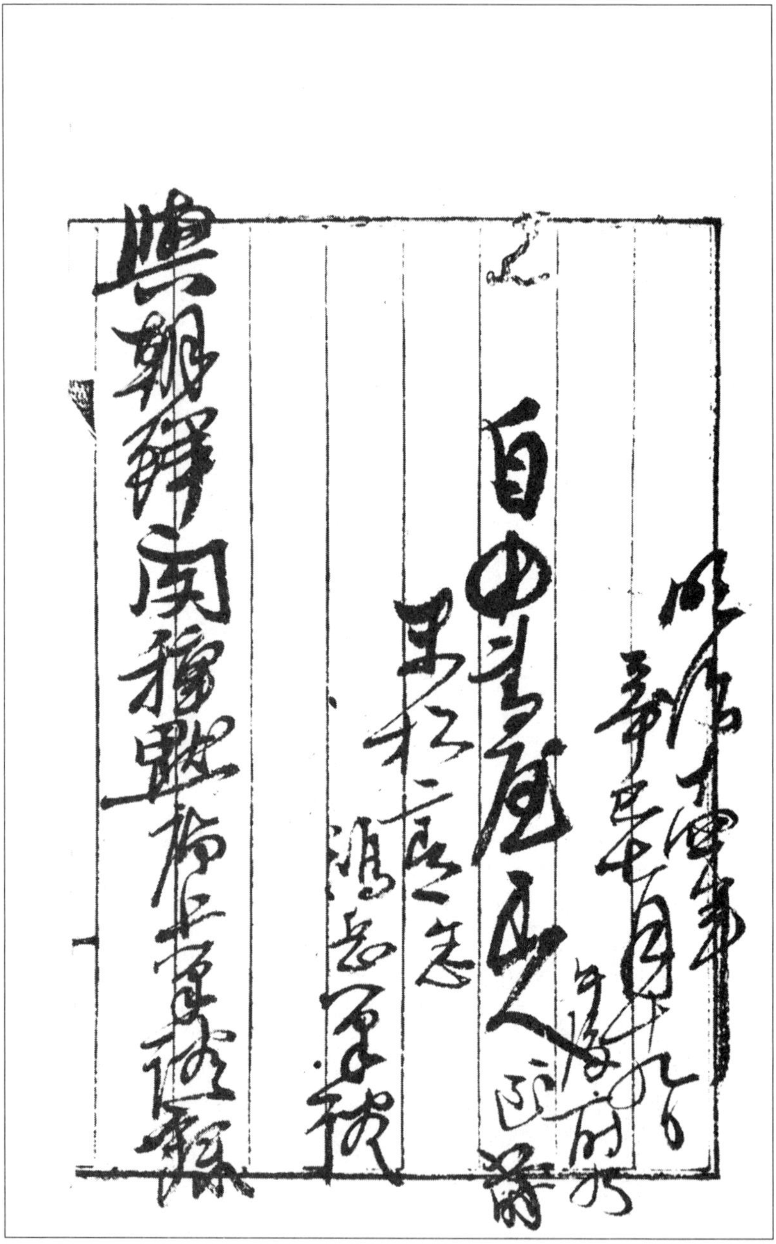

1

還呈恐不得奉副盛意盡已無情意
僕昨日偶代到貴國且洪二學士之富
大家毋寄取貴國人之手澤翰花落
於行々而盛事哉
於人之好國是華美
足下方臨畢筆之花所書建已清
秀僕館不似異之嵯峨信筆見之
僕知以爲足下之高雅存也何足爲

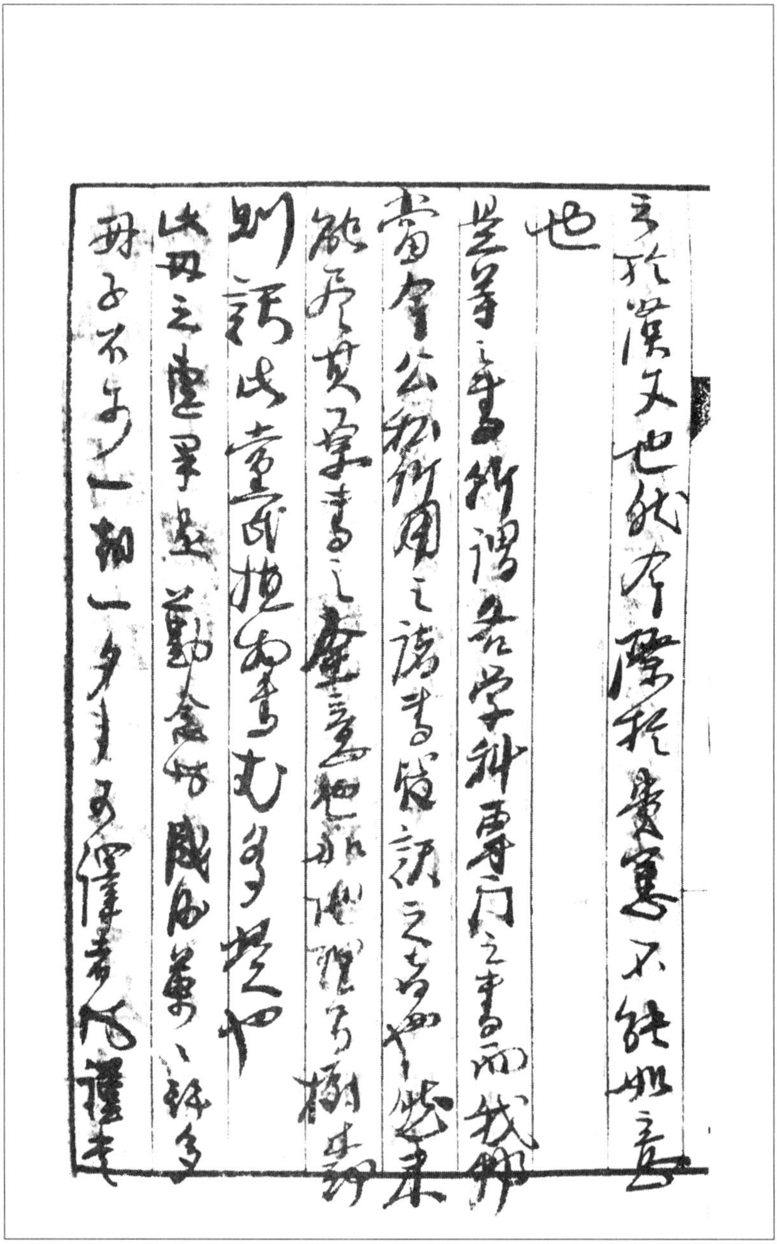

137

僕嘗為清國公使何氏譯
譯本朝律令矣後又以為筆達
全譯於今十年所備讀訳之矣
君既通於清國備讀則
能自以備讀讀之
足下等既通於筆談者乎僕獨
通於一張東京文獨有通北京言義
願為之則代筆談而可

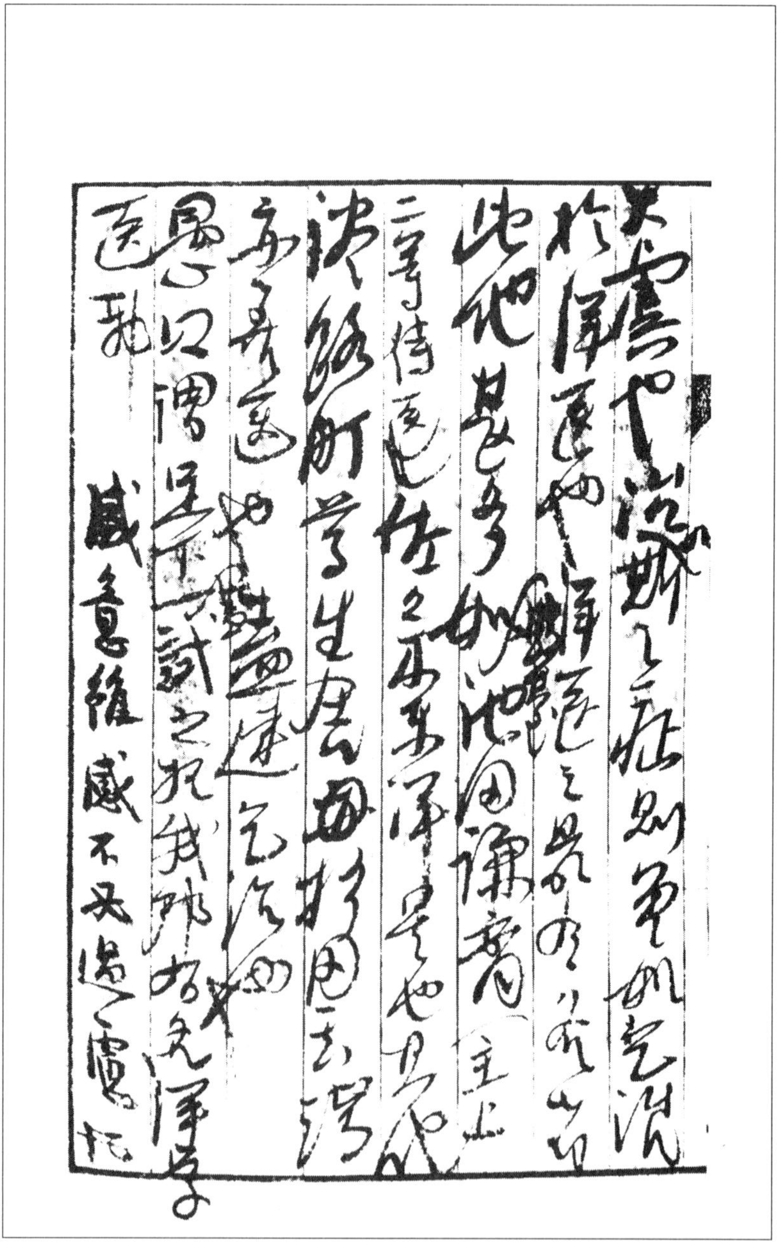

135

亦有方言何必竟好文字

無甚大意之也

清國語從前代失其張聯韓字

以了哩歷爲其行文之法文字

韓爲韓畢而許

也已

僕曰一昨年來爲彼大氣澱韓

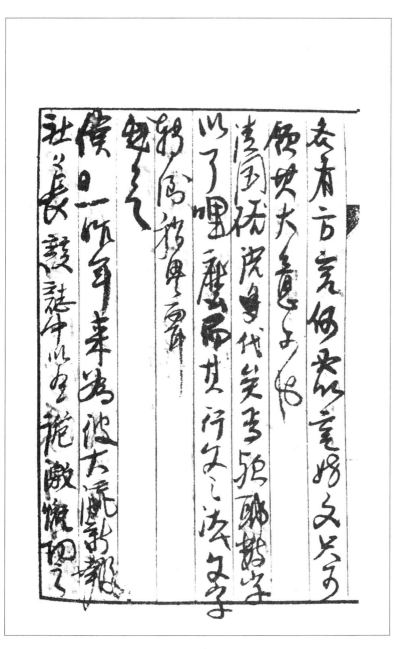

社以長鼓詩中以爲稀激懷切之

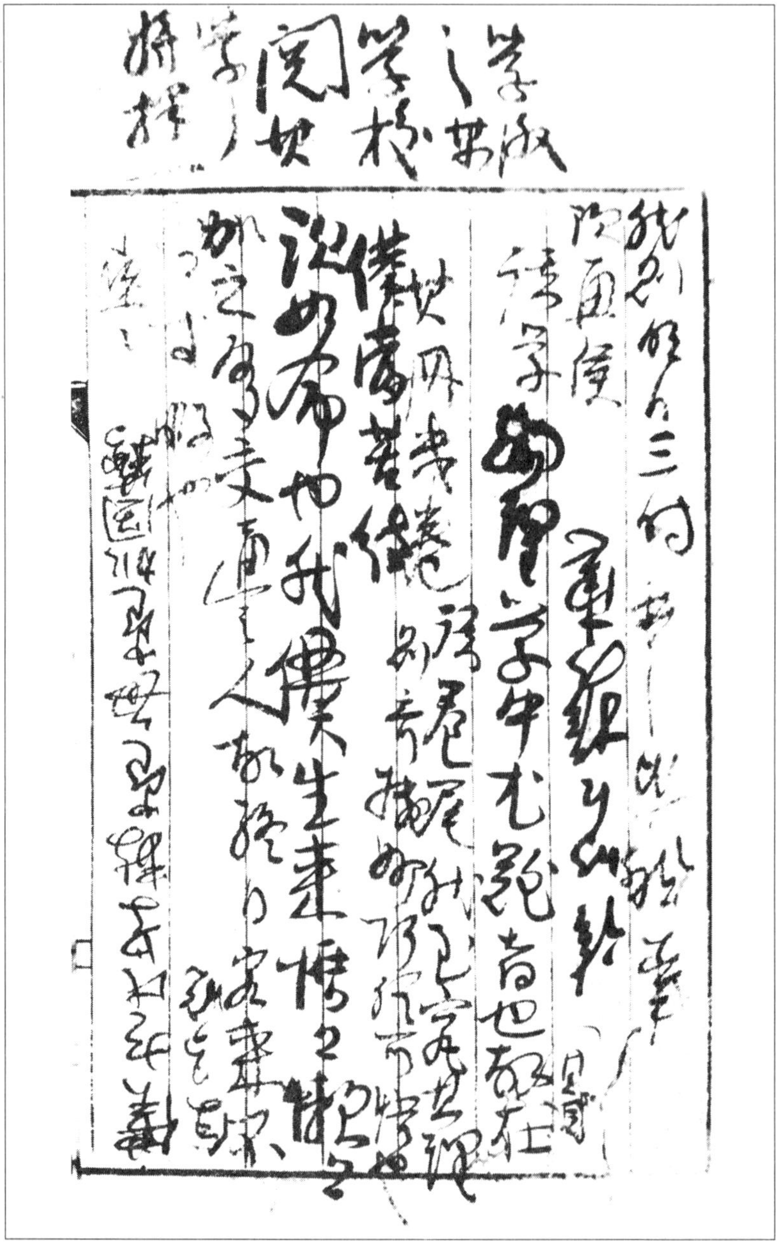

133

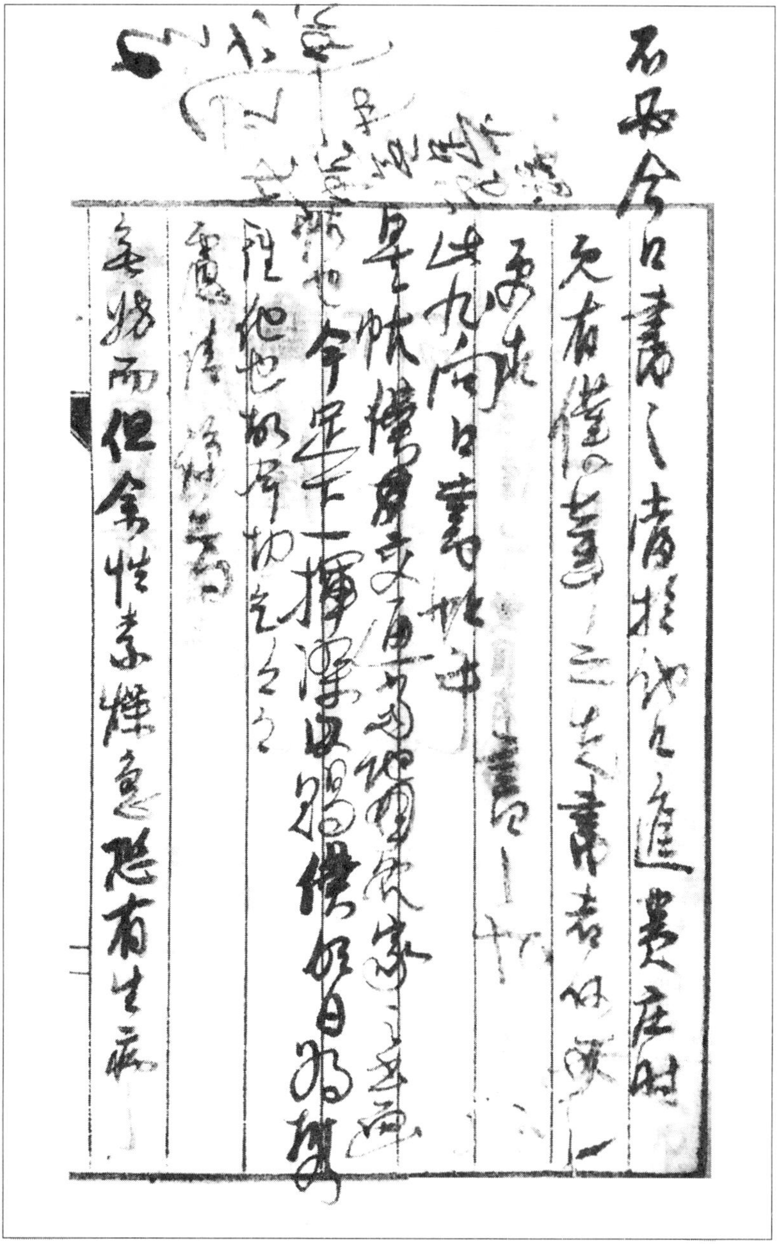

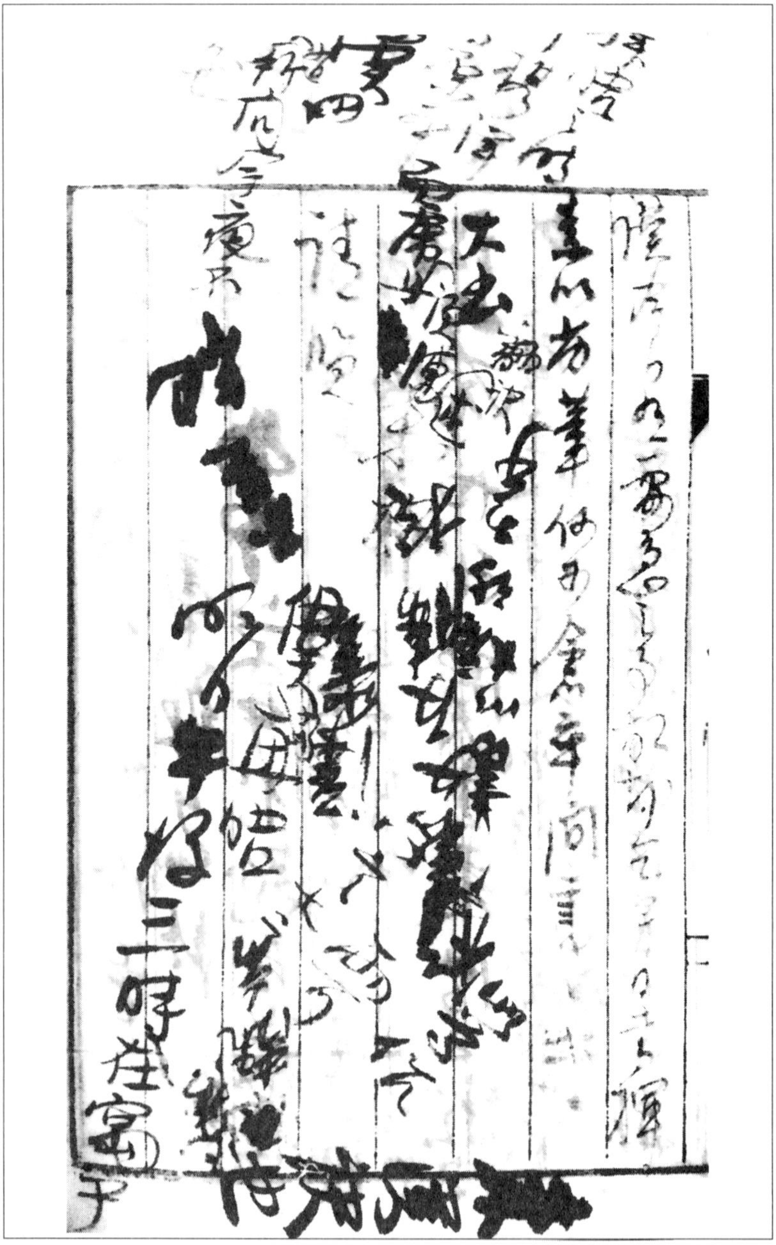

131

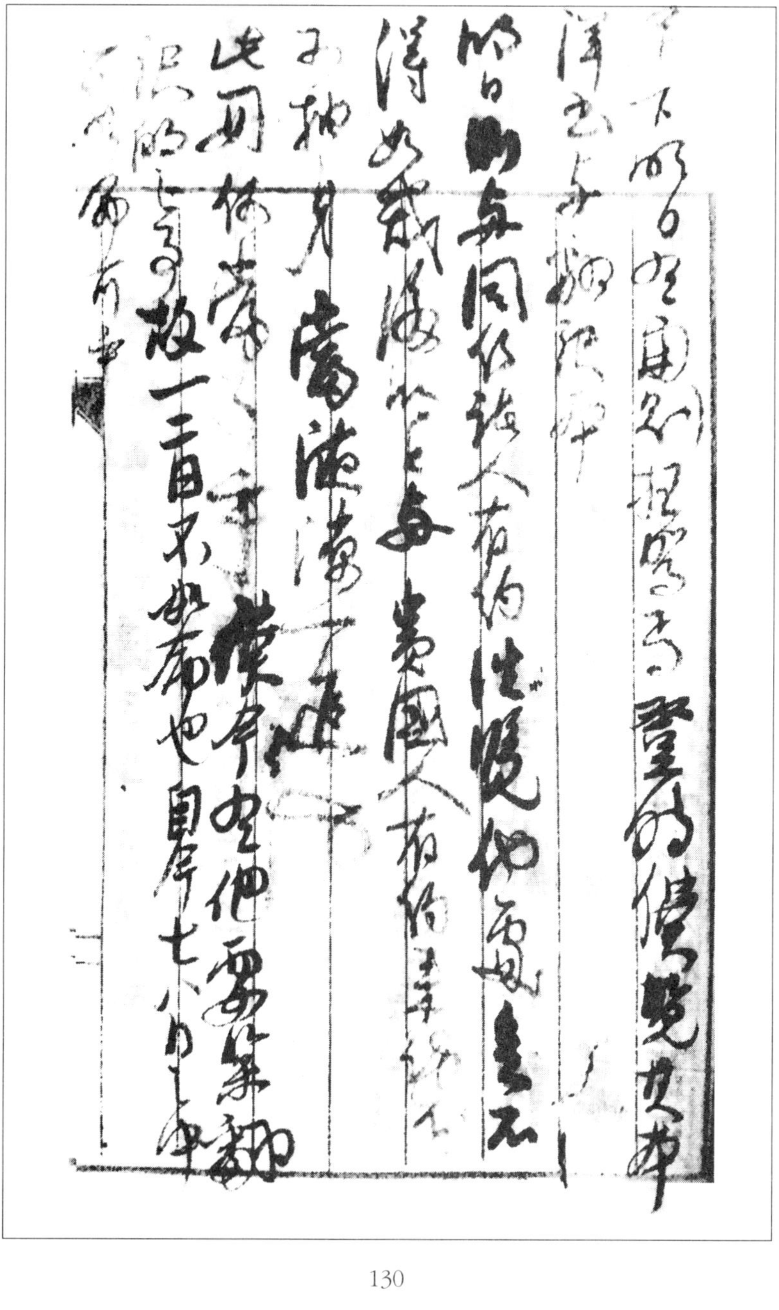

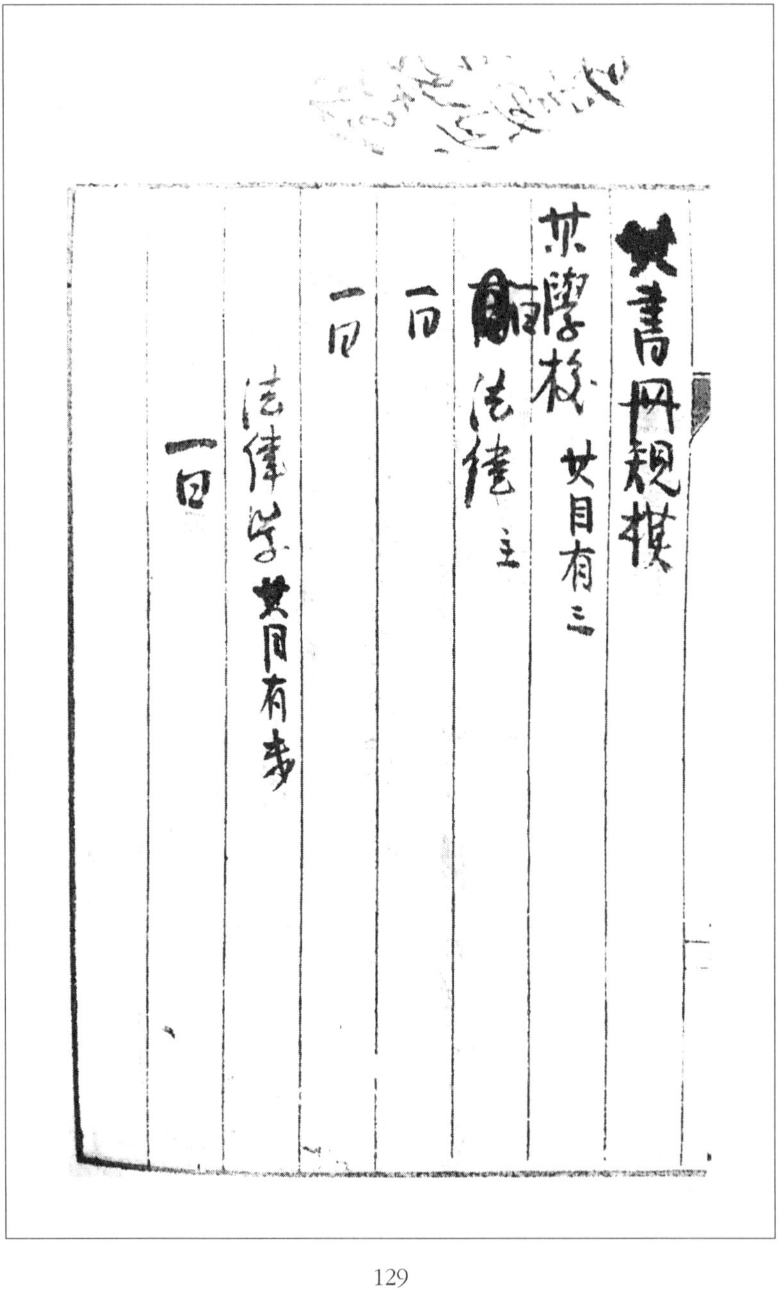
廿書冊規模
廿學校 廿月有三
[illegible]法律 主
一冊
一冊
法律學 廿月有歩
一冊

129

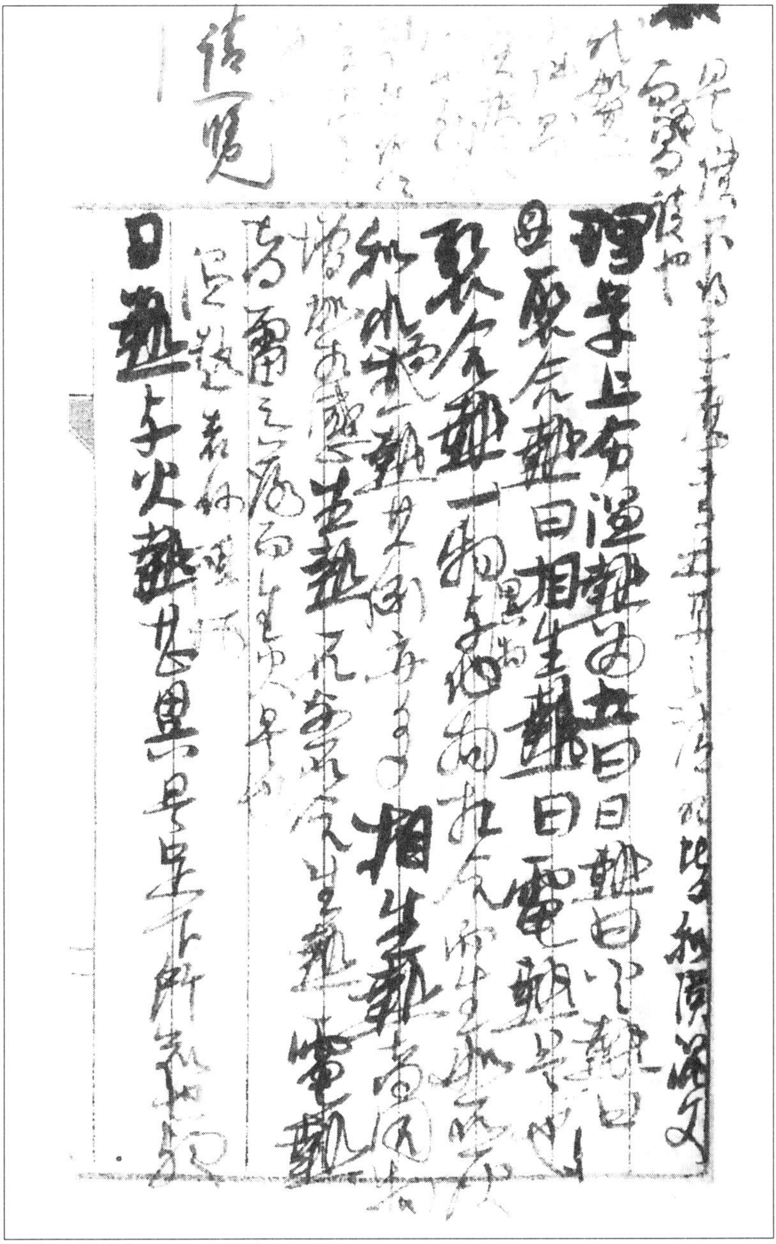

128

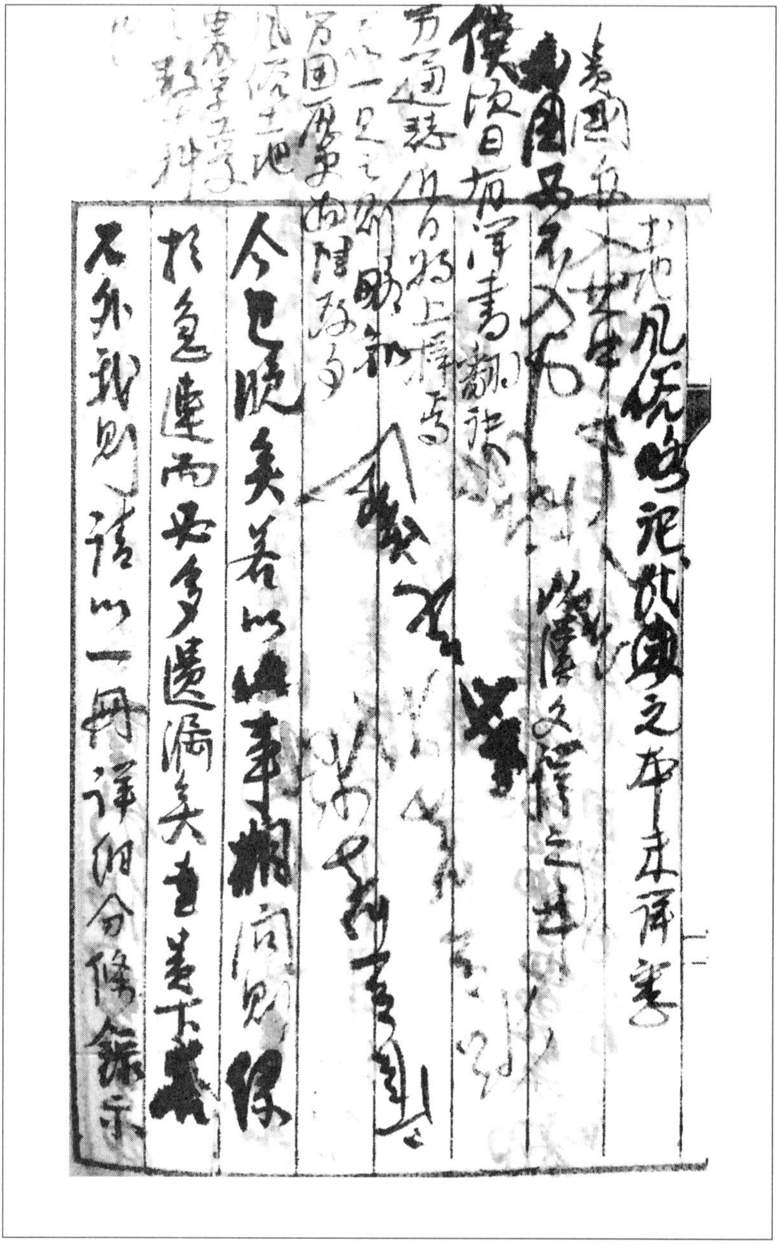

127

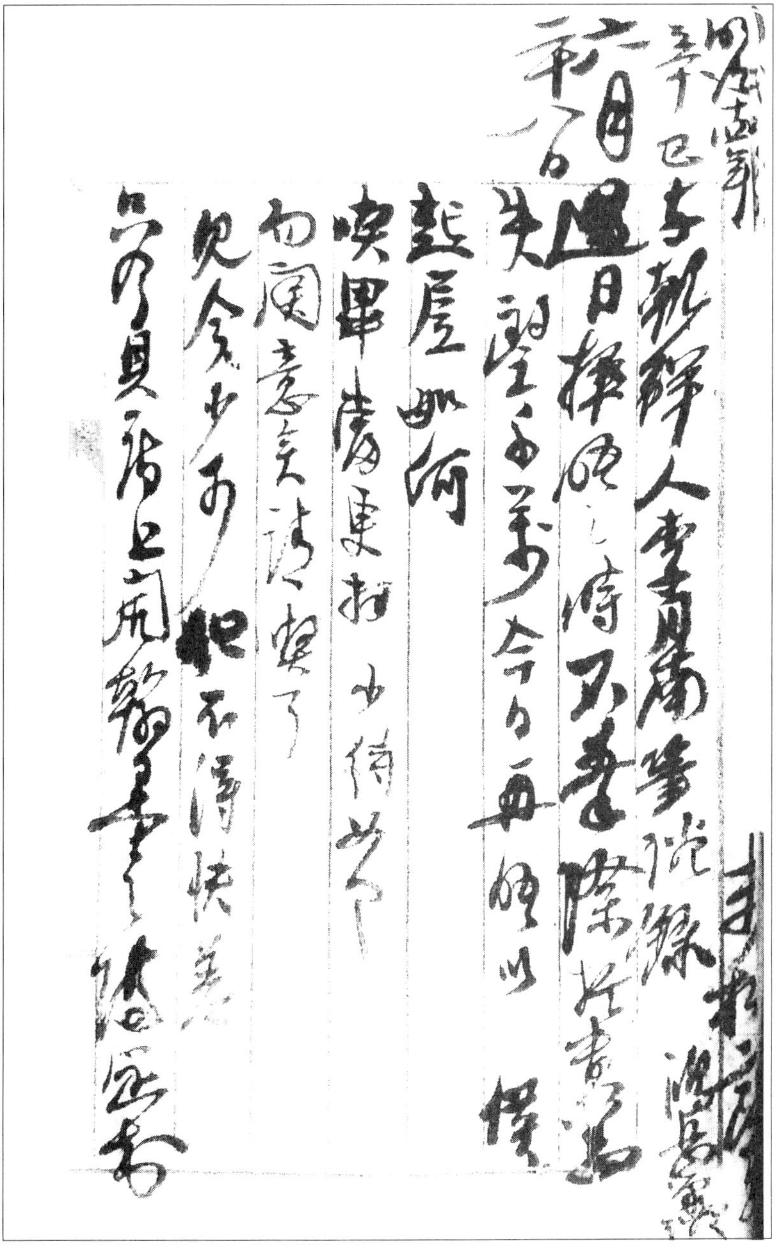

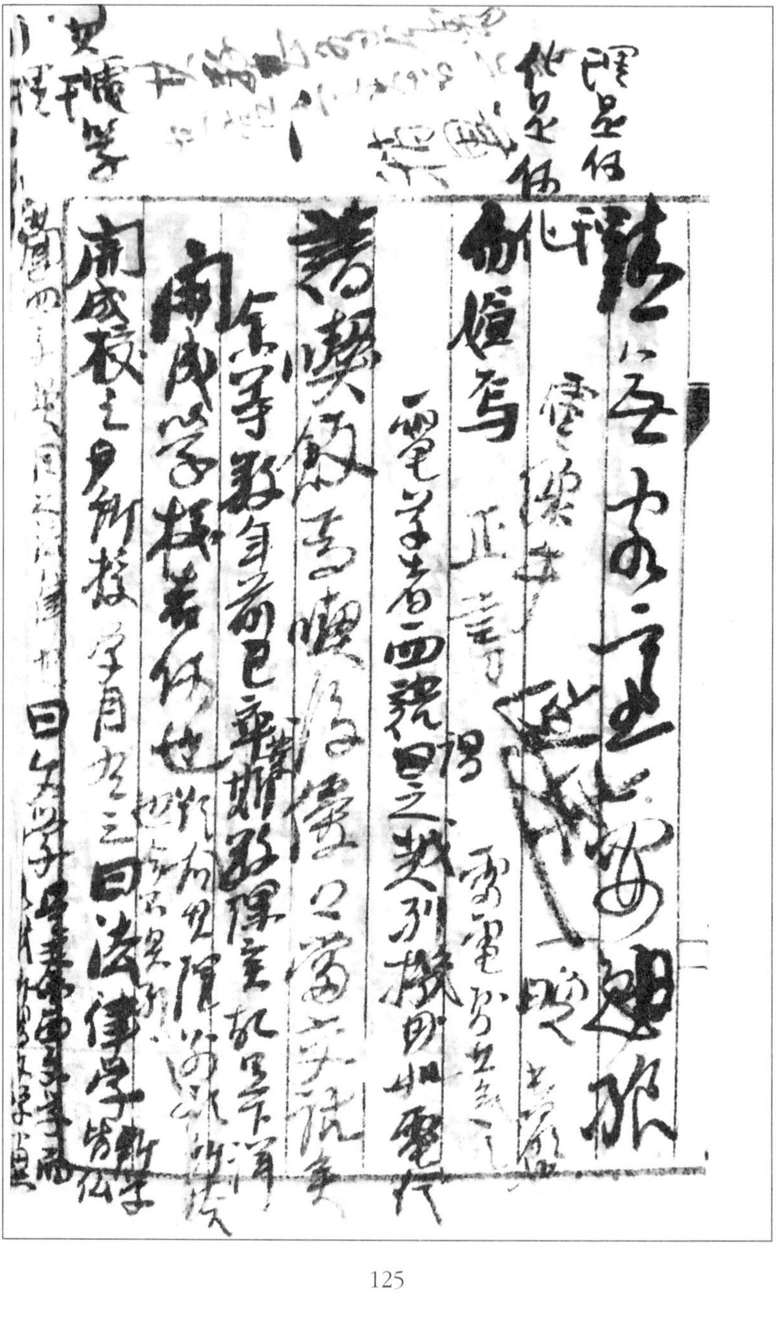

125

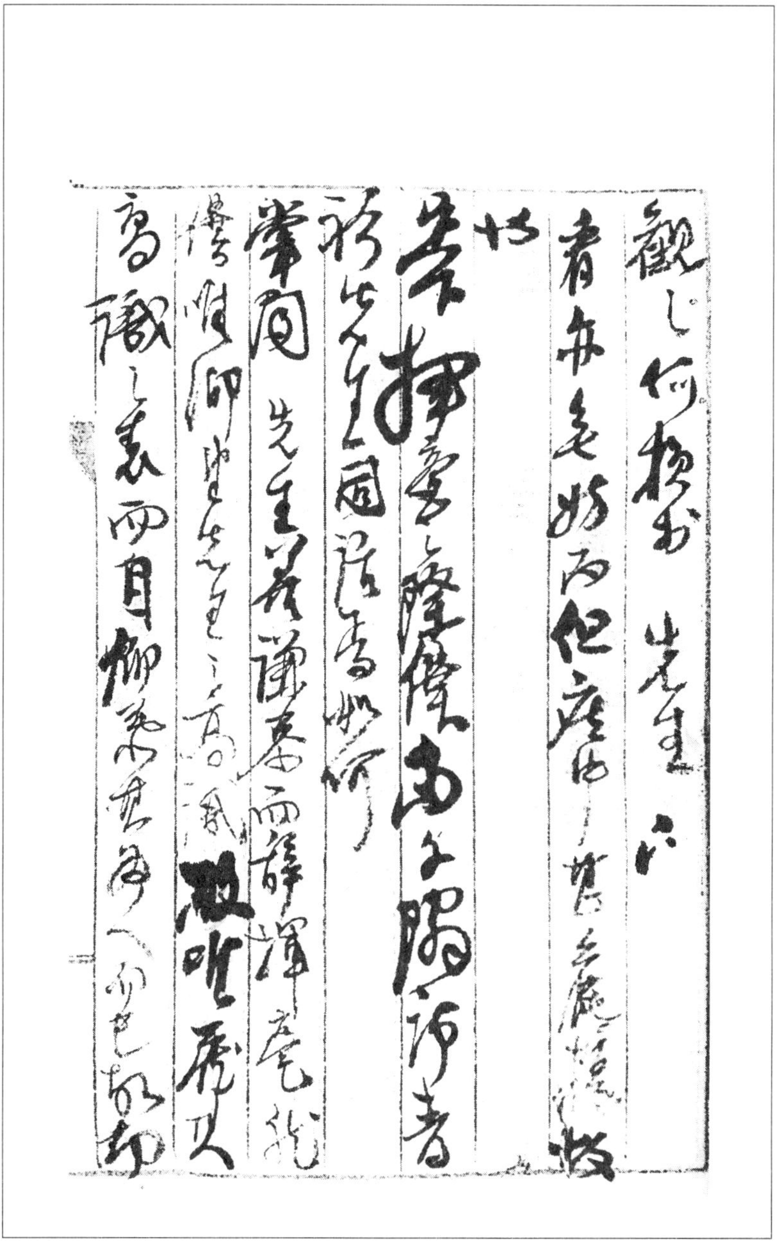

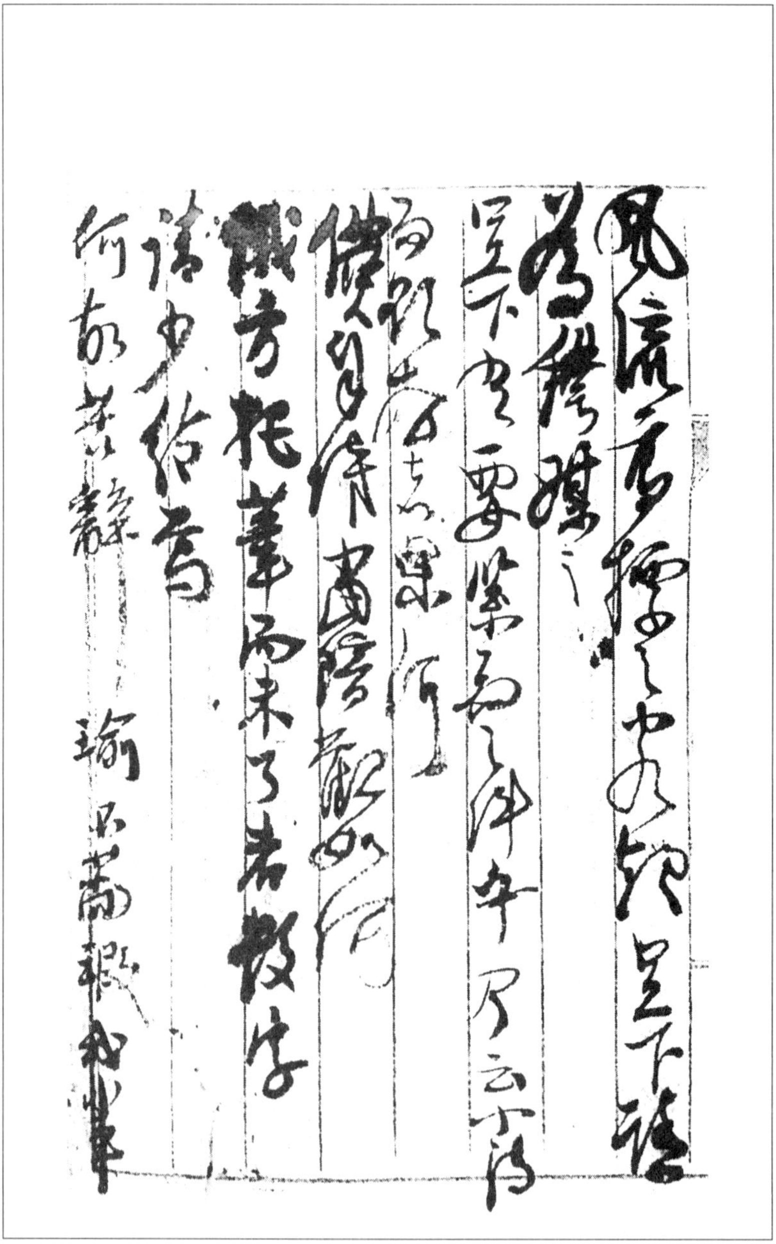

123

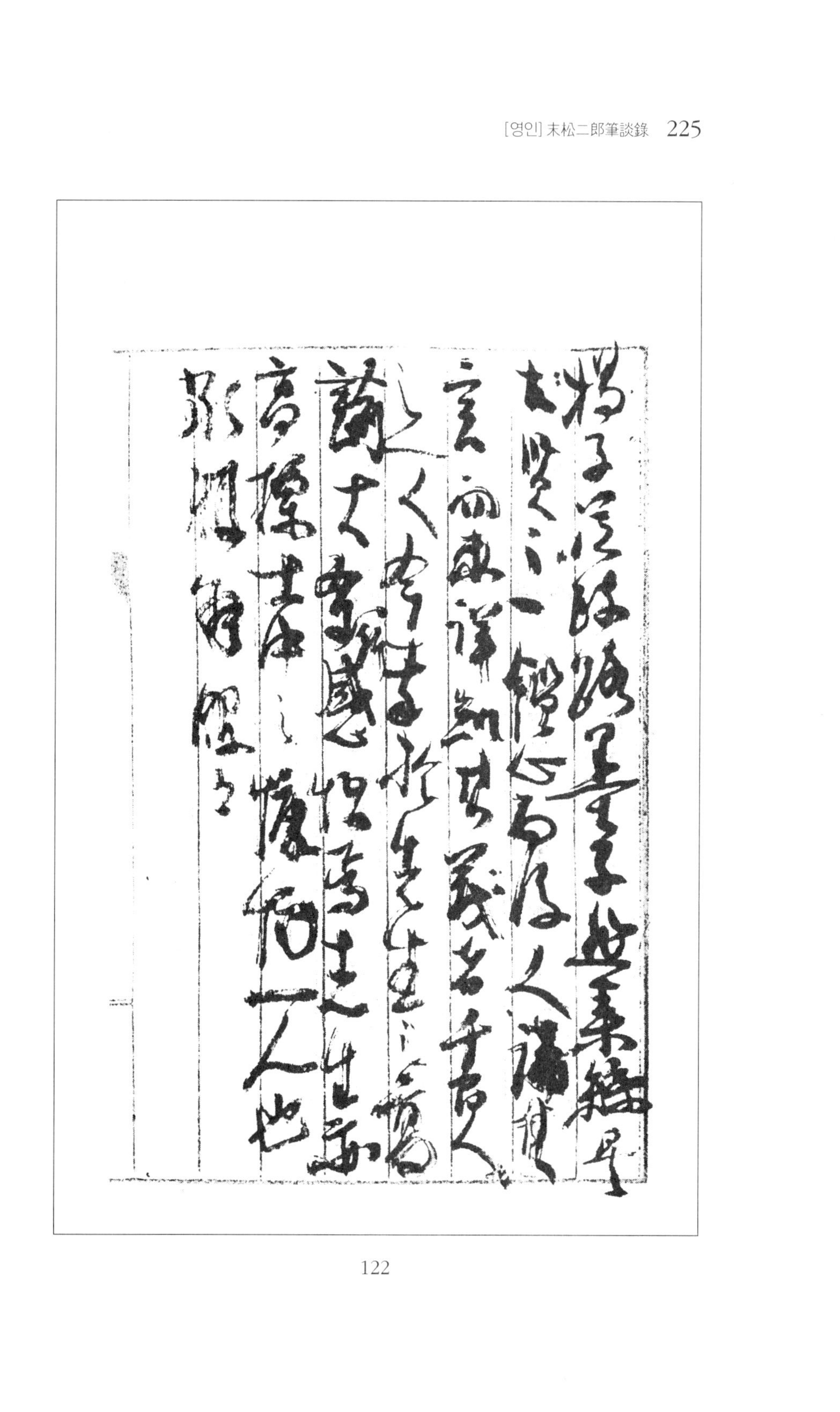

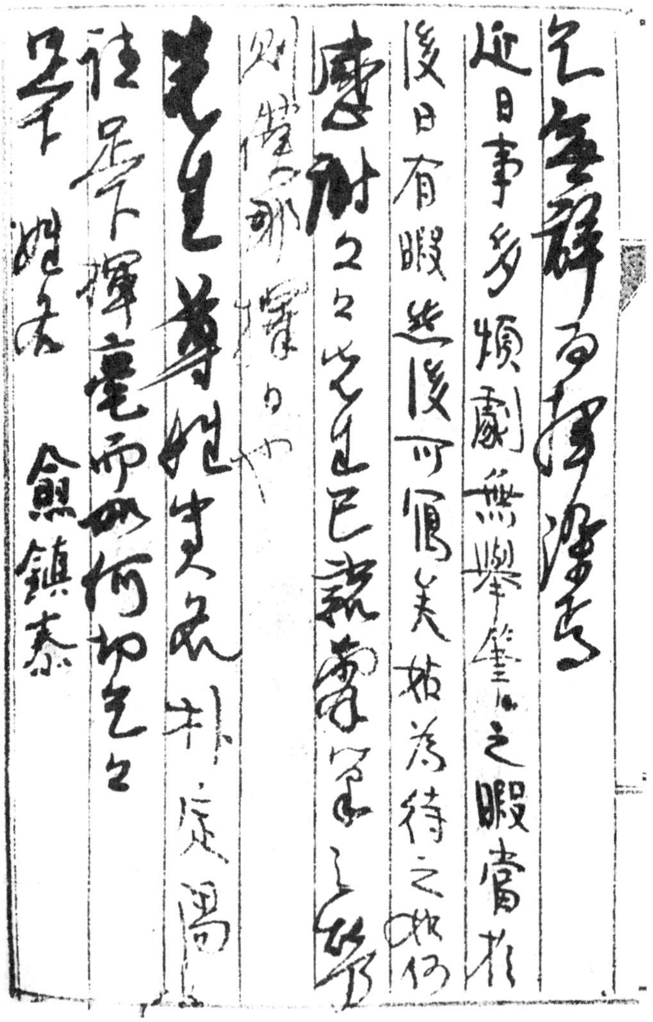

[illegible]
近日事多煩劇無[illegible]筆之暇當於
後日有暇然後可償矣姑爲待之如何
專謝々々[illegible]
生曰尊姓貴名 朴定陽
[illegible]
請足下揮毫而如何切望々々
呈[illegible] 俞鎮泰

121

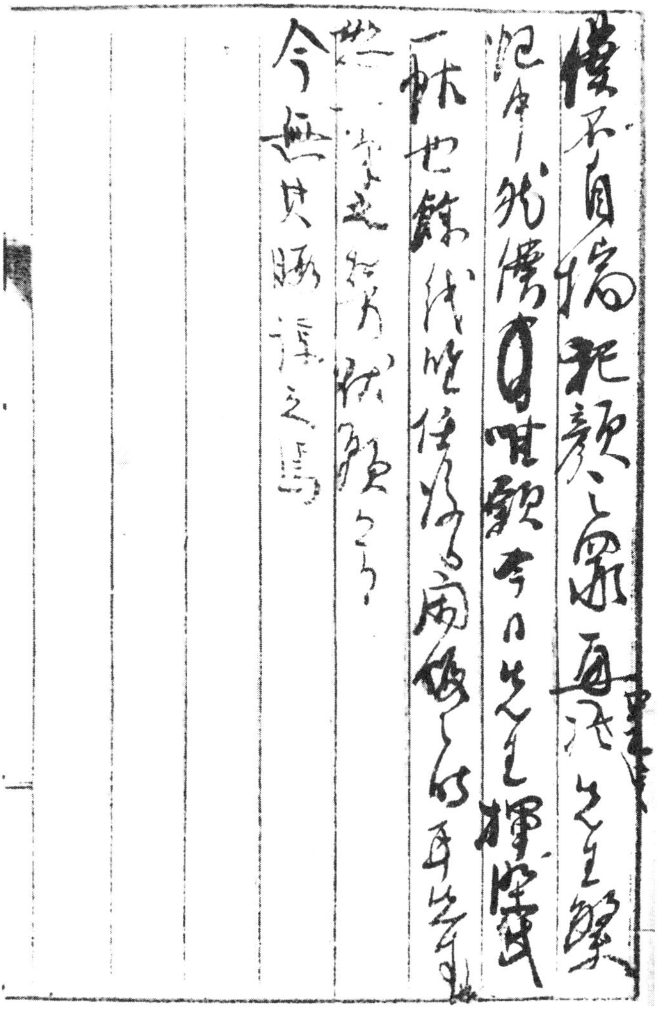

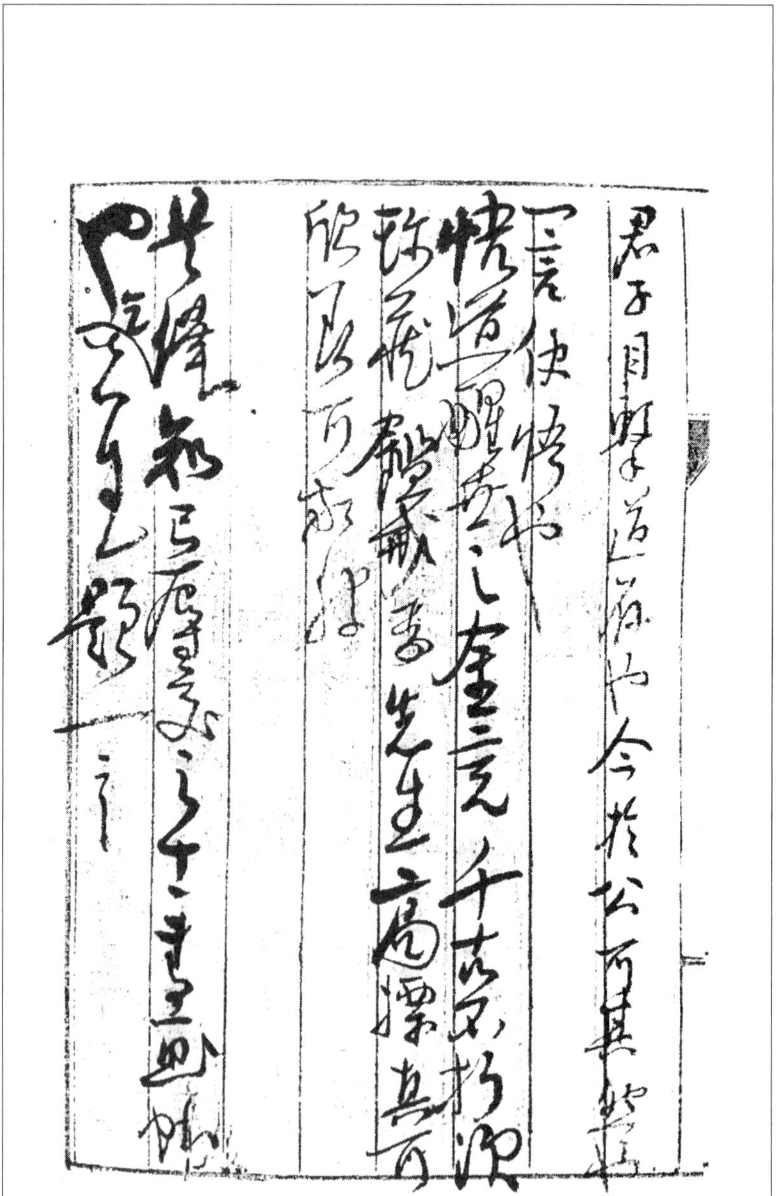

119

明治十四年 辛巳[illegible]十二日

唯有炎々暑似秦[illegible]無清涼加撲別

書不[illegible]清[illegible]之々過日

受狂態之處觀諸書無[illegible]敬謝

自由書生之

末松二郎筆談

寒十一國會[illegible]寄稿上

上朝鮮紳士二十三[illegible]上筆硯[illegible]

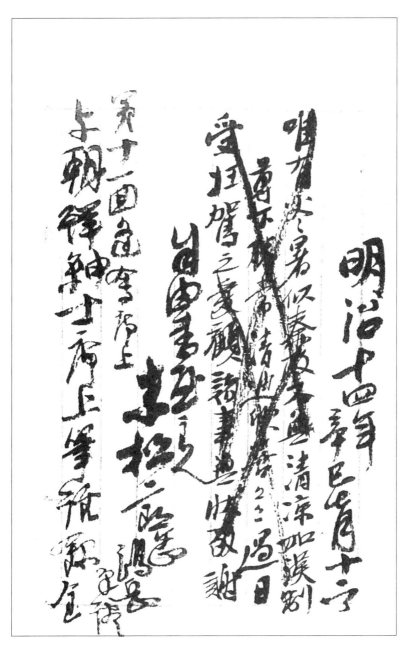

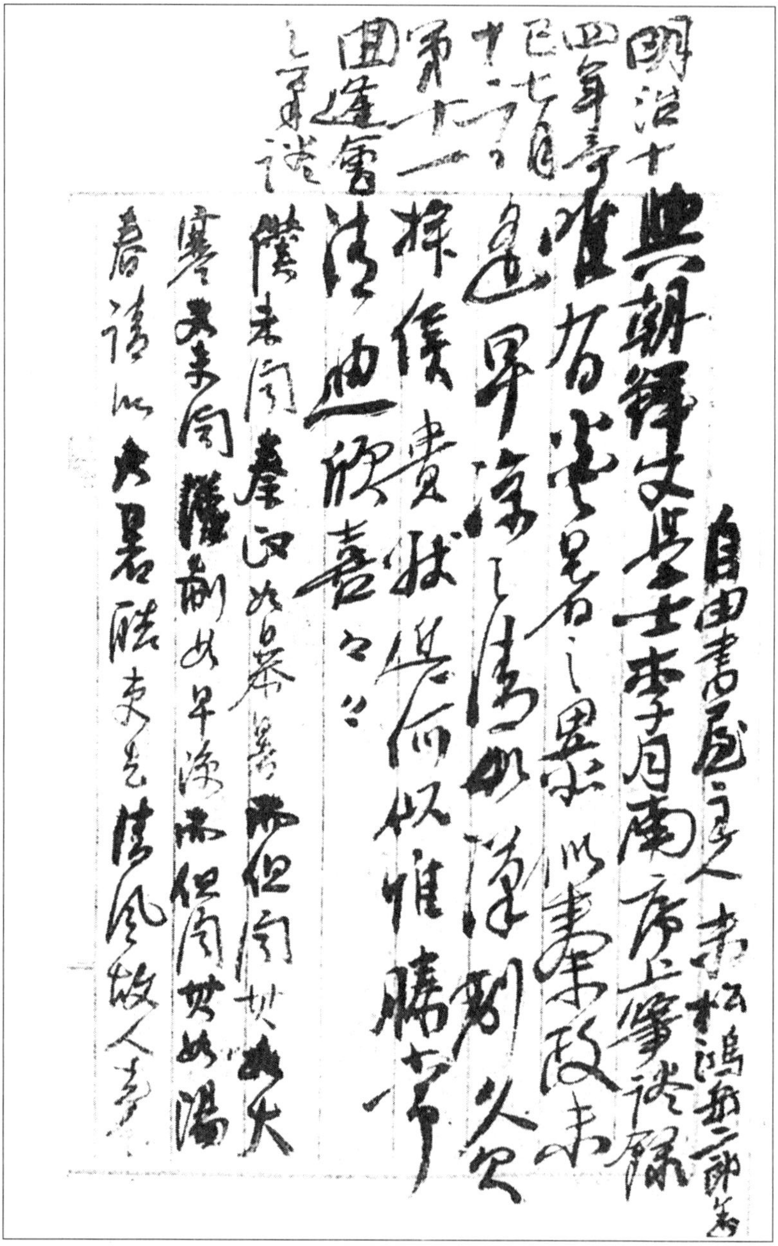

117

不協於詩律乎亦如是之詩僕從
於唐人近體中多觀之僕
就唐人草讀唐說之時直言也
之說足下為解又不可用乎
大寒陽春之論卿大宋滄浪先生論詩
僕但就臣之言之於殷瑤觀詩不協
于詩律者
足下若遇所嘱之詩

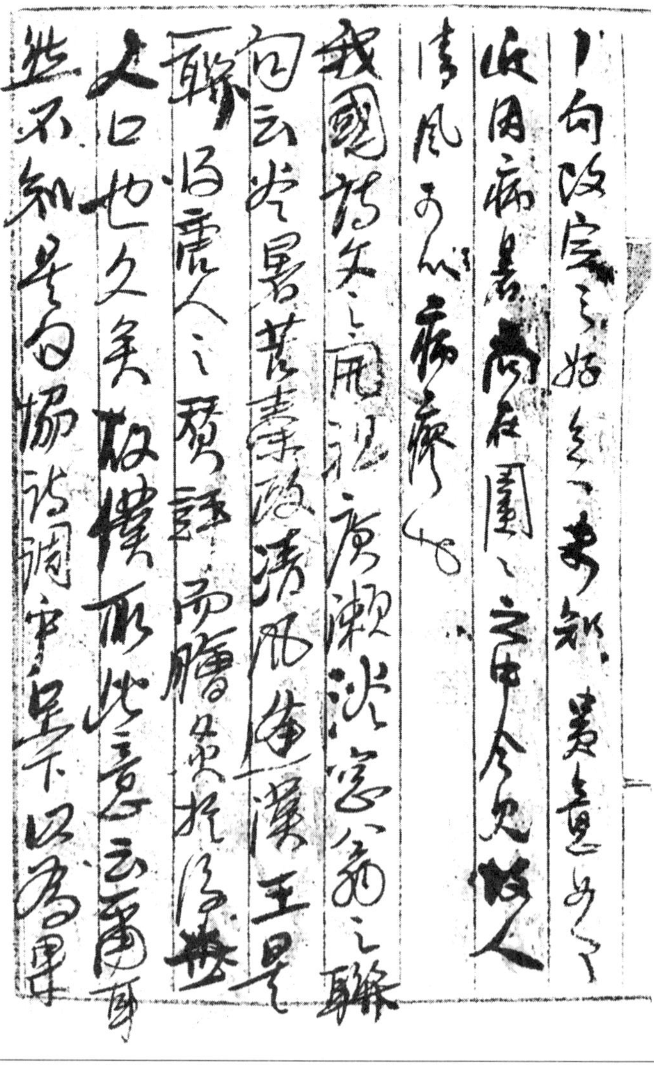

向汝言之好矣、未知貴意如何
彼因病甚而在園之中今見故人
清風千秋病痊何如
我國詩人之風韻廣瀬淡窓翁之聯
句云炎暑蒸薰浴清風使漢王是
聯得震人之聽謔而膾炙於俗世
人口也久矣故擬取此意云爾
然不知是否協詩調幸足下以為[illegible]

115

校之規則乎

醫學兩度ノ規則已爲譯成乎ノ此何可

一時ニ學ノ事乎直不遑觀覽其

規則、醫學切勘欽之如何也請以已譯

者詳示焉

譯書通還則僕何敢專唯不思足

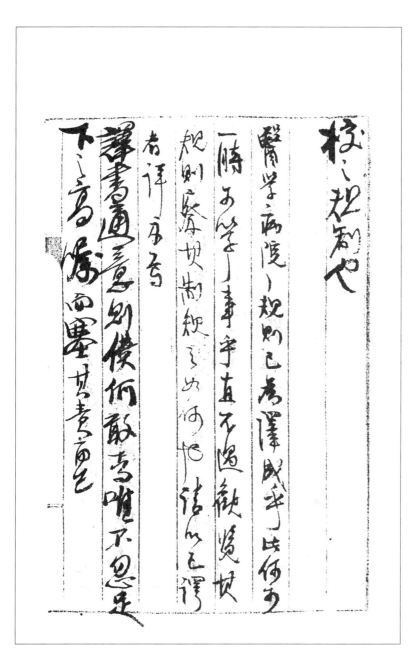

下之高深而墨其書寄也

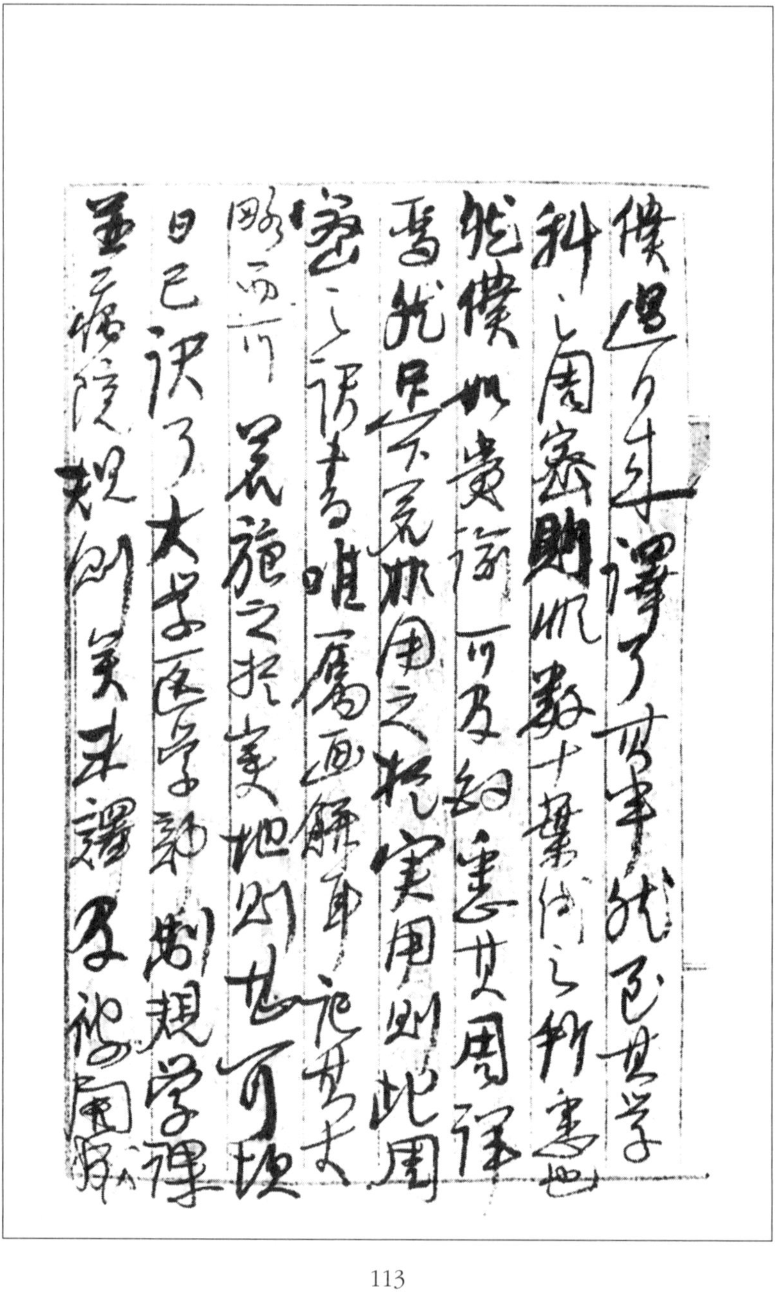

113

又

僕素稀乎犯陳言不覺得世人之

贊中有風情雅趣之辭故不論和

漢之人皆以為近世所尚者則請東以前

其意已定矣之風豈非清氏虐民之

所詐過乎東對固執嚴笑如旧執識

是莊周所謂井蛙孔子所謂說安

兩氏亦數固執往事以為情勢更

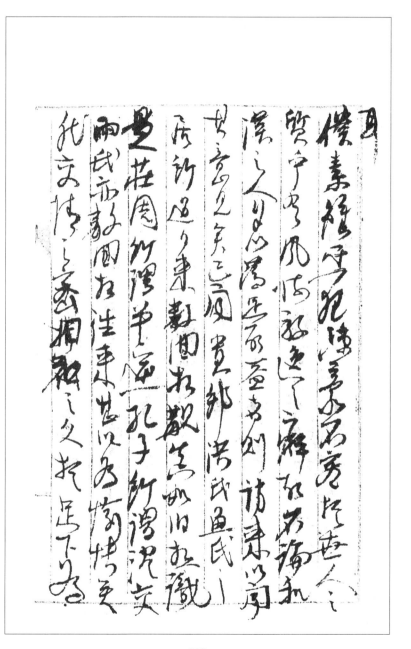

我文情之所揮觸之久於足下以為

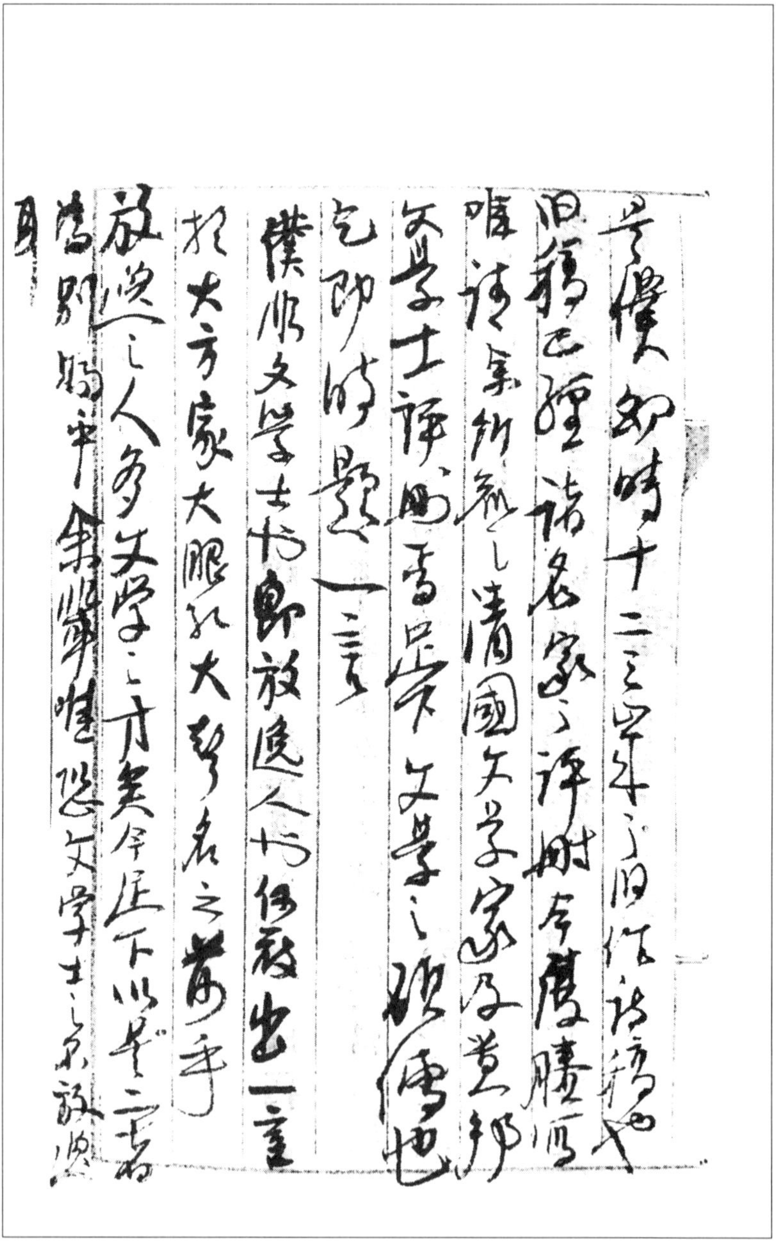

吾僕人知時十二三歲年之旧作詩稿也
旧稿已經諸名家之評附今應購而
唯詩集所編之清國文学家乃貴邦
文學士評附雖足與文學之頌傳也
乞即時題之一言
僕非文學士即放逸人也仍放出一言
於大方家大雅大聲名之前乎
放逸之人多文学之才矣今足下以先生二字
稱則焉乎余謂唯恐文学士之不放逸
耳

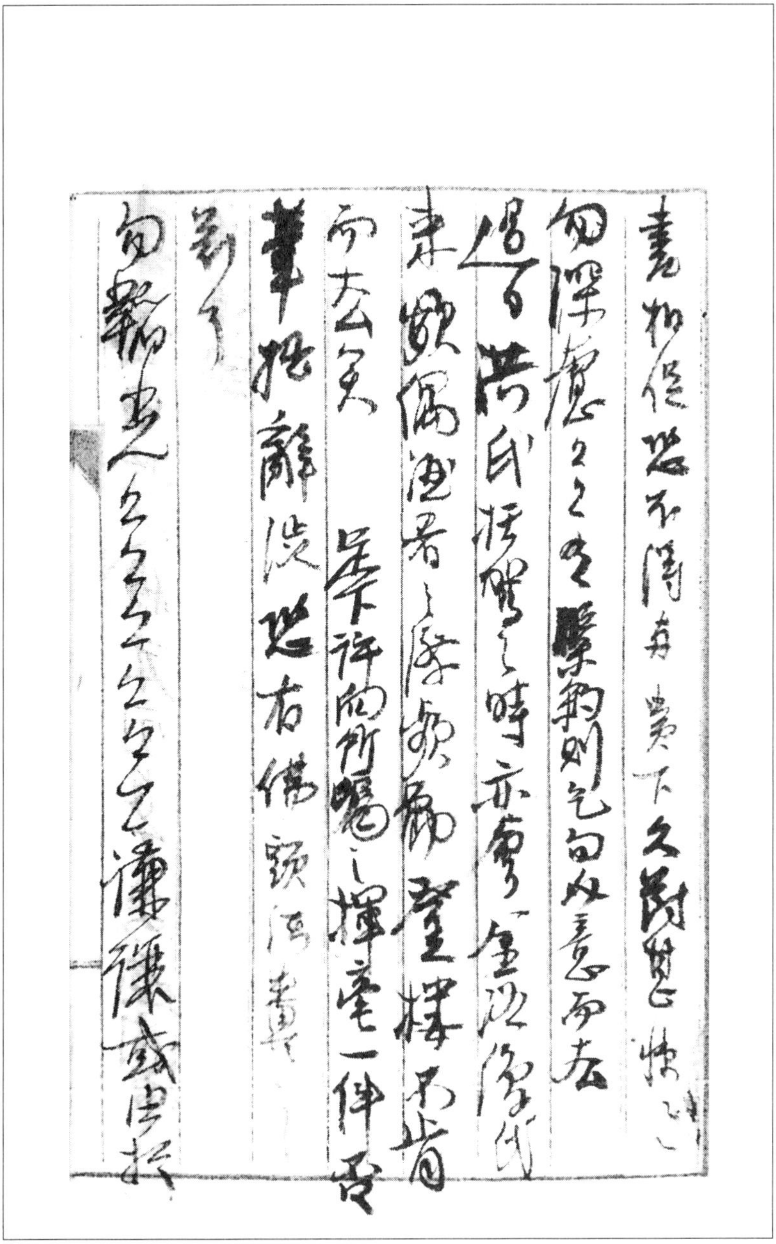

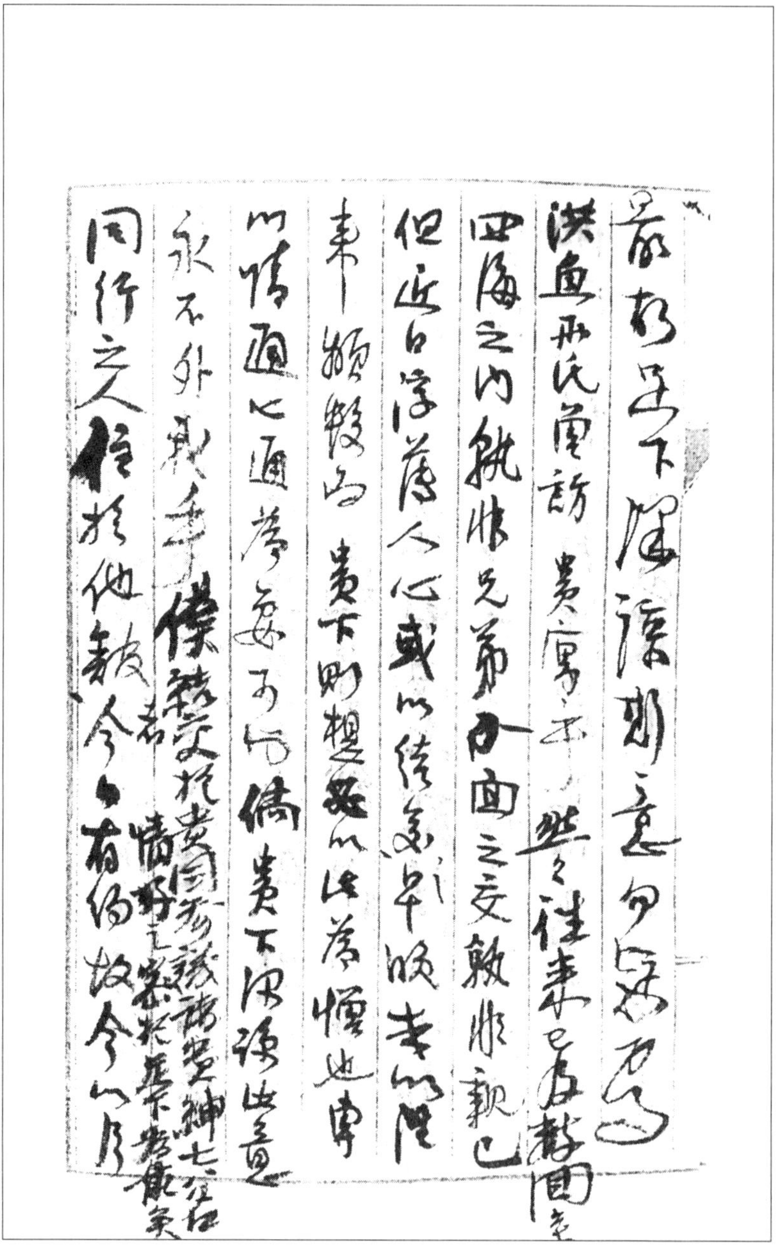

109

事或由於人僕未聞見其貴交際間以
謙讓辭退之事也

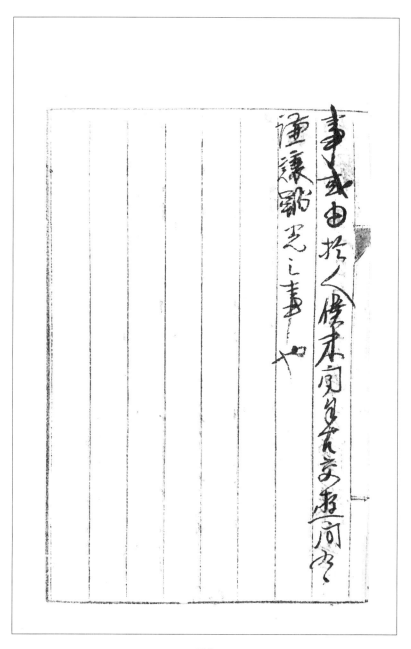

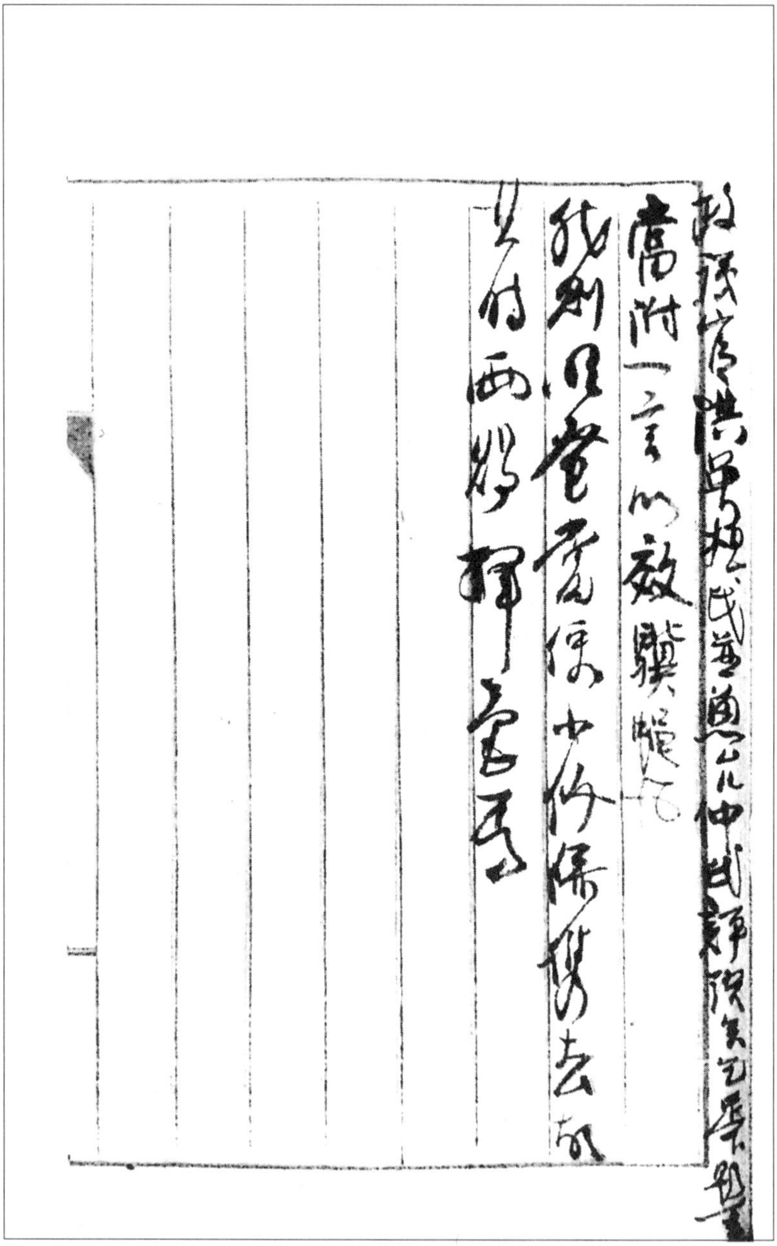

107

[illegible]

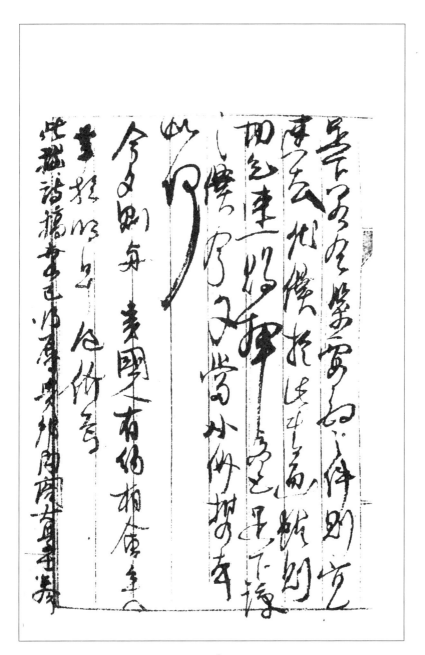

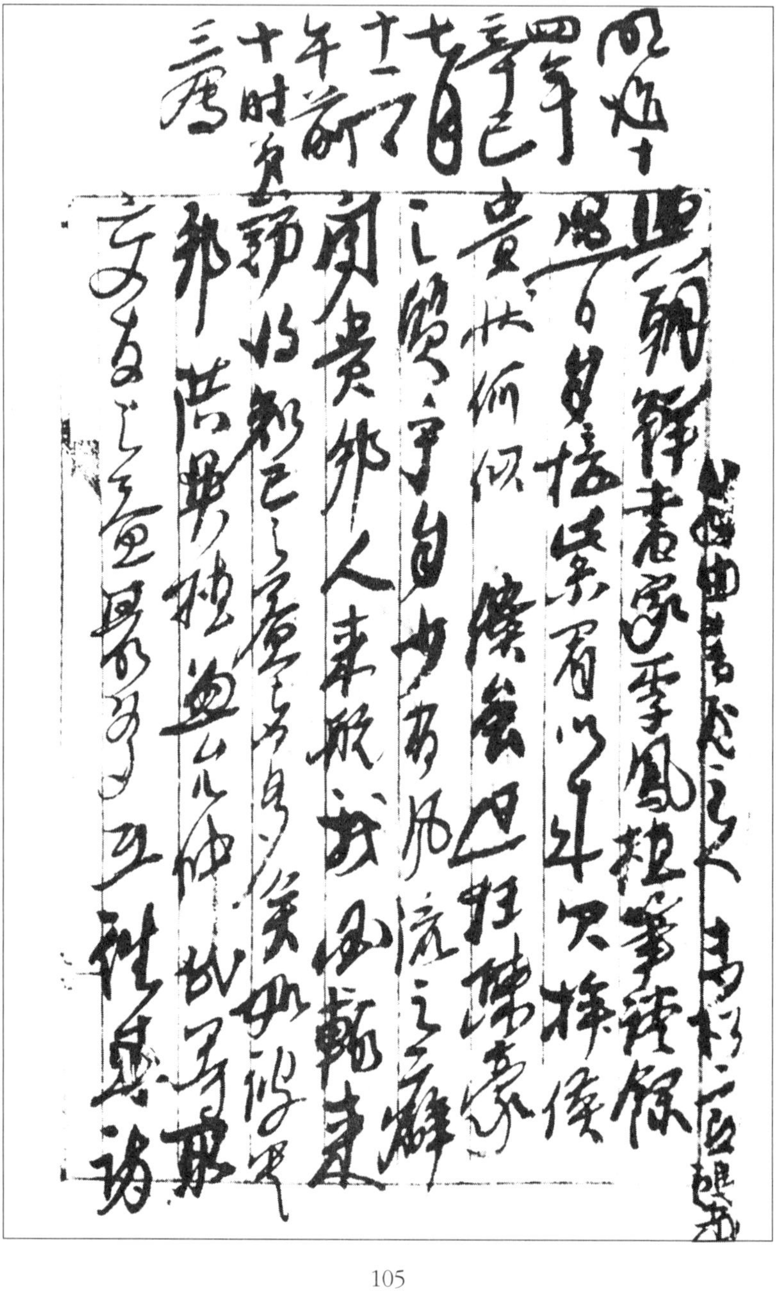

105

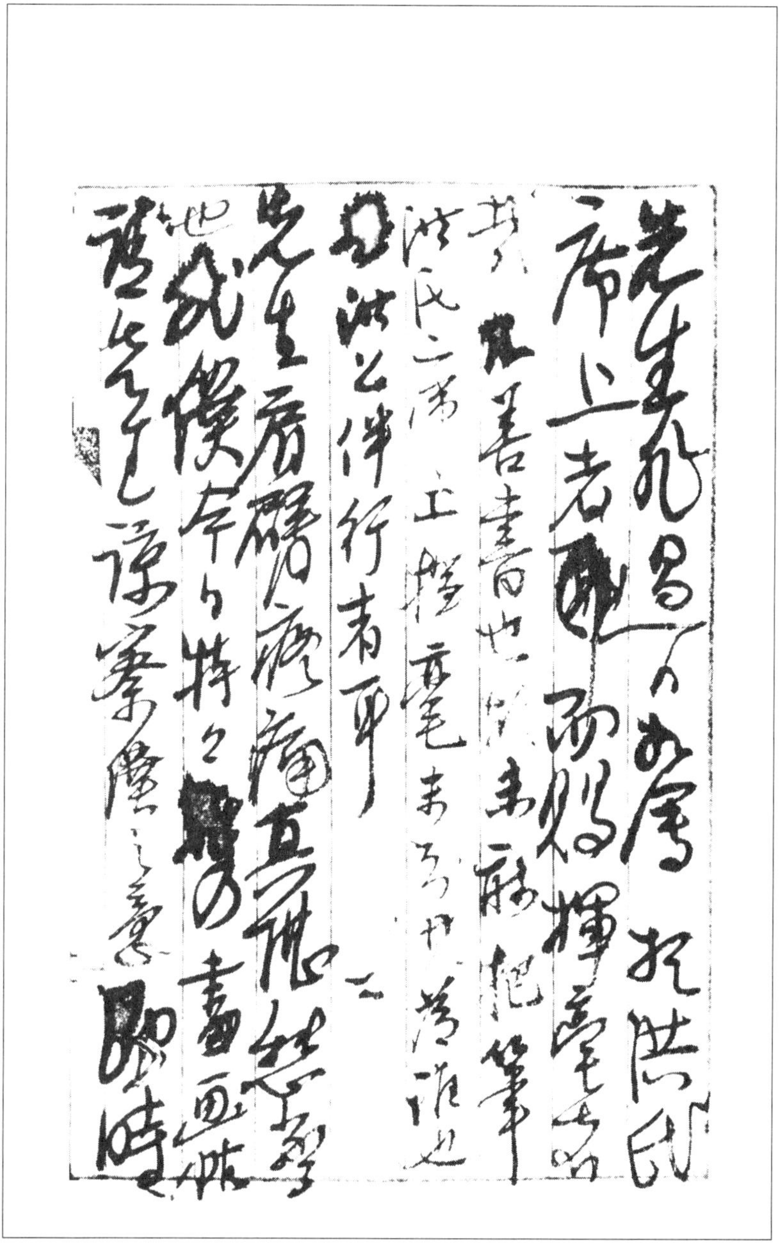

104

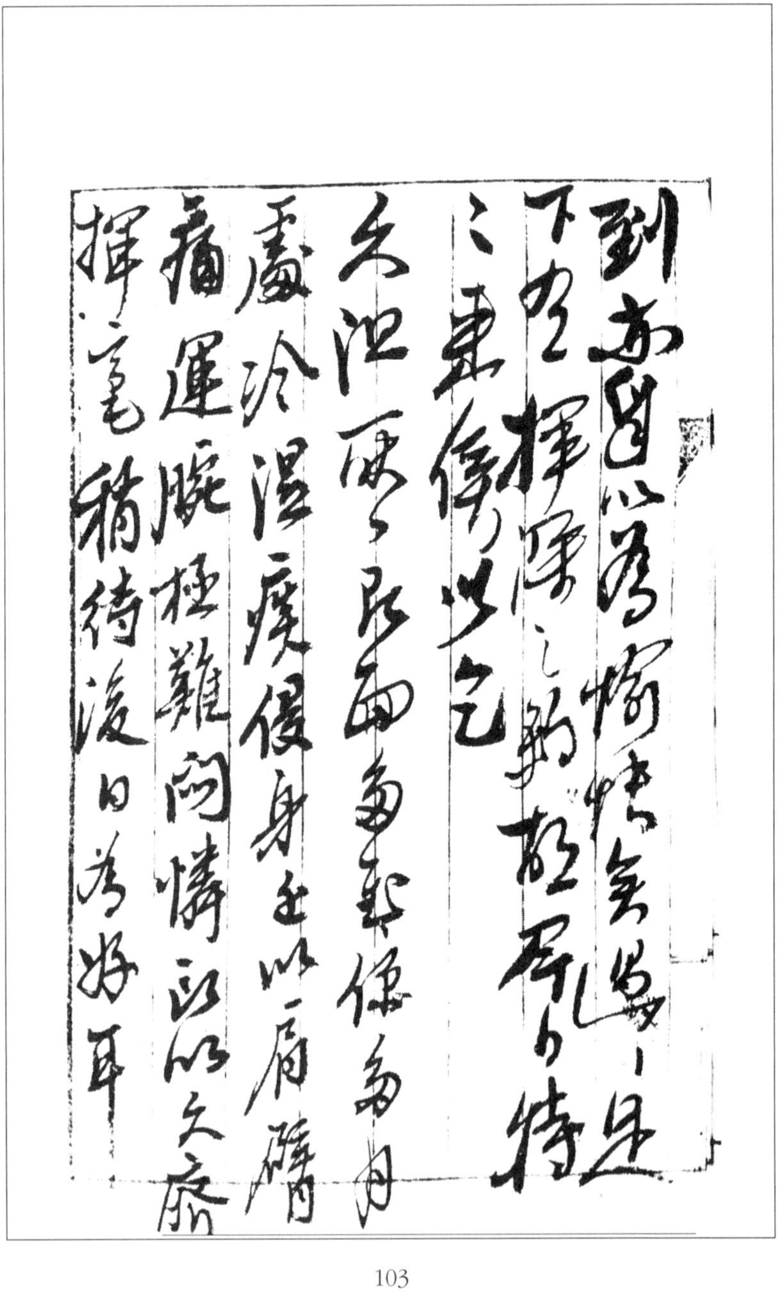
到[illegible]皆爲[illegible]情無[illegible]一生
下以揮灑之餘故存[illegible]待
之東條以乞
[illegible]泄西歸而[illegible]條[illegible]自
處冷濕痰侵身至以肩臂
痛運腕極難向情[illegible]以久[illegible]
揮毫稍待後日爲好耳

103

此帖上揮毫切聊々
吾方出門樓々後以情痛快
益後當應矣

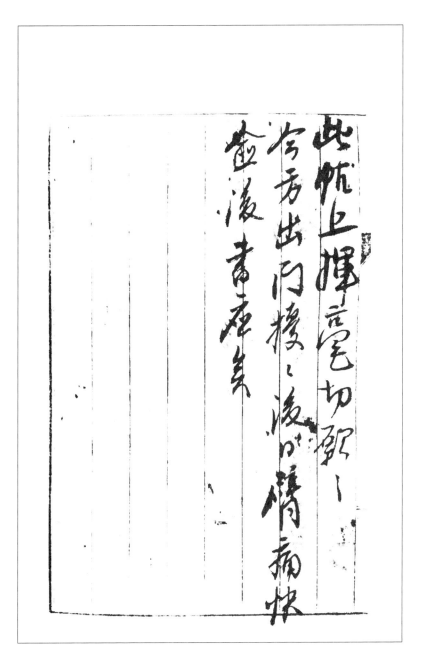

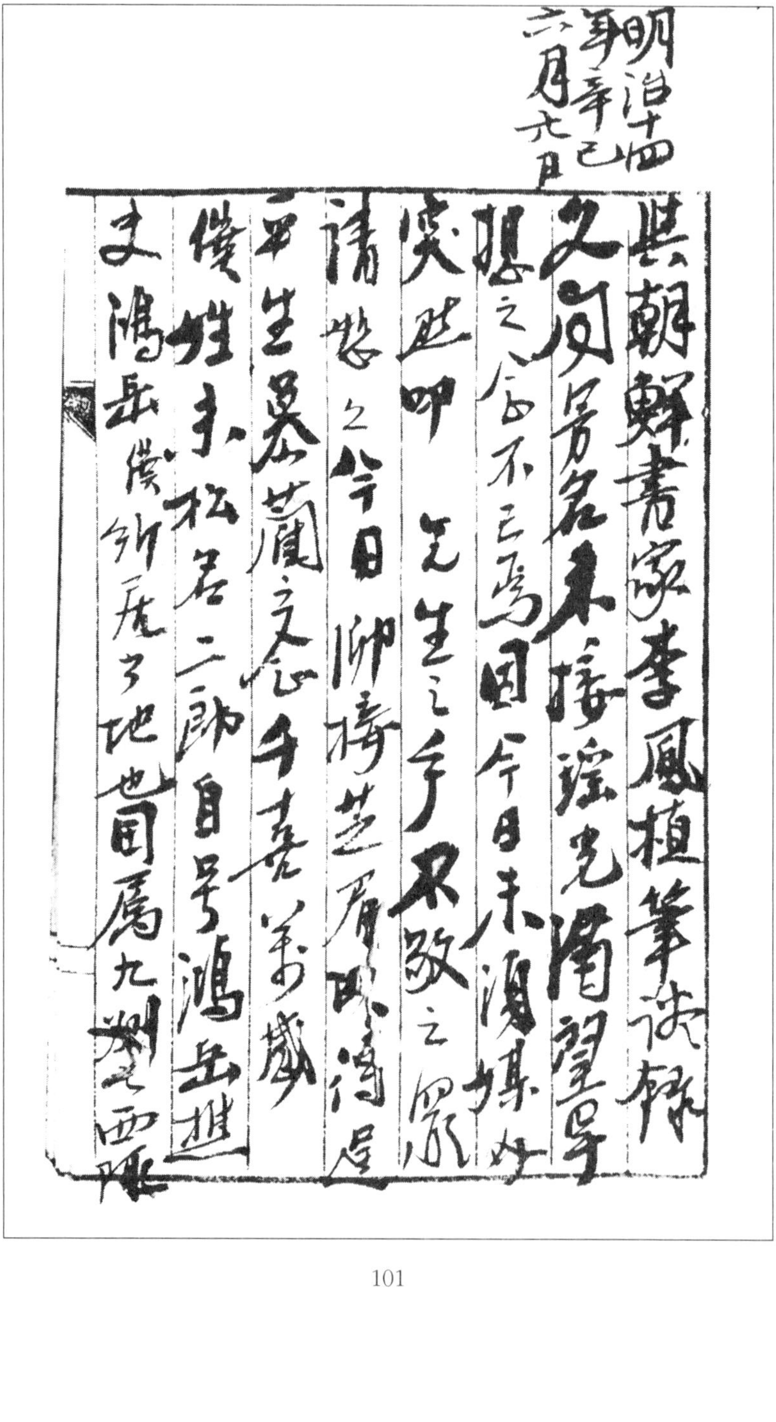

明治十四年辛巳六月十九日

與朝鮮書家李鳳植筆談錄

久聞芳名未接瑄光渴望身

懇之念不已焉因今日來復媒

突然叩先生之手不敬之罪

請恕之今日仰椅芝眉敢請足

平生慕蘭之念千喜萬歲

僕姓末松名二郎自号鴻岳

支鴻岳僕所居之地也同屬九州之西陲

101

盡遊所當方名區之門也又多謝對處館江之
揮筆以襃其人之志者昨日於友人某
諒以寶生下之貴姓尊府名國令自
將蒙先生指點生下勿棄而教誨之求
名家之素志焉
據聞先生下之善書也又願故乞揮毫
贈以紫毫而賜揮灑焉
依不揆蕪拙畧為御應來譴日

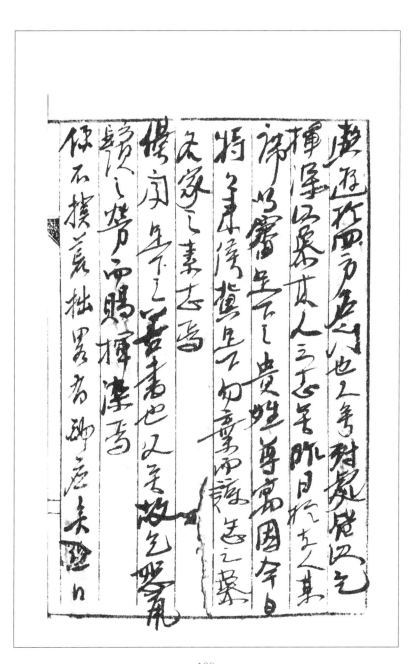

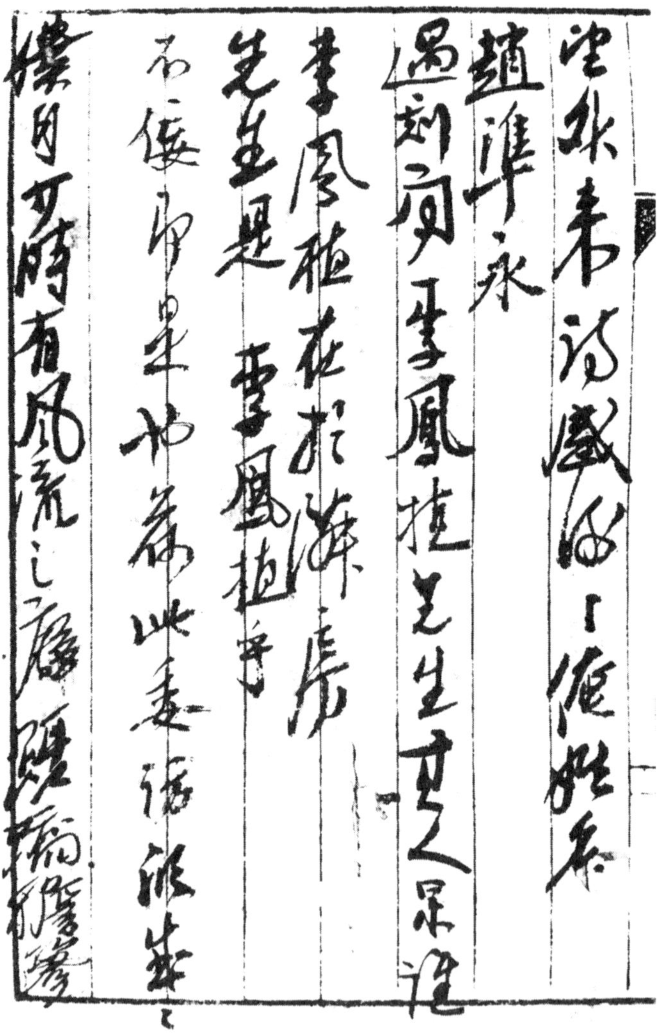
望[illegible]來詩[illegible]絕〻僕姓[illegible]
趙準永
過刻[illegible]見李鳳植先生其人果誰
李鳳植在於[illegible]虎
先生是 李鳳植乎
而僕[illegible]此委[illegible]
[illegible]有風流之[illegible]

99

登時賜揮毫否
幾日之内無暇未染筆無能某日有
暇之日書奉副至為樓歸後日奉
請為望
足下善書爲屢請乎
切乞足下備閑明後日中賜揮毫
僕歸期尚遠文字談縱後東閒來
墨之時奉挑則可矣心忙意促勝揆之

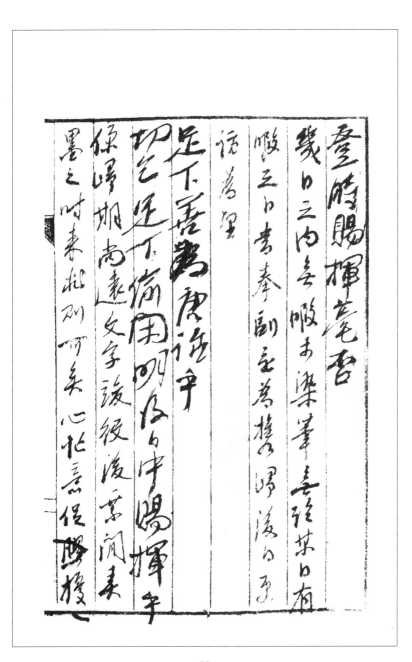

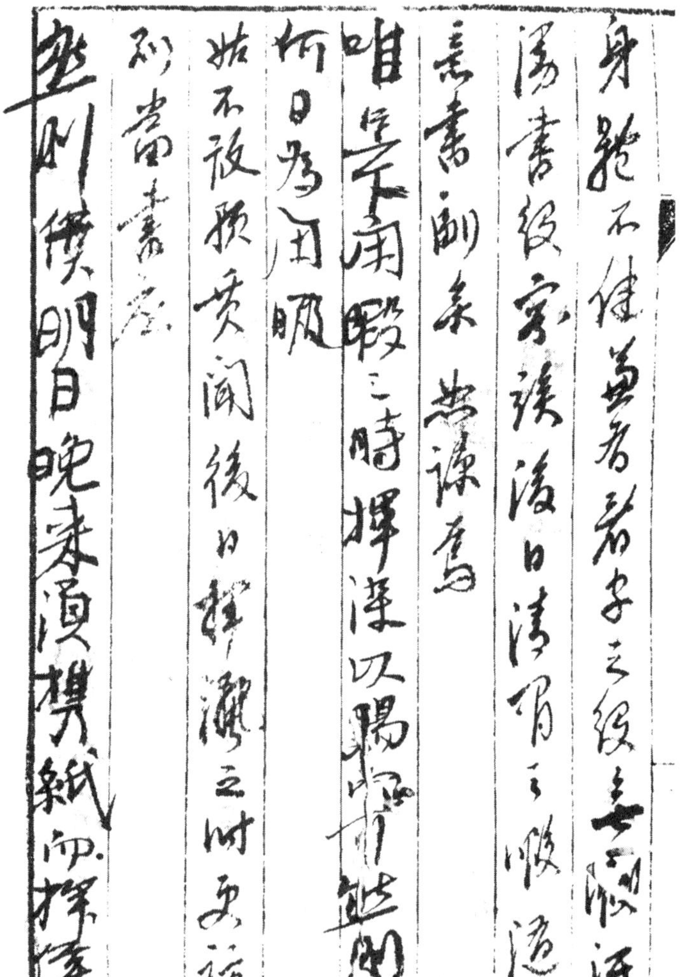

身體不健萬無看者字之緣生[illegible]汗
隨書後家族後日請賜一暇遂
意書副糸無謙焉
唯是閑暇之時揮毫以賜此紙[illegible]
何日為閑暇
始不設預定聞後日揮灑之時更訪
則當承書教
然則僕明日晚來須攜紙而揮毫

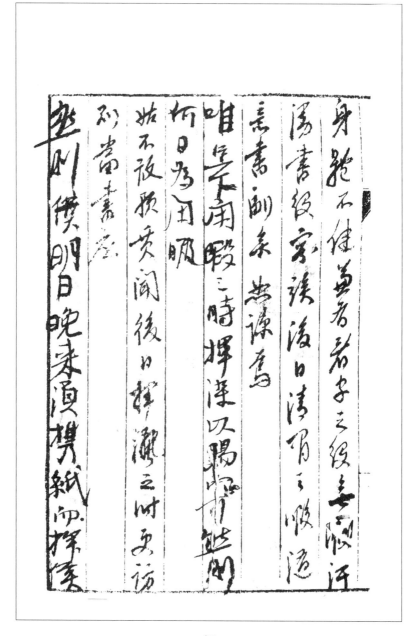

學之士而在東又從事乎
魚允中文學中人登文科及第曾任弘
文館應教職云
貴國有開化守舊二黨無如吾
貴國搢紳之士開化黨乎守舊乎
我國無此二黨名目只是誤傳也
我友人嘗与地誌大新聞社長者
多々無須說其人亦說其他說

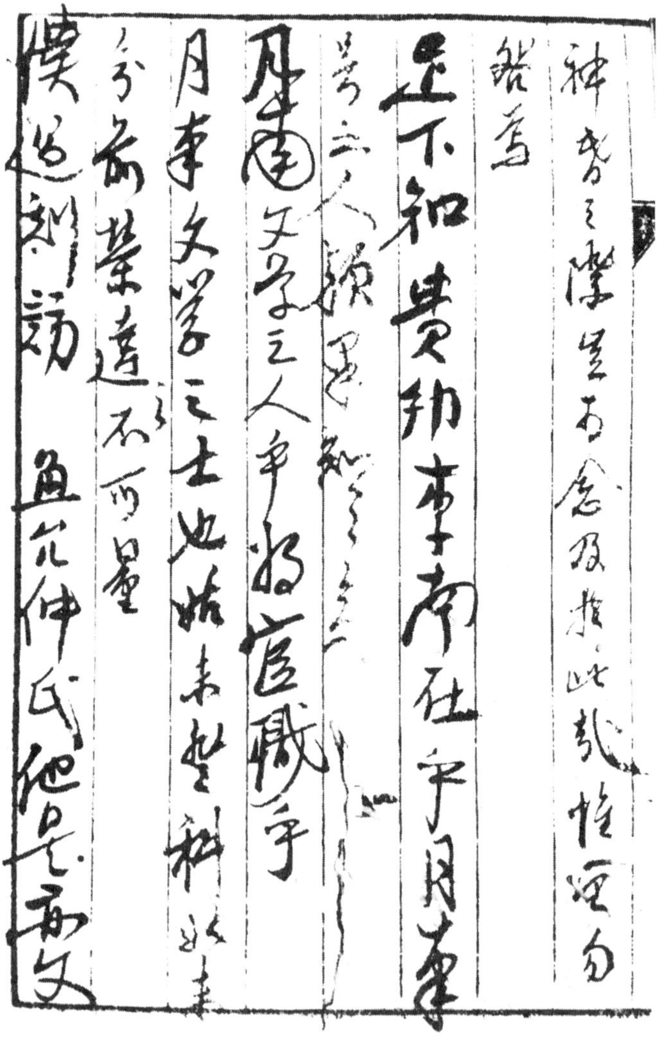

神聖之學皆不念及推此亂性惡句
然為
足下知貴邦李南在乎月華
月華文字之人爭將官職爭
月華文學之士也姓未熟科
分前葉遠不可見量
漢遵訓詞 魚允仲氏姓是高文

95

清朝制度乎

貴國貴國之制政堂常置三公

六卿以掌事爲序尚然乎

我國設科取士之法全倣宋明舊

度試之官常別自取材之術擇以

玉石執事之職此與貴國大同

小異也

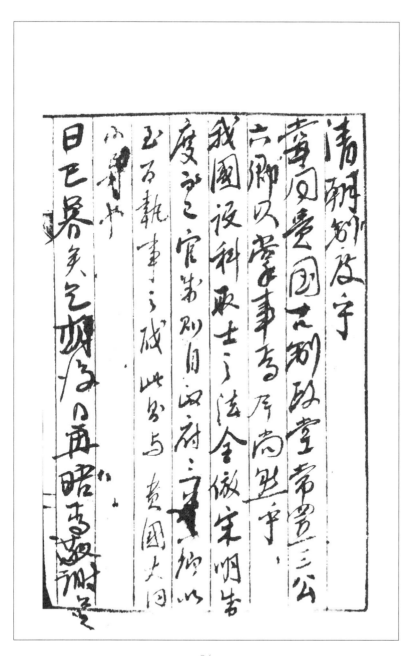

日已暮矣乞姑俟明再晤爲感謝

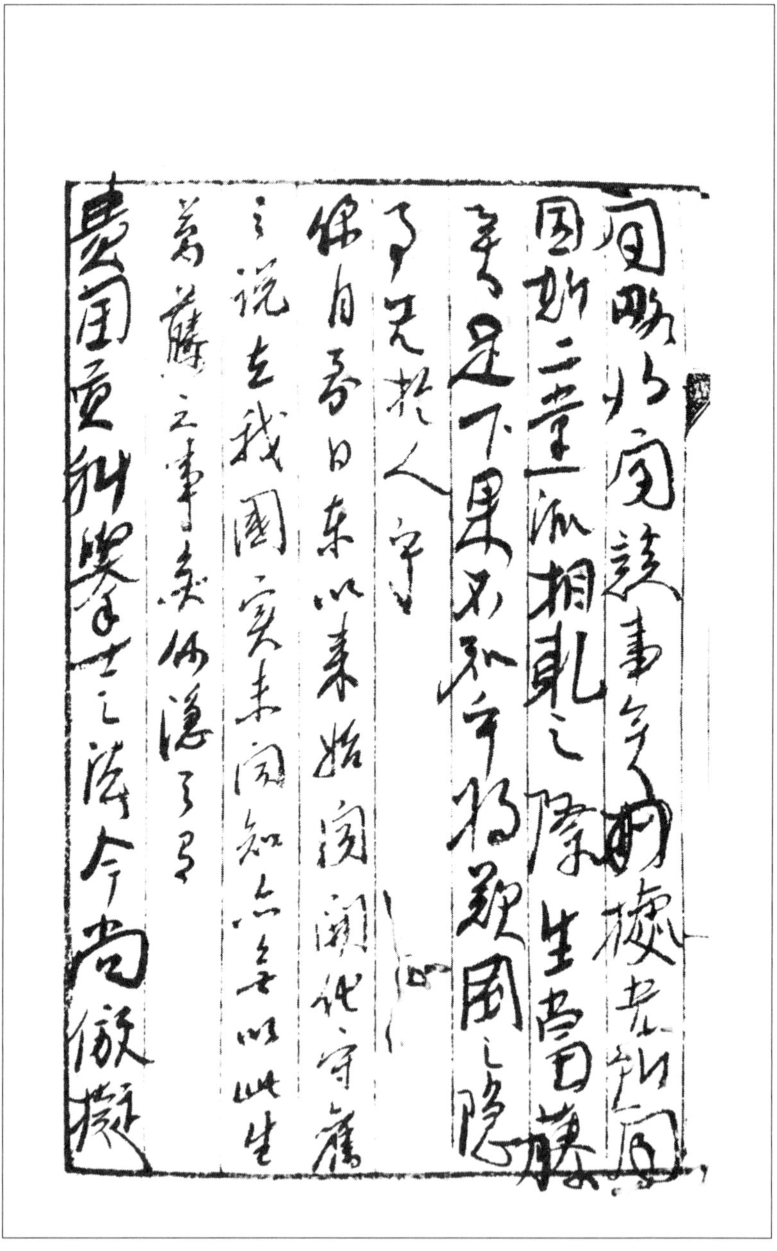

93

若得急速則尤幸幸
此外又有醫學妙所譯之書而
貴不刷 君之世職幸爲我廣
求一人以副此願則其所費一物
者爲購價也
足下不能譯之書則僕所請者
也然不及敢翻擬也但望君之
傳之於是之則又人之情理也又此人情
也所謂一舉兩得之手段也君其幸諒否

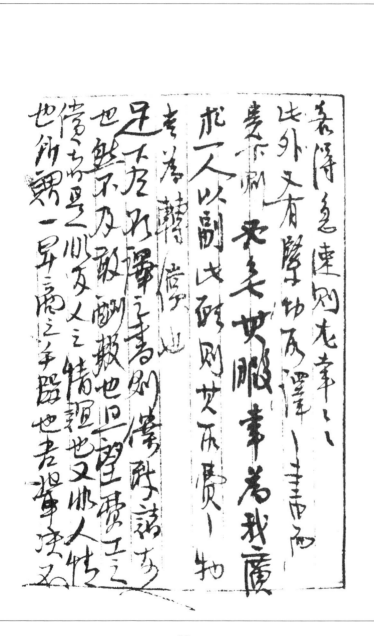

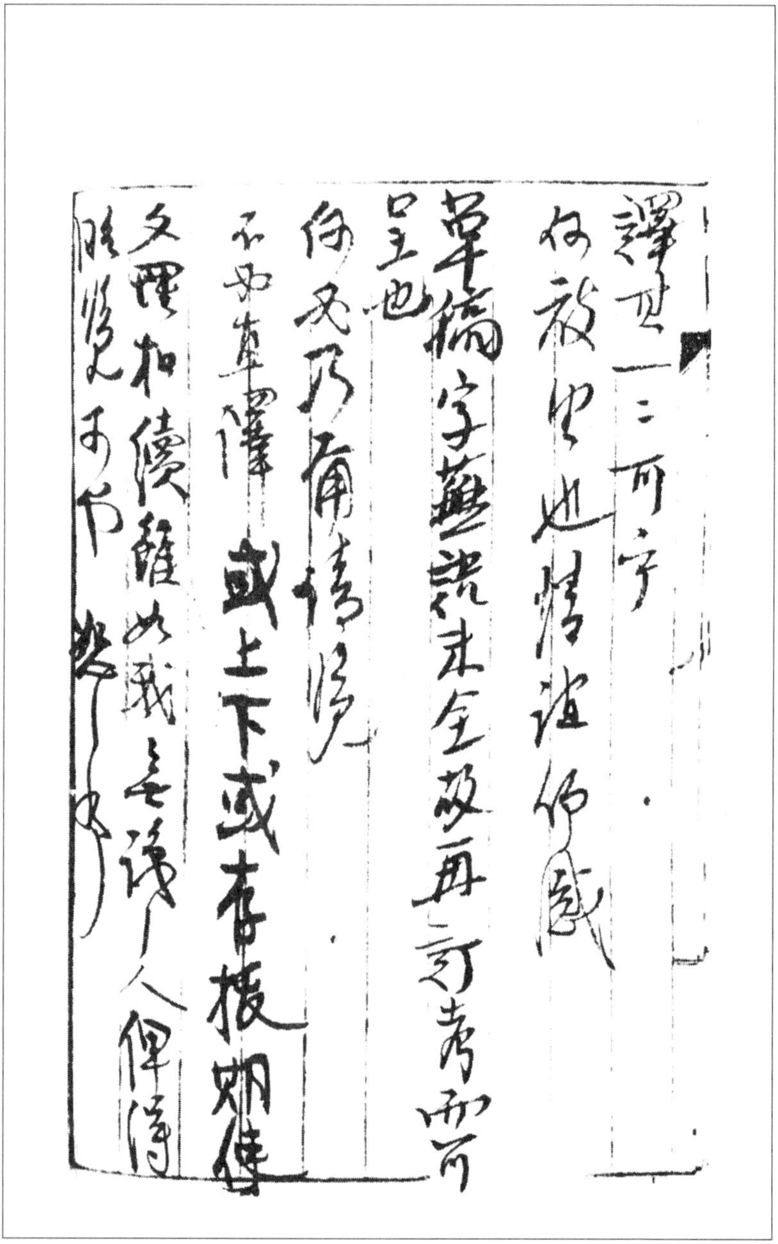

西農學他有數種歷行於世耳

所譯者漢文乎[illegible]蘭和文乎

當時所有之書既所謂漢和混同

之書耳西農學之之[illegible]中政書古者惟

於農政全書也但亦西混之文也

農政本論幾冊乎

全五冊也一冊不過三四十葉也

足下家託覽註中要件僕嘗摘

是係泰西譯書即翻西國地理之所
者也至我邦地理則尤無要地理誌
貴國地理徒無要外更無要者耶
願聞者也

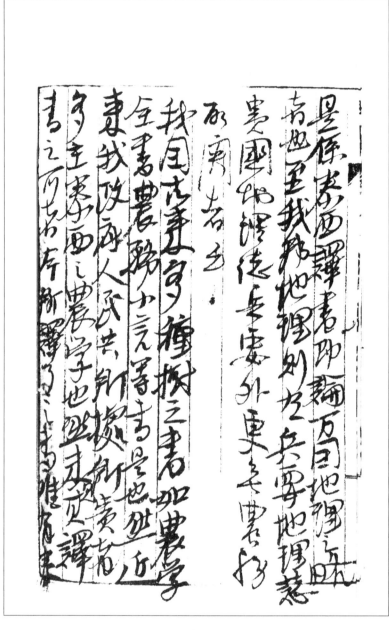

我國古來所有種樹之書加農學
全書農務小言等書是也然近
來我政府人民共所撥所著
多主泰西之農學也然未及譯
書之所在者新譯多之書唯有未

有所托而 貴下有所許也今何可以
是更提耶 貴下之一章責我
者非僕丨罪也郎 貴下之使免
罪人做使有罪ゝ丨意也 今人君
子尊有是也第卑思丨僕則
尚以 貴下責我丨貴ゝ之於
貴下矣 貴下倚恕丨即丨朋友幸
義弃一如道
足下自今以往托來訳ゝ書大節
也乎 足下寬不敬速如僕一二且中

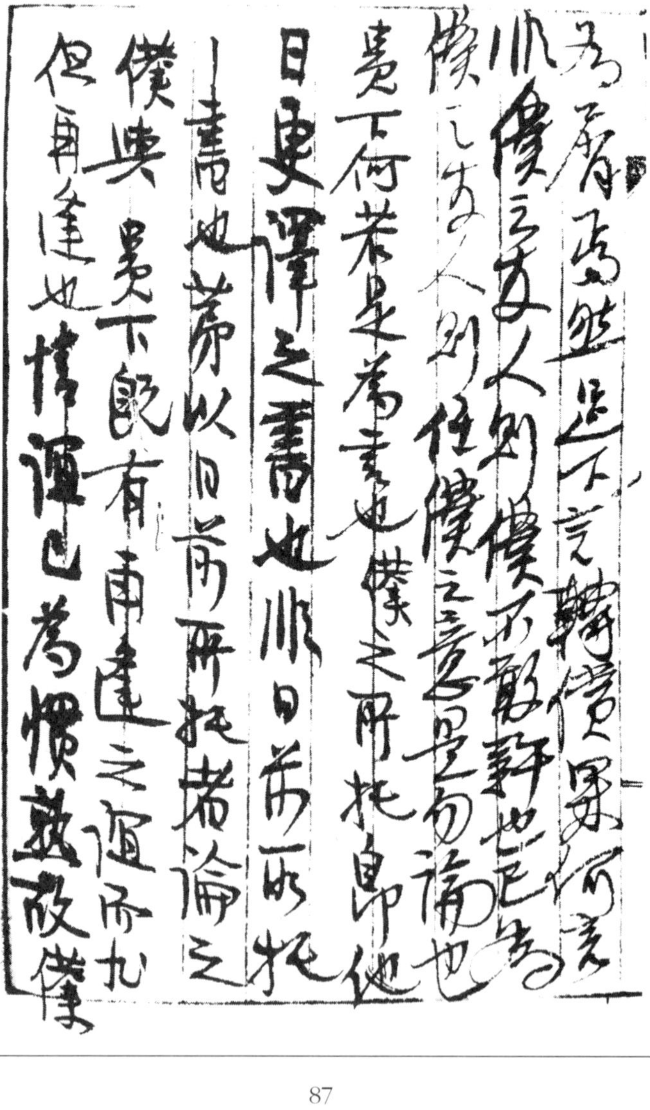

為屠爲然足下言聽僕所言
川僕之友人則僕不難許也足為
僕之友人則任僕之意是易論也
足下何若是爲責也僕之所托自即俾
日更譯之書也川日前所托
書也前以日前所托者論之
僕與足下既有再逢之宜而九
但再逢也情誼已爲慣熟故僕

87

足下之言万々不敢當柳何世傑乎
感焉蓋交友之道只信為字敬貴焉
皃信焉則忱胸開襟懷舊如論
耳足下以一讀書寵我々雖不免揣
弟之誠惟思信之一字故我不敢辭
焉則辭辭我所知之友人文學者季
其人素也然何因足下之言信所不解
於足下以為如何
貴下之言亦是惟道在我々道以
我言為重而先願座肚手道在

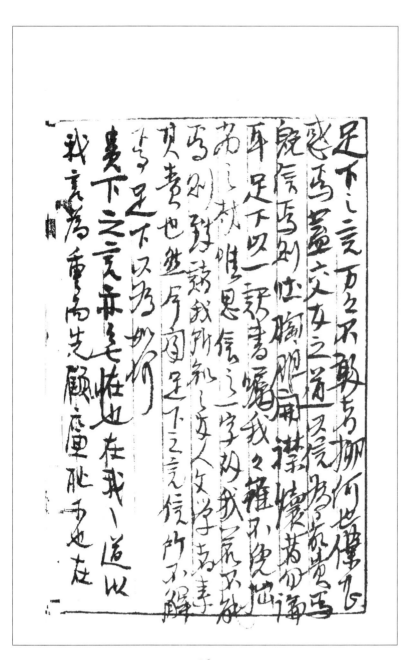

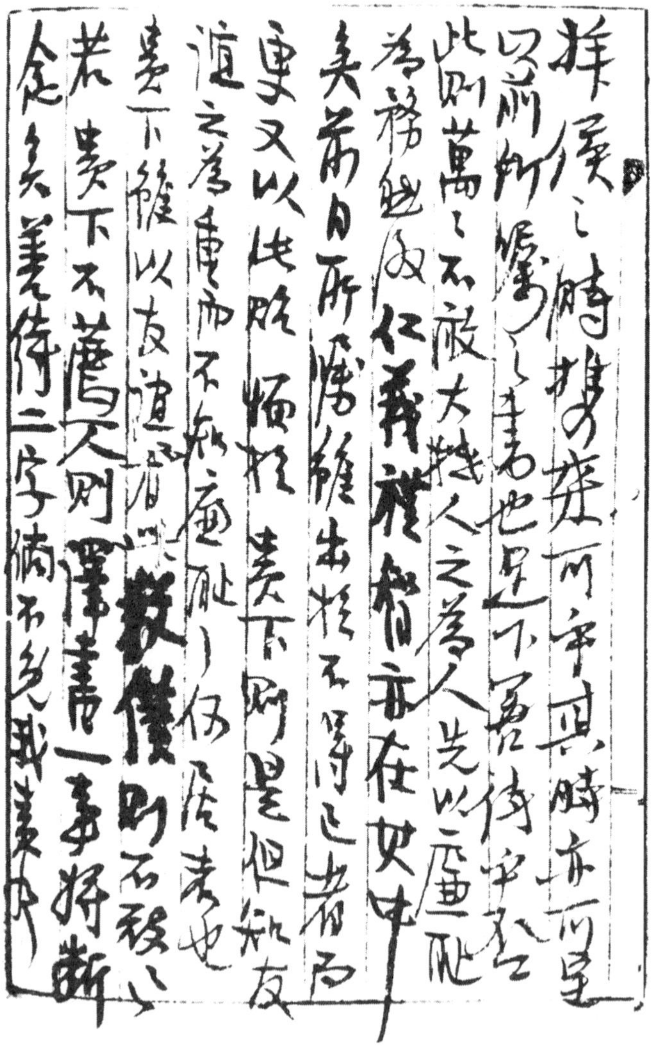
拜候之時[illegible]而來其時亦來而呈
以前所認之書也足下留待乎於之
此則萬々不敢大抵人之爲人先以廉恥
爲務然後仁義禮智亦在其中
矣前日所謂雖出於不得已者而
足下又以此賤僕於足下則是但知友
誼之爲重而不知廉恥之係者也
足下雖以友誼[illegible]賤僕則不能以
若貴下不舊人則罷書一事將斷
念矣[illegible]待二字倘不免我[illegible]

85

僕我々維新以來換做西曆

七日為一周一周之首日為日曜

都鄙一般休業僕明日有共同

演說會之要件然後偕尊和卿

以尊卿

僕何敢留貴請也

此書則枉神關樓惠寄者

我之國此字假

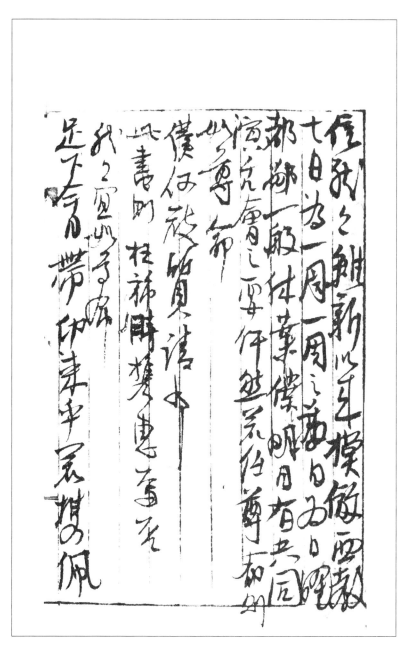

足下今有帶印來乎展揖佩

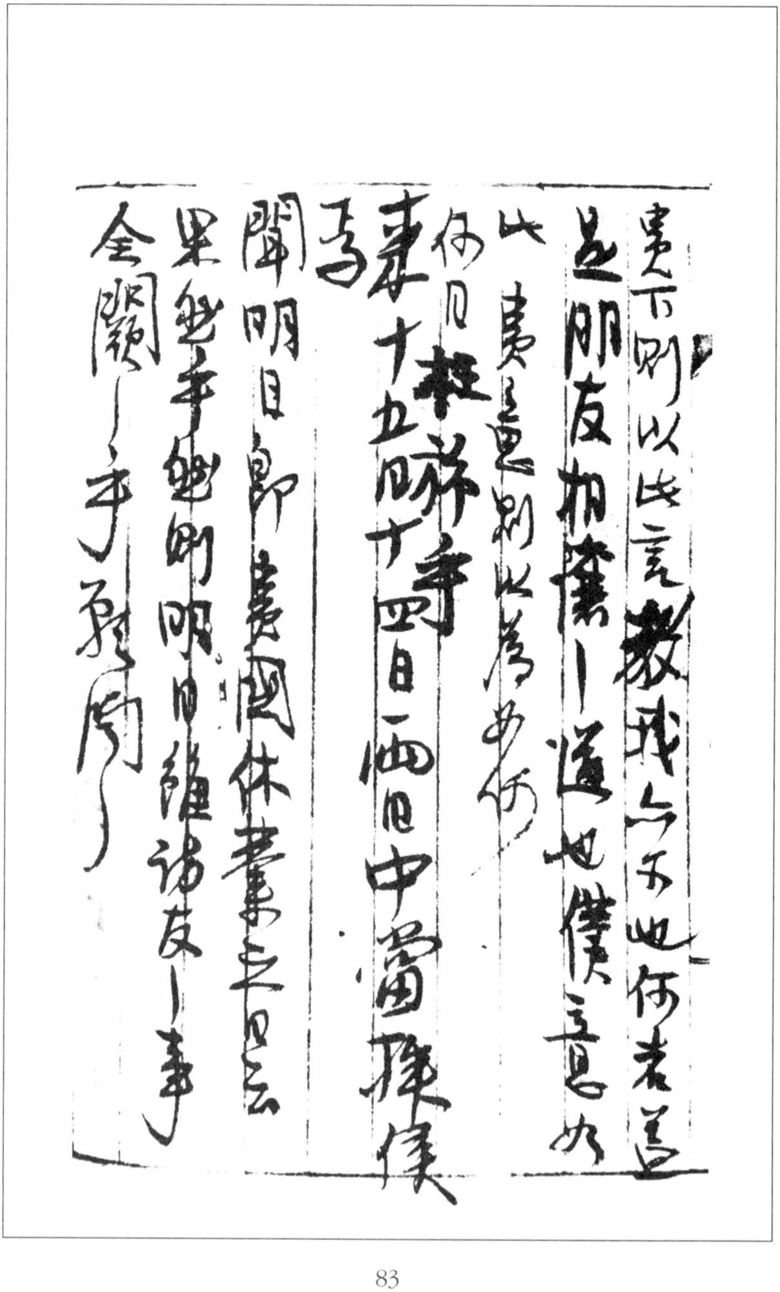
貴下則以此言教我乎否也 何者是
足下朋友相儕之道也 僕之意如
此 貴意則以爲如何
何日 枉駕乎
來十五日十四日兩日中當擇僕
寓焉
聞明日卽 貴國休業之日云
果然乎 然則明日雖諸友之事
全闕之乎 敬問

83

探讀驚嘆文至不覺汗背
詩不盡情 琵不得盡意 鴻岳本
色 其佛之 豈以筆墨 張我以情
已承 足下之勞神 然切乞 扁不
午 於之 四 校之紙上
筆 挽此 楼含蔽揮之 筆 文要
得以 達本 小懶 而 期 此 ...

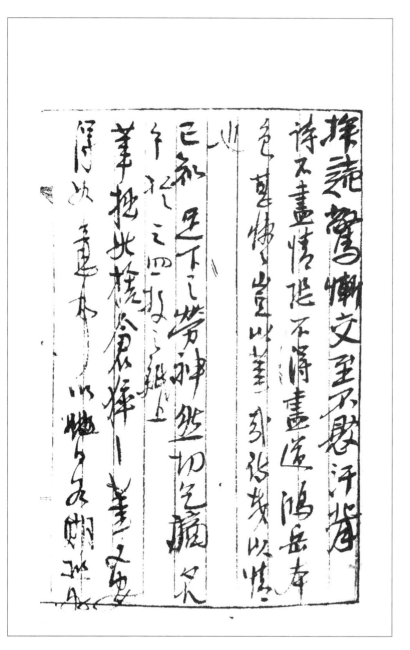

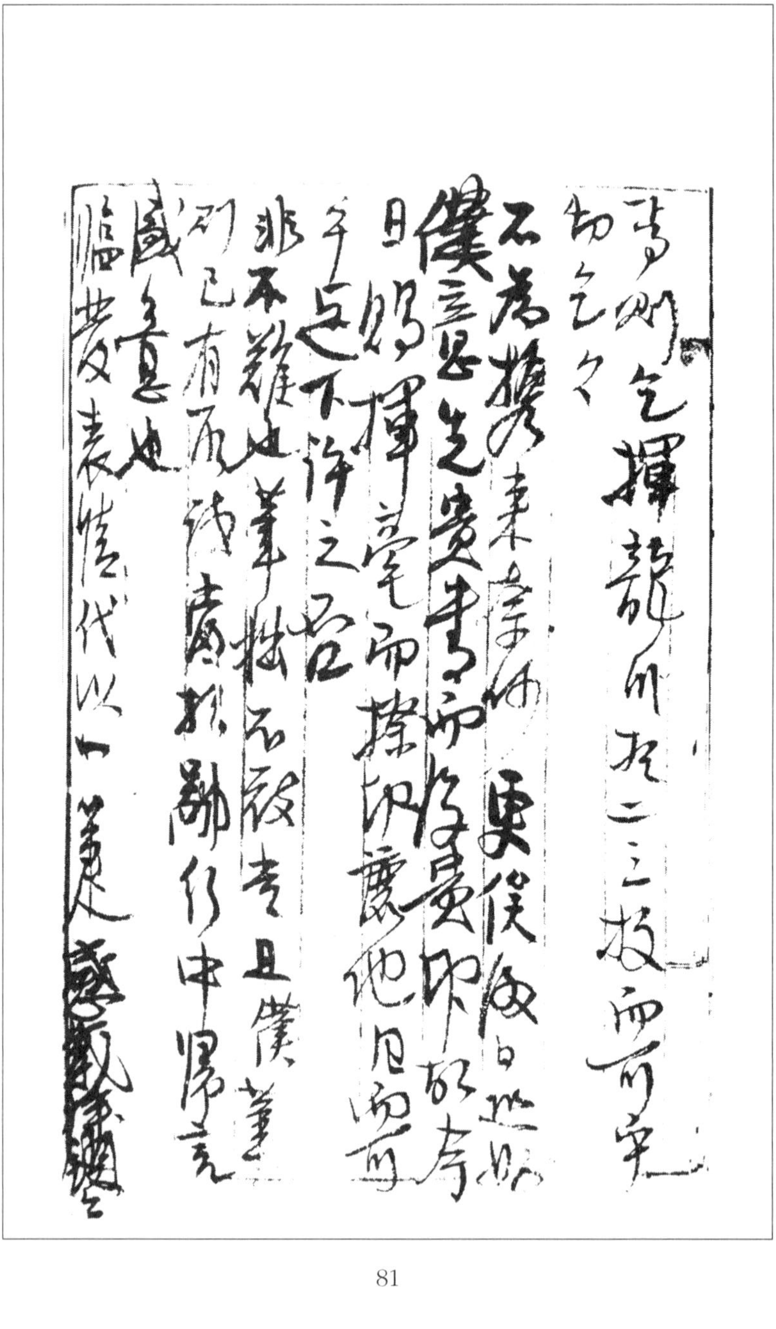

81

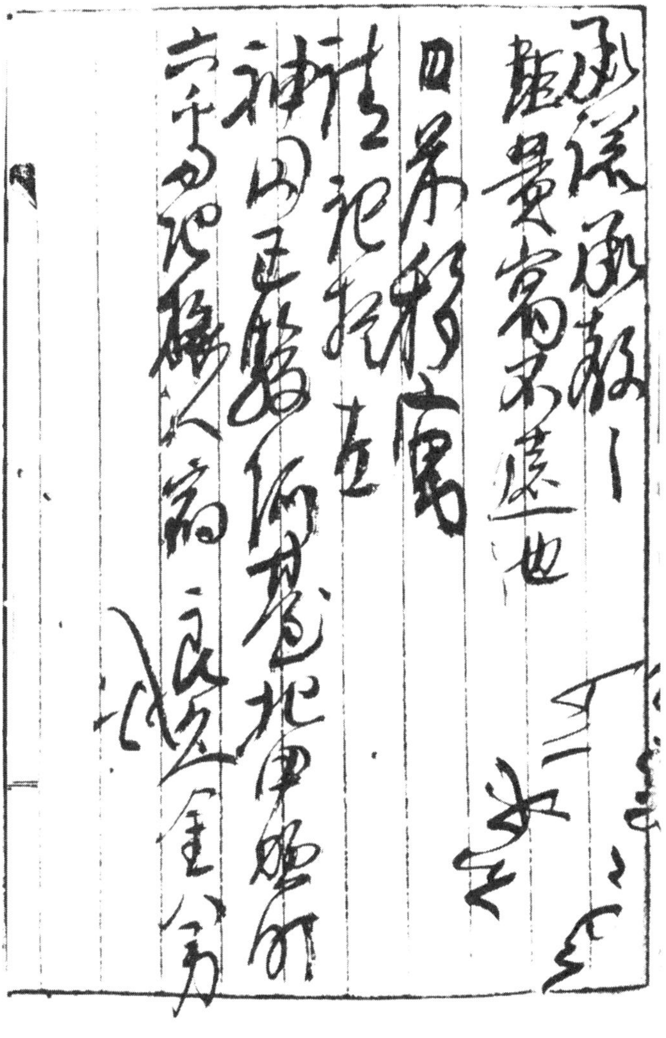

承候承教々
甚畏當不虛也
四界都寫
請記於左
神田區駿河臺北甲賀町
六番地篠崎方 良健 金介

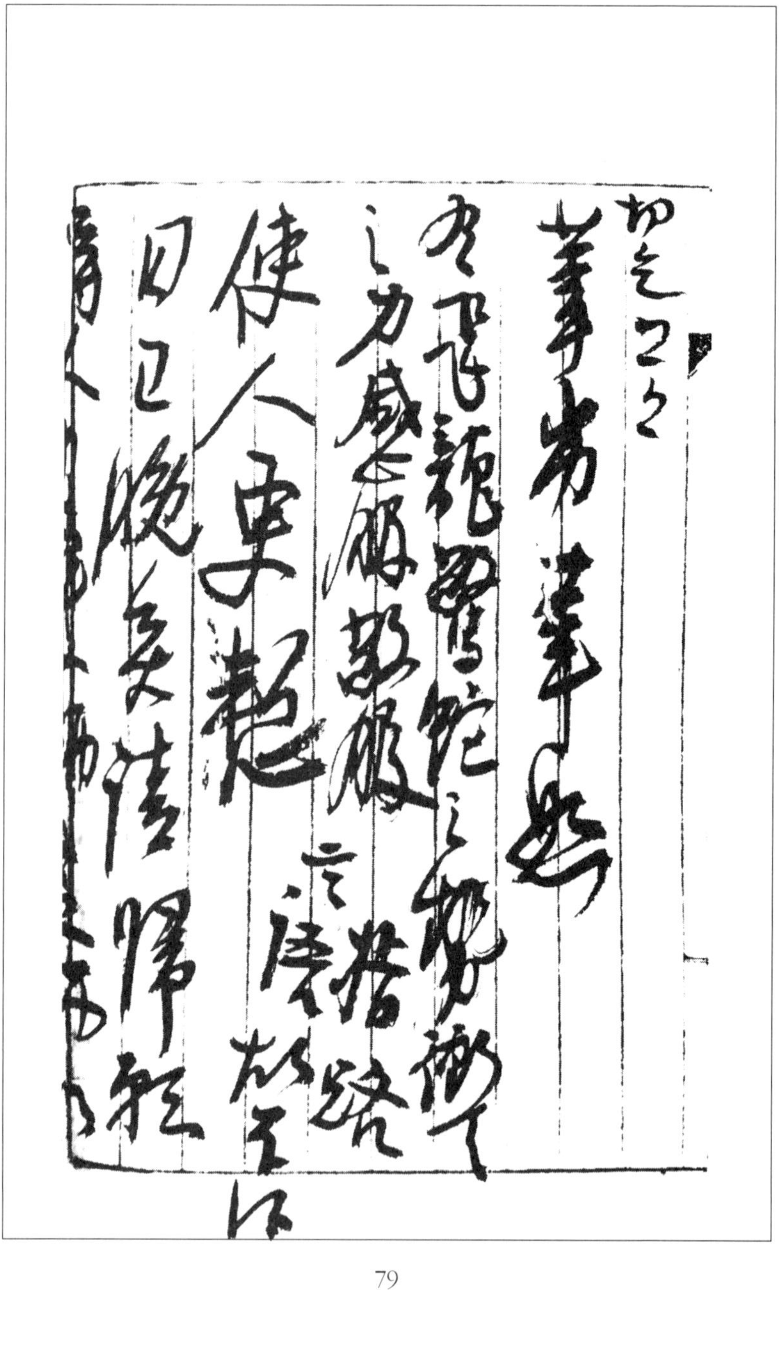

79

之書如何什麼

主自由書屋字譯貴國

之書而揮灑

自由書屋四字譯貴國之字

漢字之字貴國字之字如斯也乎

[illegible]

[illegible]

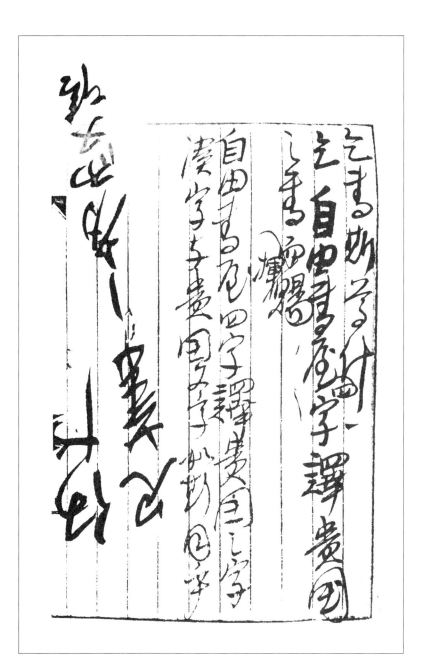

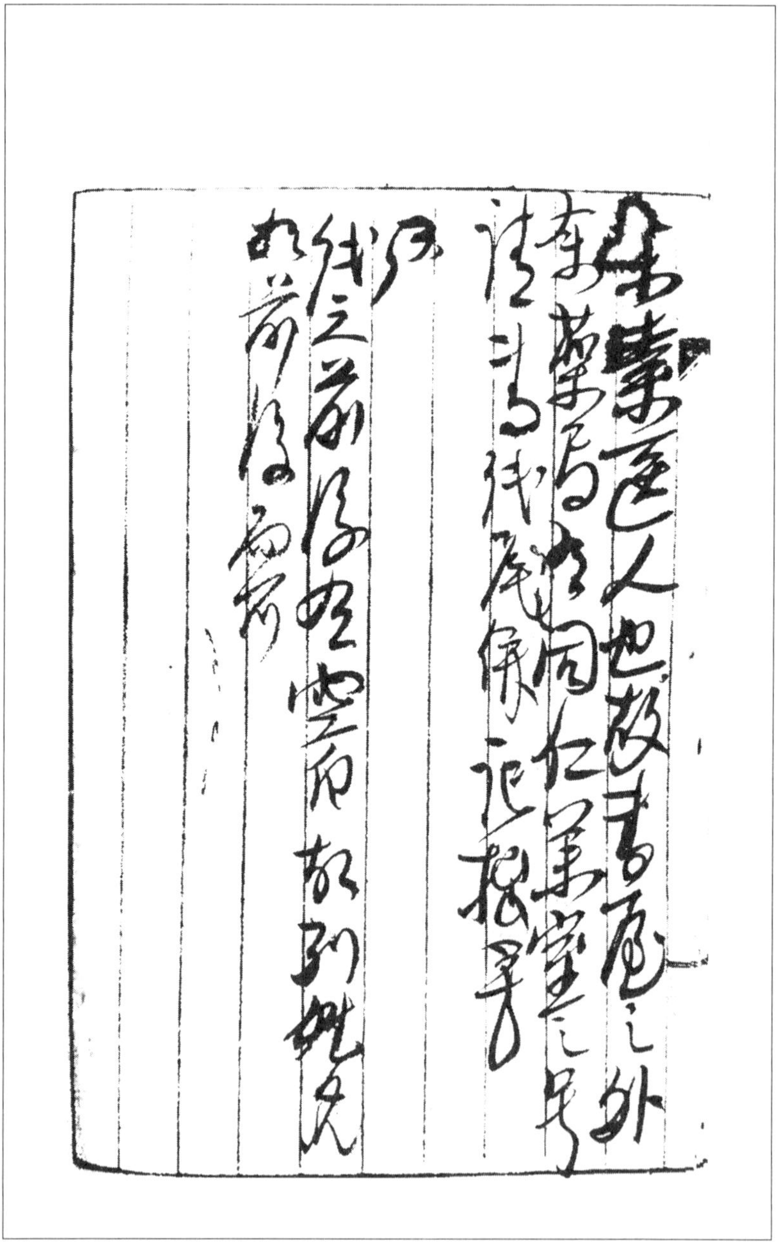

77

藝術之今輙專方至
[redacted]西字之絶海譯者報使
何生於斯乎
何當在顧乎
僕來十四五年中痛難
邪　而譯八書何時乃存

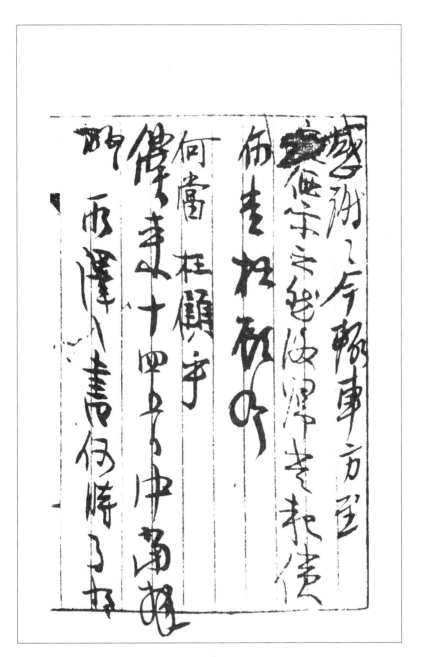

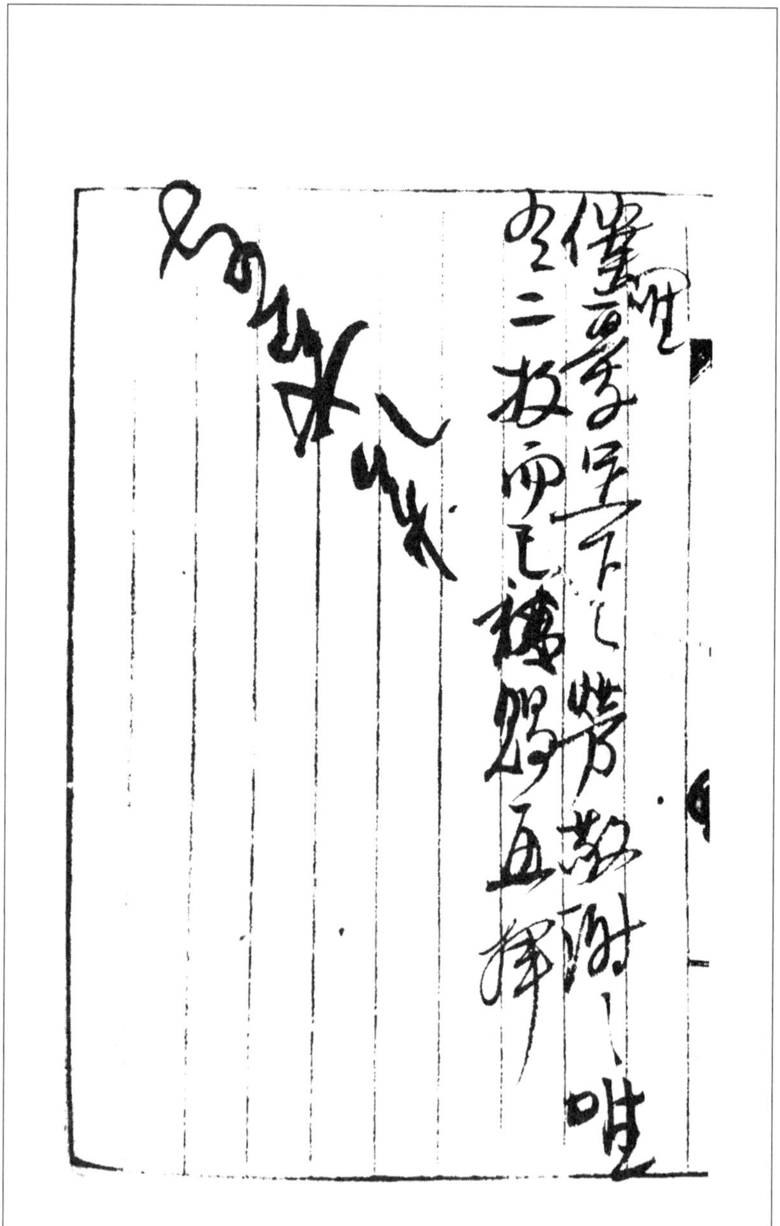

75

[illegible]

正針の

指示車夫

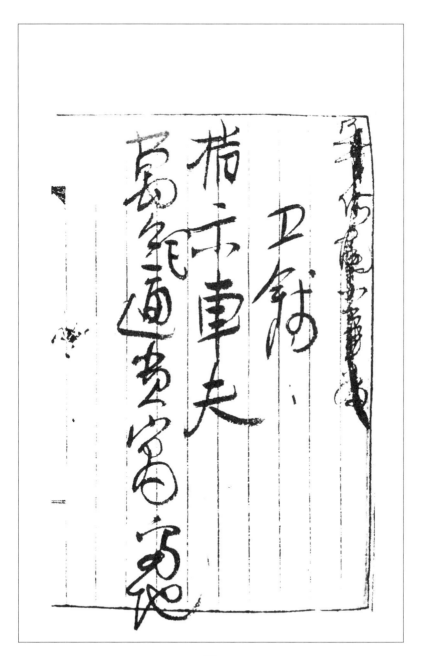

寫紙通要寫高號

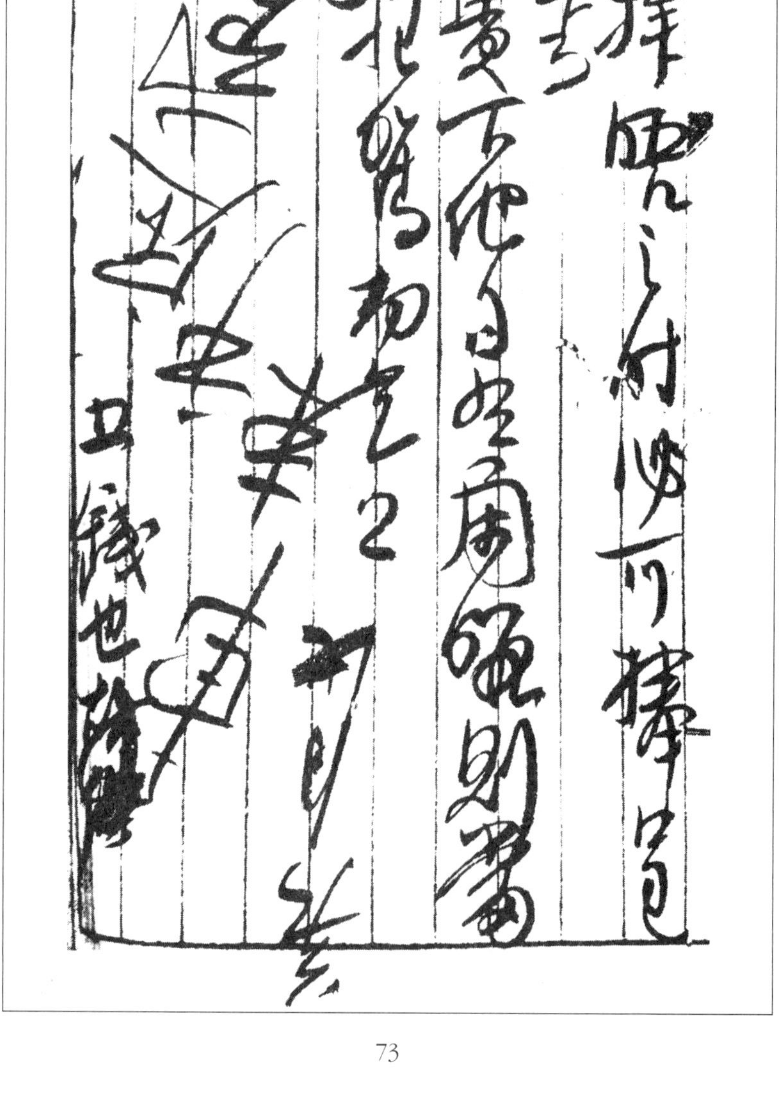

明治十四年

辛巳六月七書

自由畫房主人

末松二郎爲

鴻庶篆譯

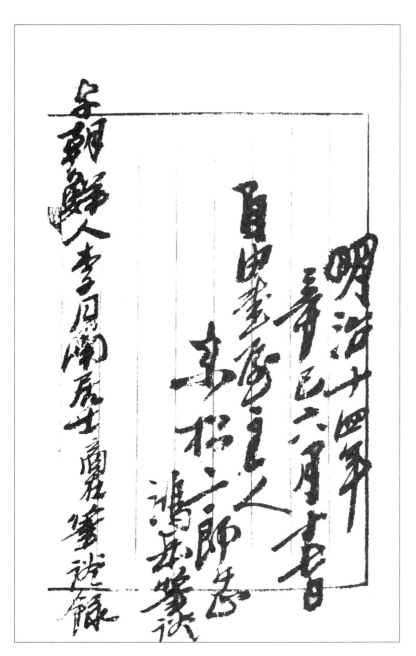

與朝鮮人李同閑居士高麗筆談錄

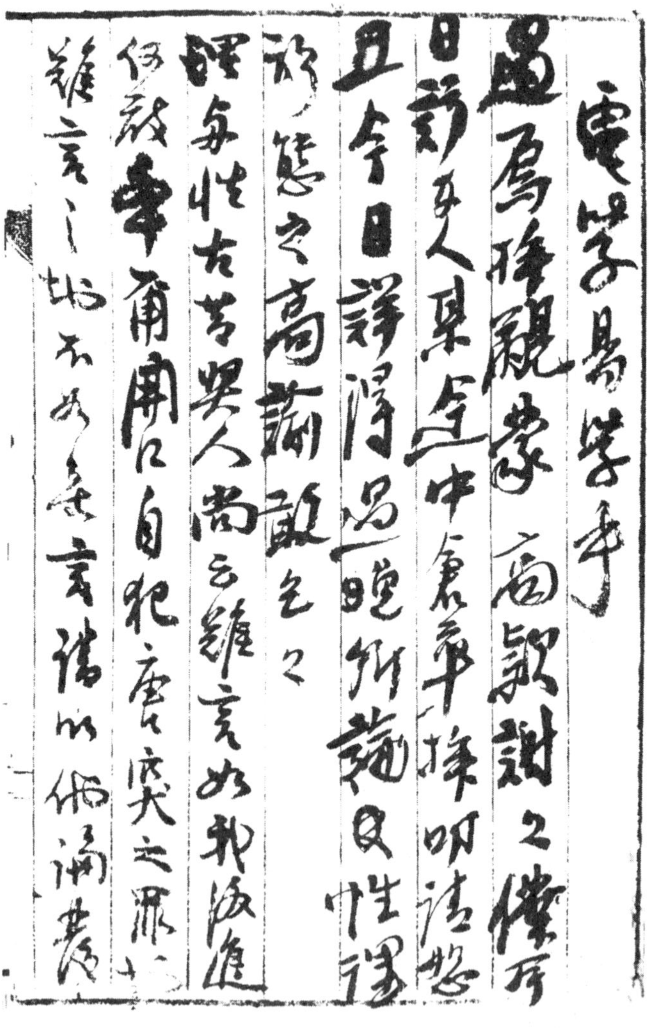

情也何以匿者究是下之遁辭亦也
非故曰善護光明吾欲自明自己之
光明之以及於吾光明論與諸般見爲
大機光明爲最在物在人均無分毫禪
端者光不能自光己之光知此光之人之了
光亦然人之視人當然之也自反參
其光者乎果能自己光明故發於
靈體者矣也

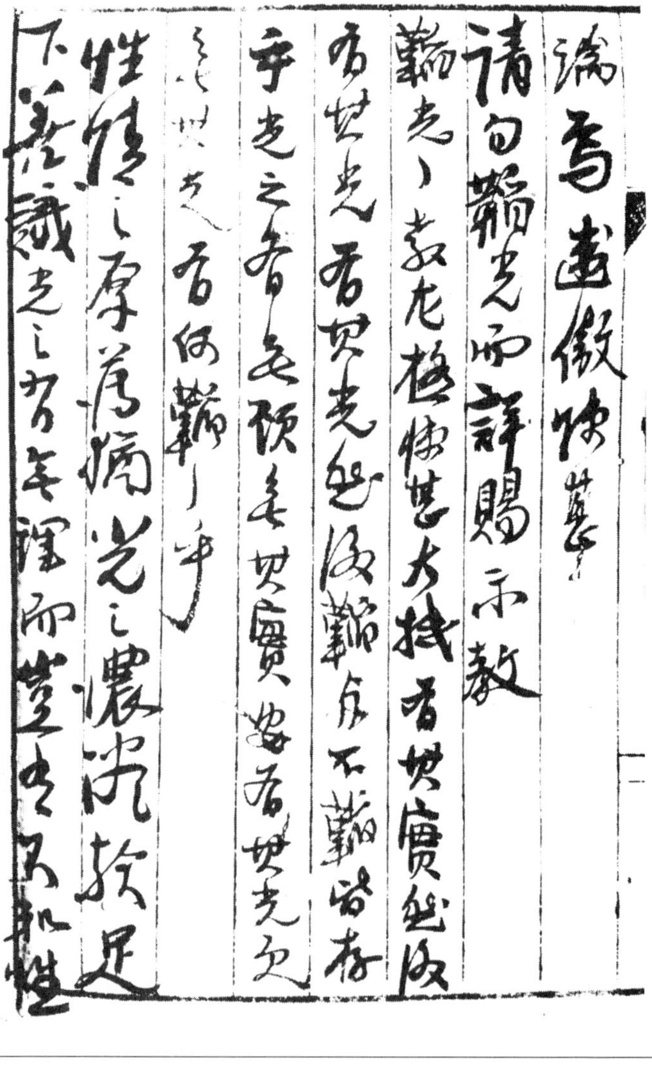
識爲盡傲慢
請白翰光而詳賜示敎
翰光丶叔龍極快甚大哉吾世廣貿然後
爲世光吾貿光然後翰亦不翰皆存
乎光之命矣頓矣世廣安否世光矣
〻世光〻 吾何翰〻乎
性情之厚篤摘光之濃沉於是
下人蓋識光之才氣耀而世光不能性

所問有答也
僕友人多爲此新聞社長矣時々
談話之間聴得詳貴國之情且時讀大
貴邦之事情矣然自以爲知貴國之
事不抛逢其人而問其事也故得在
乞問焉我足下不憚焉而言大槩
之遊貴國稼之事柳何也僕甚惑焉
蓋足下胸中有飜々之人歟有飜々之胸中

僕与足下交通數回懷襟互爾話
柄誌欄得友蓋多矣然來訣及
貴邦政事制度焉故所僕欲要
多少異同足下輩獨回答否
問亦有法問以可答之問然後答者亦
以所問有答若問農政於漁夫問漁業
於農民則皆不得問水於火生乎請
貴下以僕之可答者問之則僕當以

67

以故近見 貴國新刊總判不是公定
者也郎結社而隨問隨筆之叢集
者然縱以今書籍中事論之者有
雅客之談書又或有衣冠之稱者
惟求者眼着於外人皆呼之人皆知
而其謀談書物之況或似事乎 貴亡
之不如僉其人而其事之者未足深信
之論也 僕則某而當者尋縱之人皆

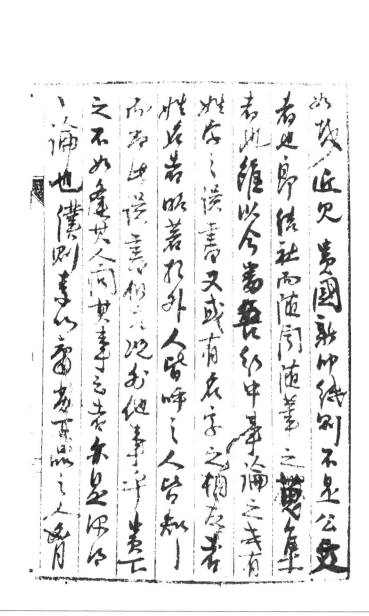

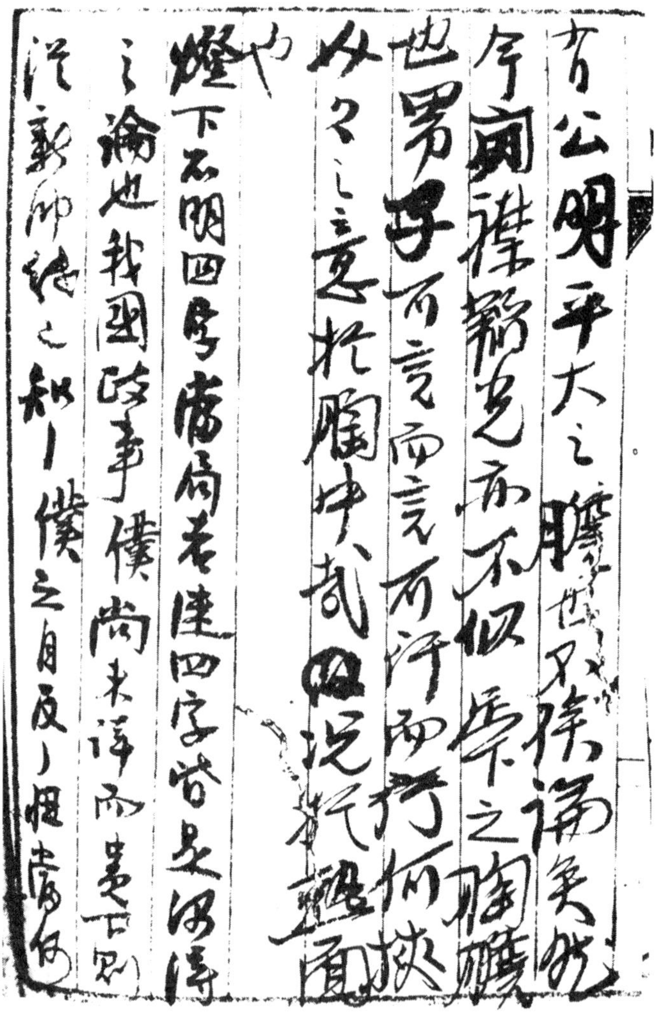
有公明平大之膽也不俟論矣然
今爾襟懷之所不似吾之胸膽
也男子可言而言可行而行何拘
於々之意於胸中哉[illegible]
也
燈下不明四字當為若建四字皆是不得
之論也我國政爭僕尚未詳而[illegible]
從新[illegible]之知僕之自反但當任

65

寔讒甚矣僕亦不能僕實[illegible]
而意下先知之自反之不知者無乎
曰燈下不明請問之生所
足下之論鋒利哉吾搆傷疵犯刺
人之腔竅也敏矣[illegible]矣僕之鈍刀何
敢當也然今足下論理中僕身施惑
之件所指為今陳問於左乞回之氏
審問貴國貢試所稱之法假虞虎

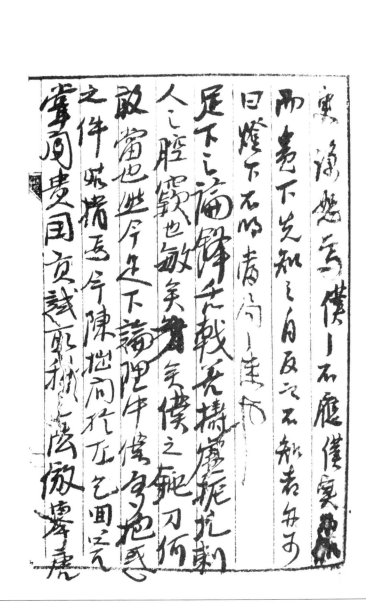

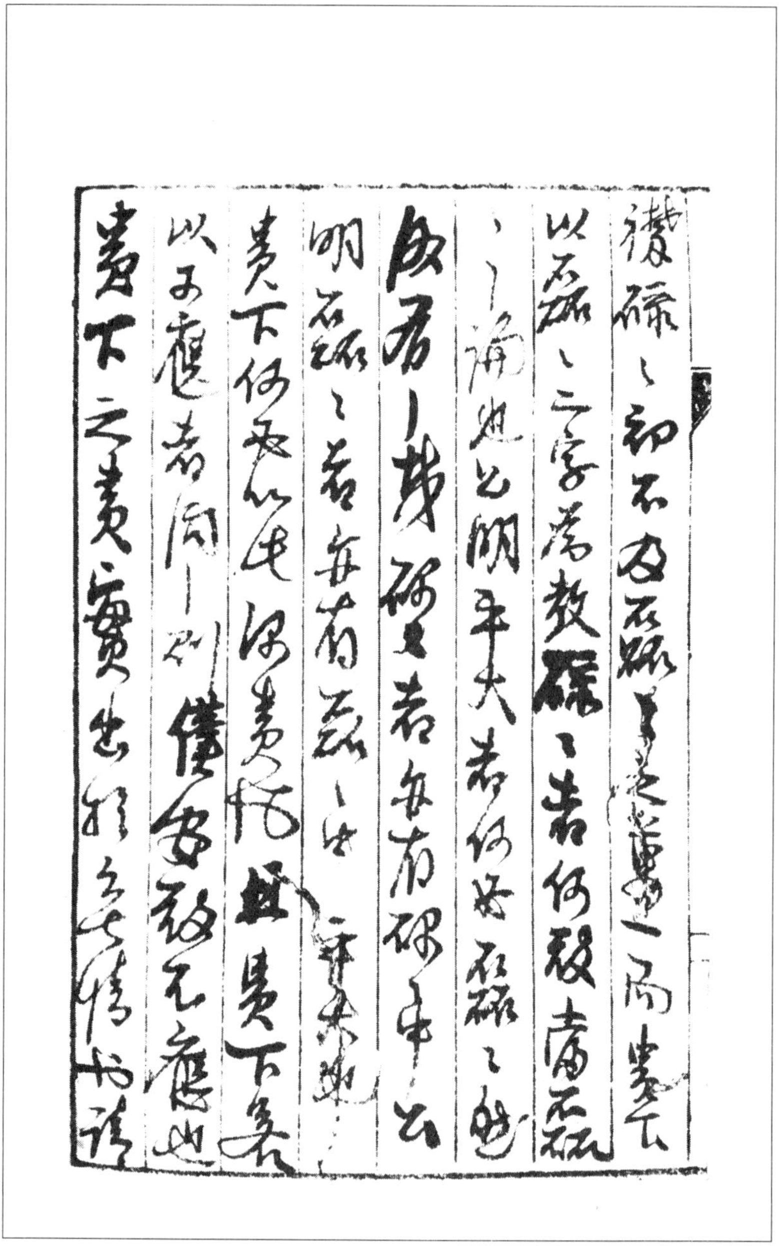

63

要本地方各村承薦之人頗好最優者
以貢于觀察使（八道觀察使）觀察使又以地方故
例而頗好最優者貢于朝廷此曰初試
自朝廷定有司之人聚集各道初試之人
頗好優者以充太學處是曰進士々々
始進士列之選也又以進士之人頗科取（擢）
其人是曰及第々々以及第者隨才器而用
及第之[illegible] 亦則[illegible]州府石子指揮之職

制射策決科之目 方今聘士任官尚仍
旧制乎 不甚第問〻
貴下以花惑爲教 何如然 犹擇本 請以所
產者 桂開卷子 僕屢解其惑也 貴下以
讀士取人問〻 則僕當一〻陳述焉
我國讀士取人〻法 其規多岐
一曰制述科 〻〻者 自各村薦其村間
文學才識之人 以貢于本地方官 〻〻薦

61

是郎直譯傳而不加私意

不忍直譯也十分加意使他國人通

暢能見其妙ゝ處深味意

別有單稿然文字縱橫故不敢

也

清修

是儒中地理論畧耶但論是國地

理者乎從論天下地理者乎

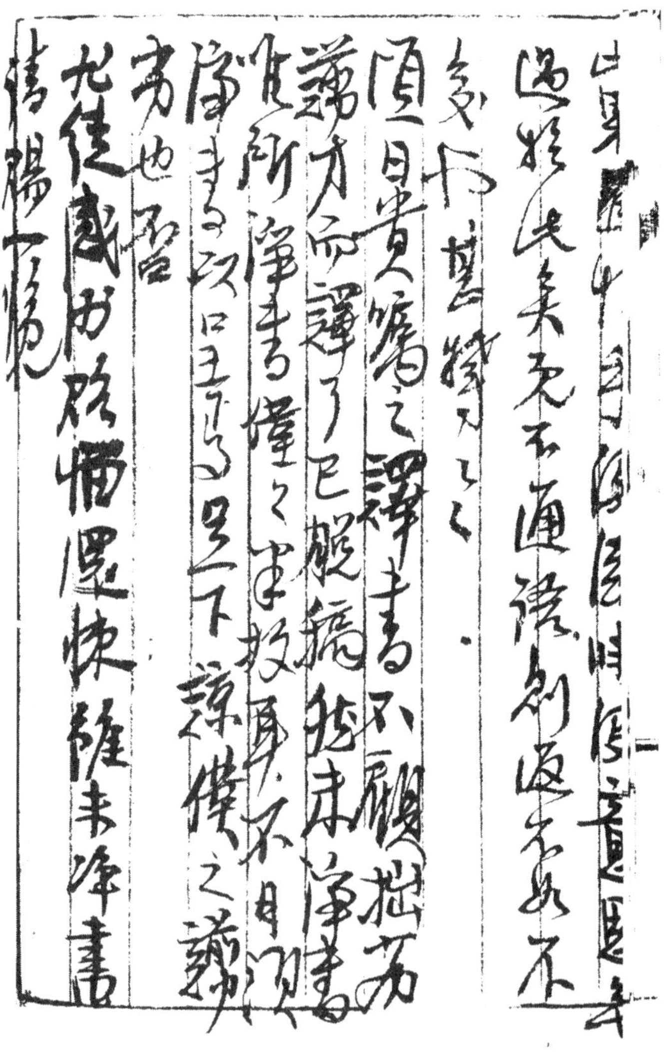

59

是人即僕僕癡之極事也唄且乎
僕僕頌足下之時有擊寧的
事件達否請辭一帋
此人之著傳人傳雖爲微抵於人
實是自傳自家傳人也
足下之鑑人也深矣僕當矣々
一逢再逢至于三逢難其誼不篤焉而
但言語不通心叢懷吐而隔之相思
[illegible]

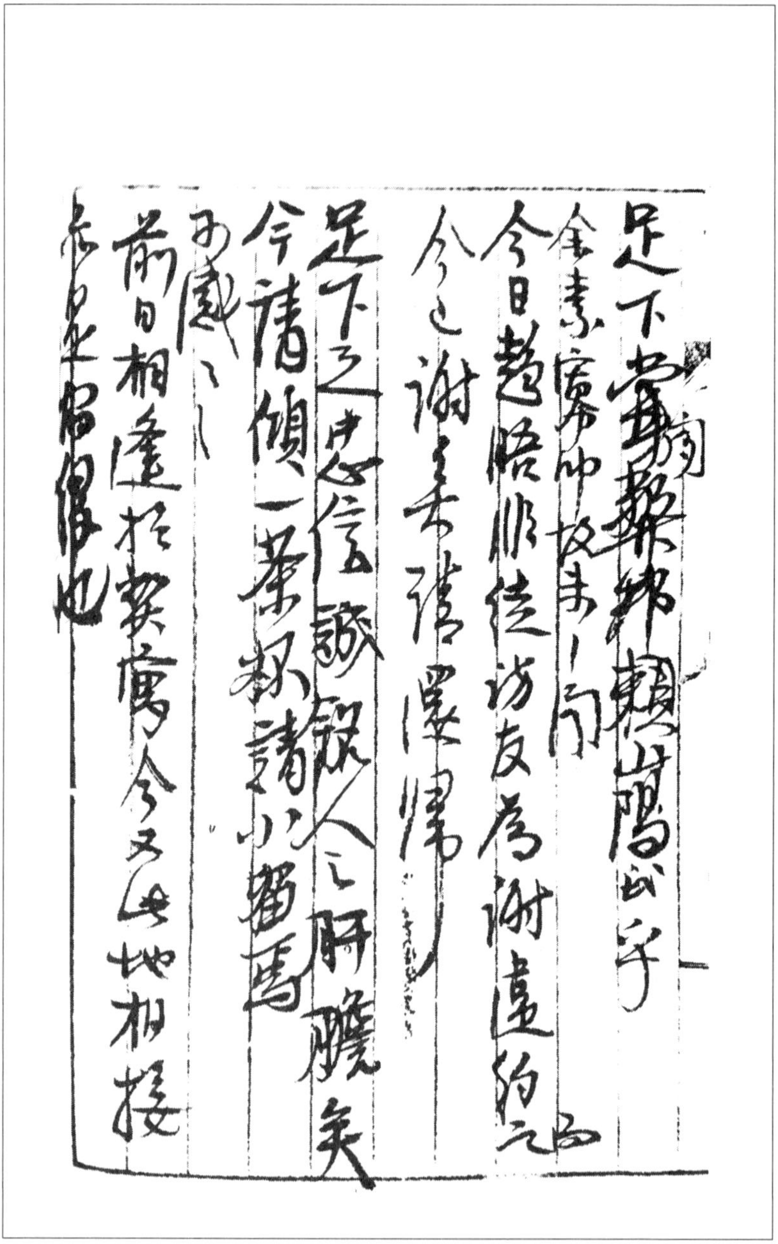
足下嘗寓韓國山陽武字
金素窩中故事之句
今日趁晴非徒訪友爲謝遠約也
今之謝未講還歸
足下之忠信識敍人之肝膽矣
今請傾一葉杯請以酌焉
予感之之
前日相逢於客窩今又安地相接
亦白坐留得也

57

余所但知鴻岳之為鴻儒鴻岳所友
一鴻儒如斯、
霞亭乎為鴻岳之師門如
表字遊齋者乎 攀文
僕以為是人邊鄉一日余曝
書不圖以東号[redacted]如
是人即中村敬宇者也譔人兼通
和漢洋三学故為当時学者之
巨擘
推迭

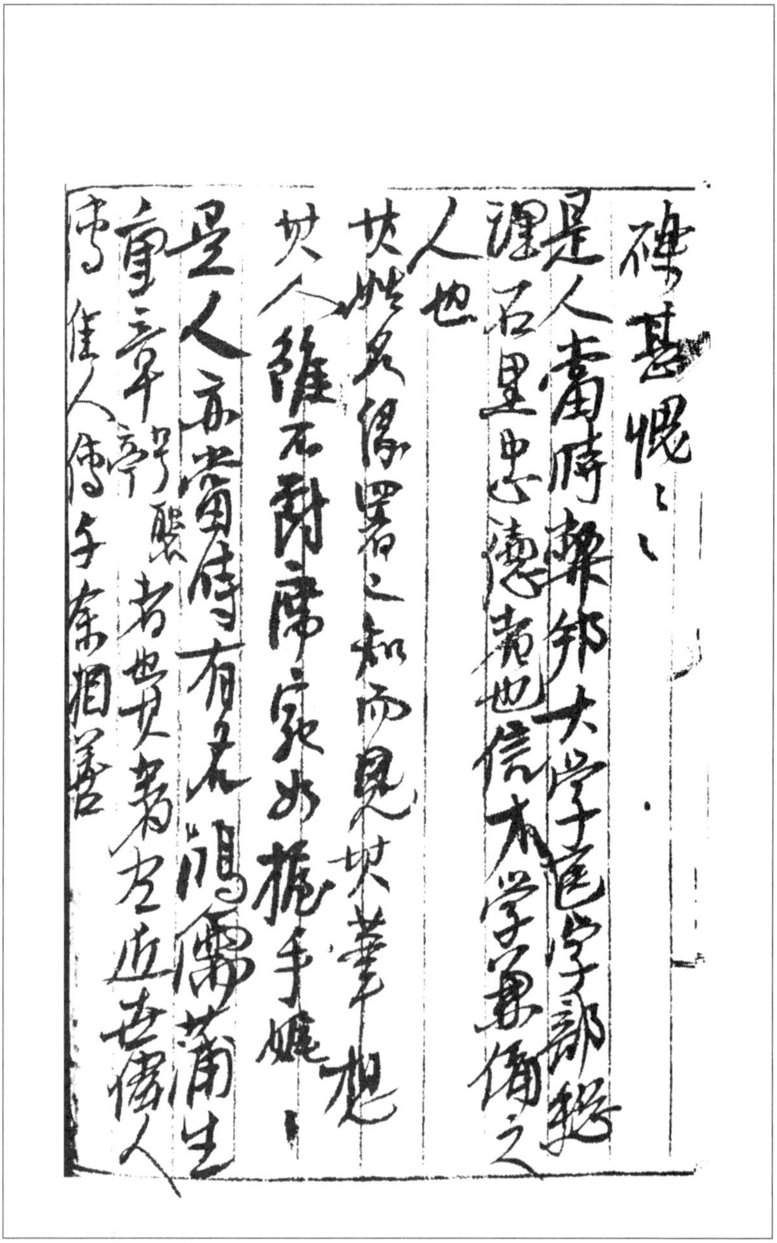

碑甚愧々

是人肅侍讀郎大學士崑学部總

理石里忠德甫也信大學總備之

人也

其姓名得罷君之知而見其筆想

其人雖不對席宛如携手婉

是人亦肅侍有名鴻儒蕭生

章亭午亭鄂醒者也其為支吐世儒人

唐佳人傳手案旧著

55

足下之才氣文章可當出題
抑從言度情之間果何如也
還用快意
此等書畫是我鄉常時所見
請老先生之所揮灑吾知
言乃吾也
惘之珍寶字之美已於此雖
璨之鋪鄰之一筆不免尾

書後奉別處意也

53

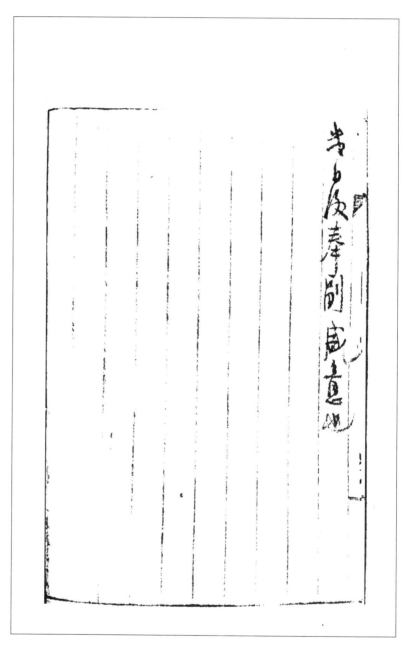

蘭公仲洪英種二氏貴國之紳士耶
思將星宇文士乎僕少時有風
流之之癖吾觀之斯人之志我未使
氣之也故之姓下轉去声慄而得斯
人之哉一二存也足下以為周旋
可乎
嘉賜恵投不堪感戴銘肝也敢
領之
當此哉周旋而洪琴石自殺以病哉 高
委席盍學士則說今他注意茅佐

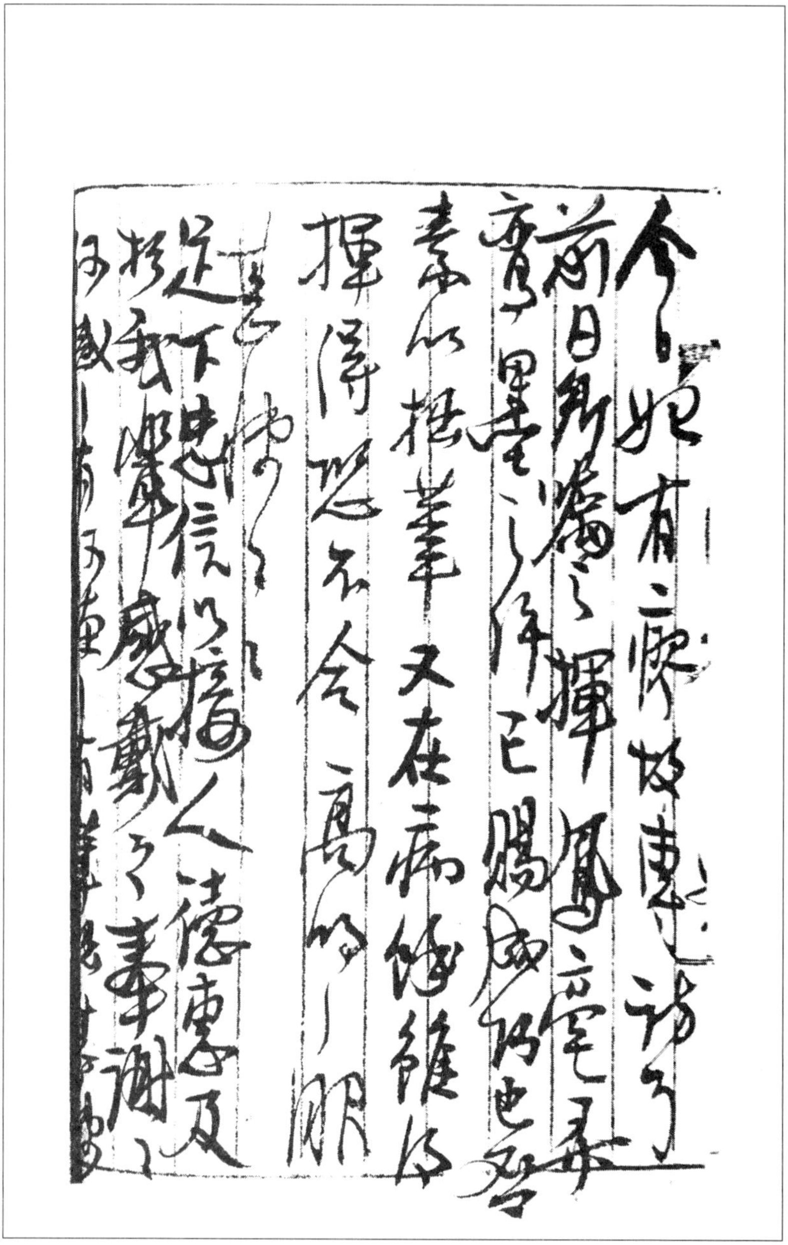

51

與朝鮮紳士筆談問答録 明治十四年[illegible] 末松二郎[illegible]

近得貴所傳學士[illegible]雲

感謝之無窮蒙[illegible]

律之韻來呈詩之工[illegible]

[illegible]且驚之愛顧優何辛

然之耶

問有賤誤向衍之遠尚今見

悵之日則為諸朋友公益[illegible]

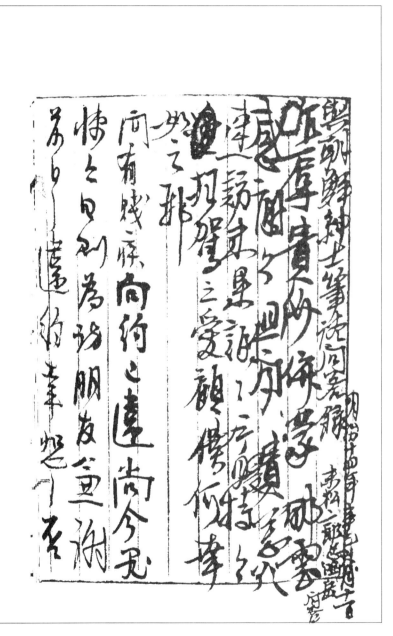

[illegible]達於[illegible]然一石

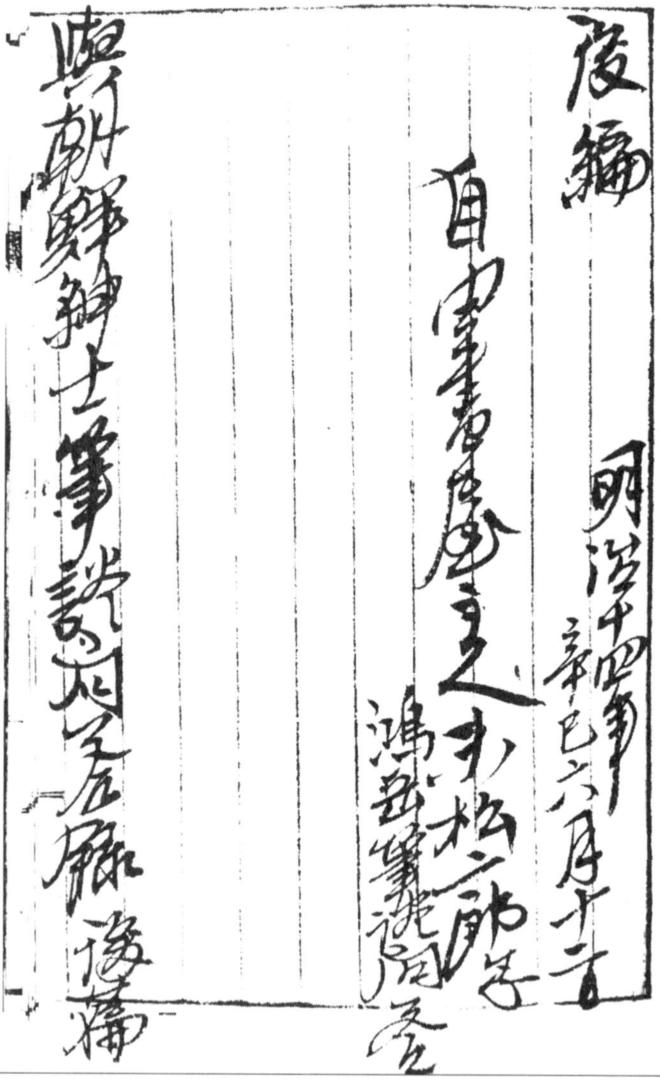
後編

明治十四年辛巳六月十二日

自宮本君處寄之末松二郎等

鴻岳筆談問答

與朝鮮紳士筆談問答之底稿 後編

何圖譯詩而嘗爲酬答之意
言及於此人焉若清 足下之觀
乎譯書則甚善之而諧於教
僕云云設諸公
僕何敢然無國足下不肯僕之
拙而強爲之則僕不肯揣於下筆
漢譯之國是奇文甄之一端也於
若其學塞儀則 何處不明

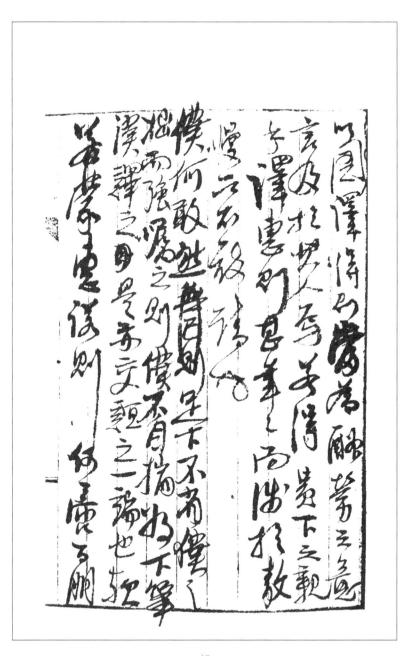

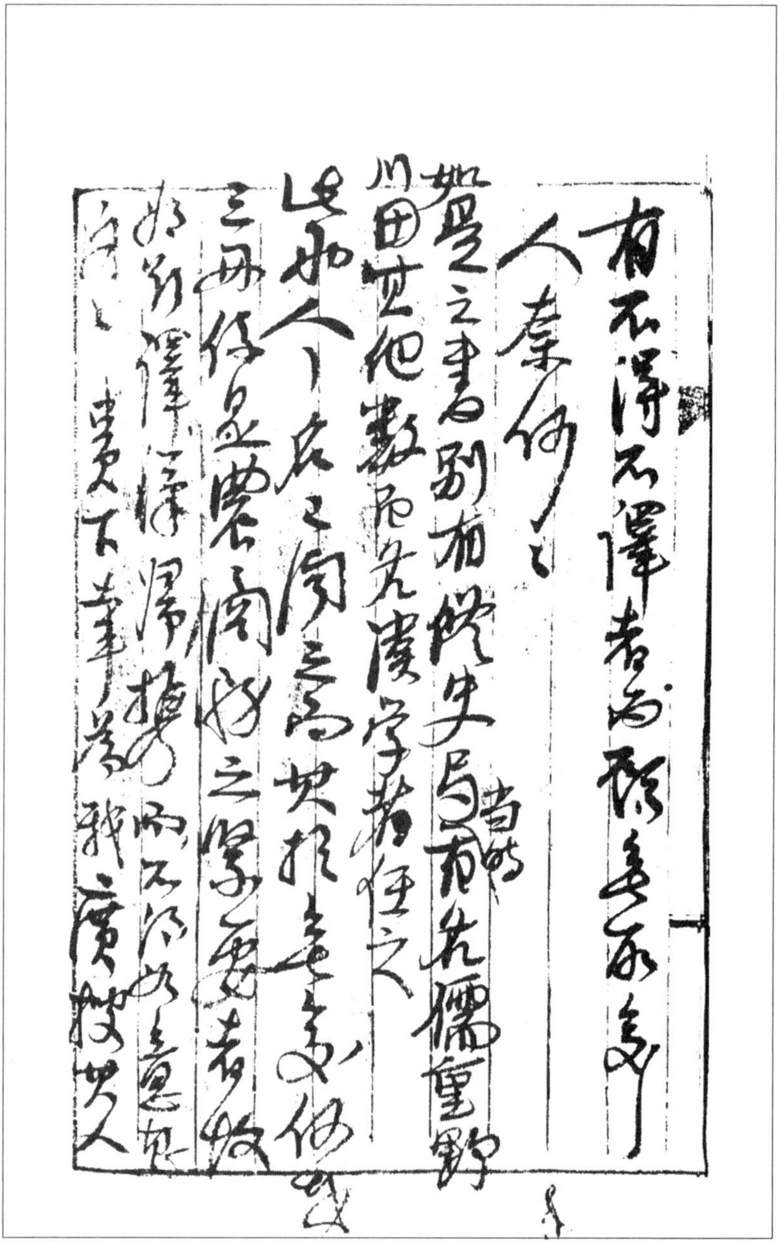

47

日露之間日書望見唯日露

概之英世露把丿速也不善

善後於韓地者於唯日何望也

是人善手 千不意而不在 驚

今我臣他置職也而待公之周旋也

漢文譯之人安在乎

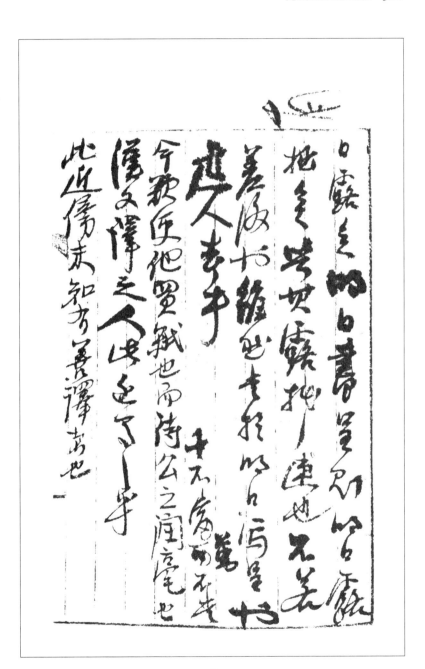

此近傍未知有善譯者也

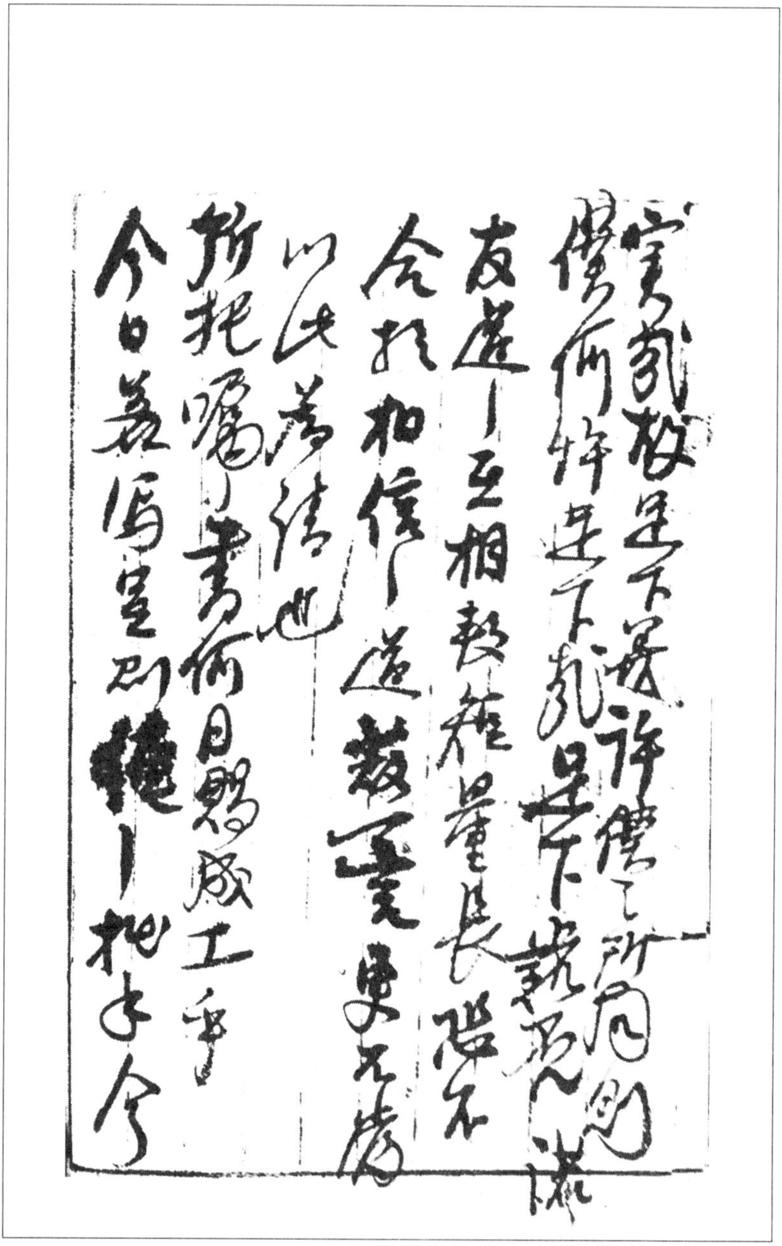

45

丸田去庸人也今憎也矣
情人也今君所請不許
在我觀崖子曰有情人手
共力與事者乎是又在之常僕
爪不肯也足下與敏之間常失於
僕也僕一間中足下曰我害辭中於僕
偏常失足下口也足下害辭僕之間
信切辭於僕則僕何敢當情

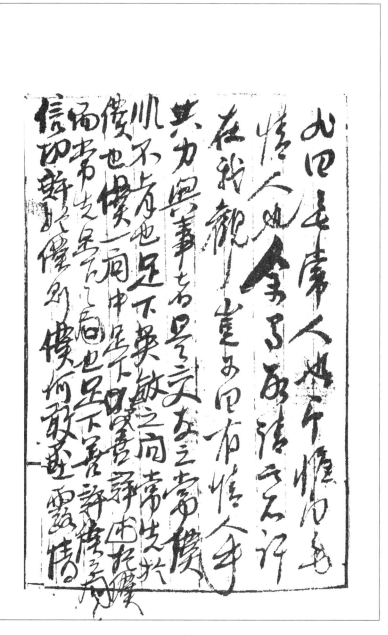

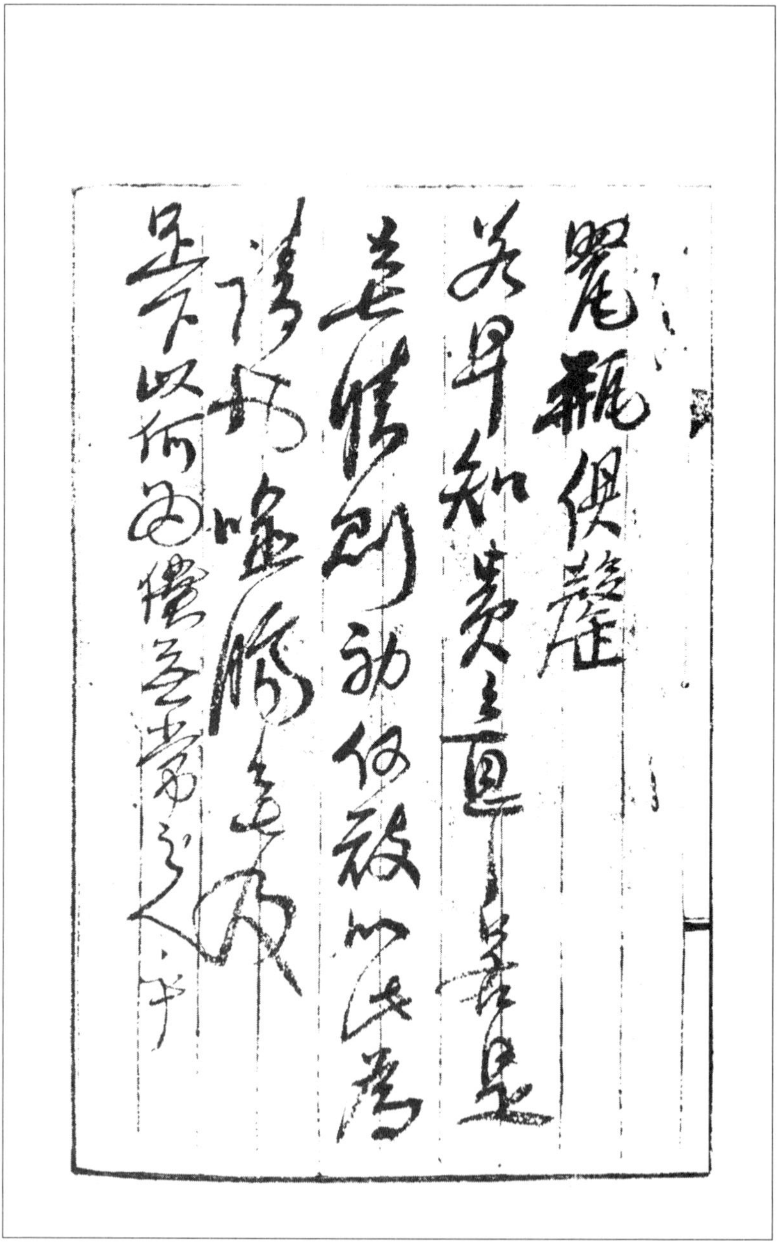

43

書畫美所附義滿一承也
詩批筆 批乎謙二批備
乞賜呈上旧製呈什
畫是家若讀書宜如五千卷著
者
何而遊經籍如華
然否胸固對貫學于詩記可
胸中若有蹇達依而偶

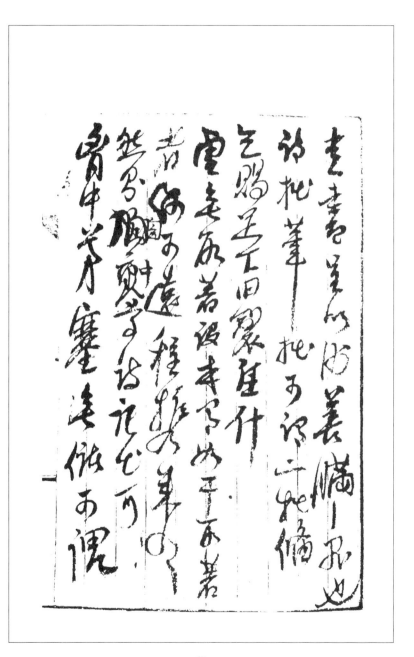

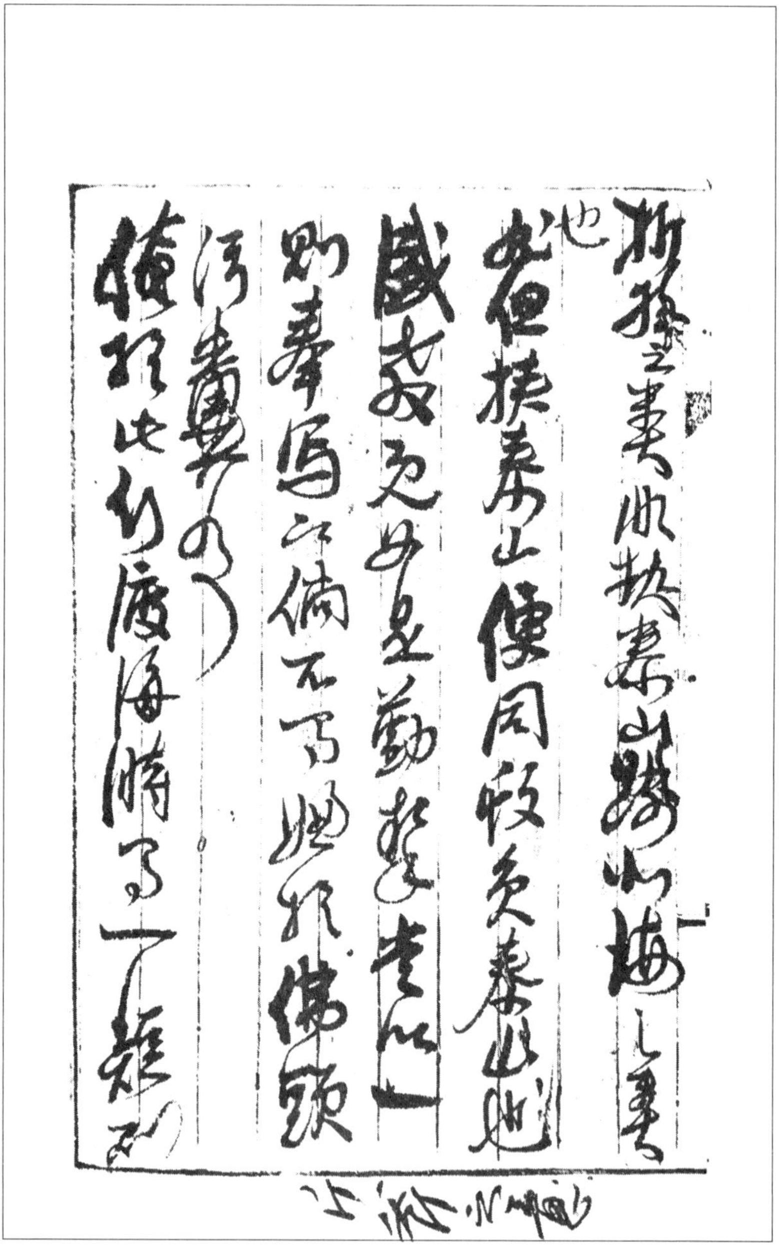

41

此是僕舊作挽文詩稿也一覧賜
册正
僕屬玩覧之此何異青赤丹青
也然承意如寫是了
先爾可尊什
僕在家著一二書字而了
嘉説
足下謙讓之甚也吾謂不雅耳
文章之道以信成今以足下謙讓是
勝箇人也然不能也不為也所謂

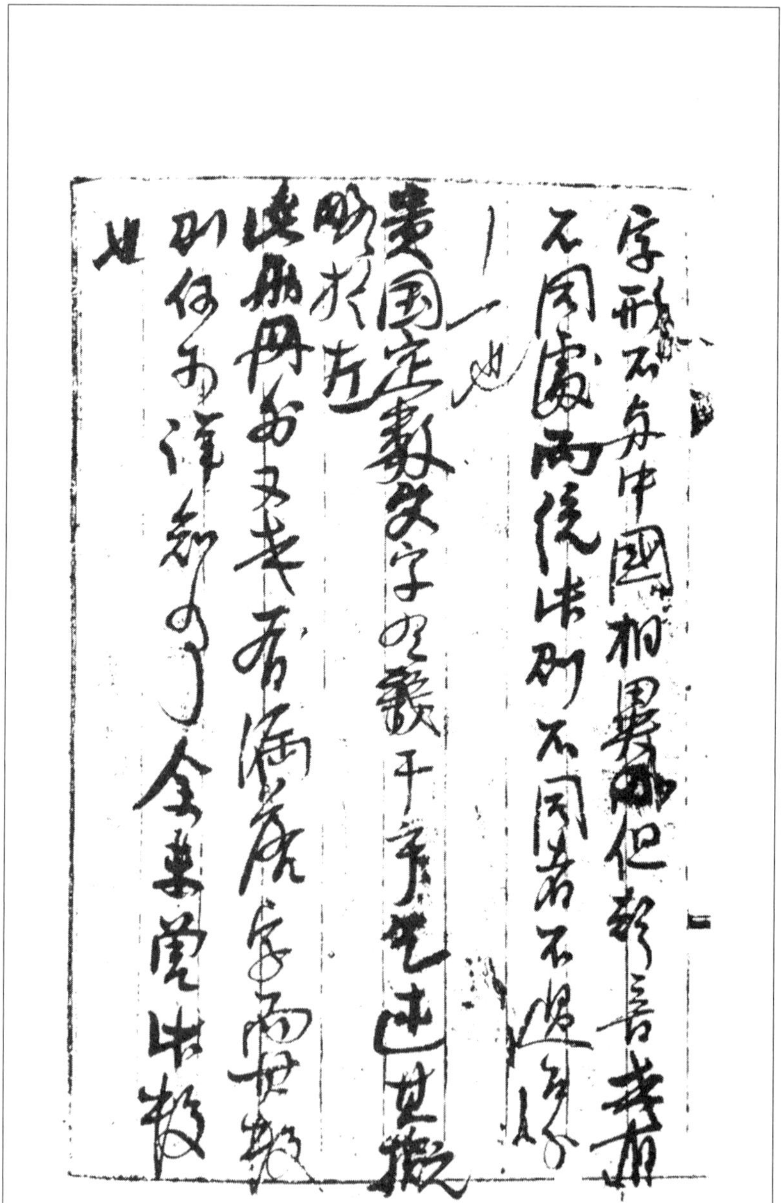

字形不與中國相異但聲音者有
不同處兩使皆別不同若不得然
一也
貴國定數文字之義于今甚難
明於左
漢朝丹而又是看論底字而無辨
則何不詳細了 全業覺出故
也

39

此書之作乎言近若使我國一筆刷冊
書家而開乎耶俺者一之詩乎而見也
世冊則是等俚模塵陳影穢何
而詩乎已頗因緣者事務則見寫
冊在其故開乎也
貴下不肯許
詩則體者開冊也望壁撰鴻有
笑我之云爾乎々箋
貴國文字声音既異形異言殊所需
尚有聞於中國平上去入之字乎

徒不美是所謂徒噂人者也足下毋
為之乎
非秘也若使我一風月事向足知數
若一只以軍事向一則是何異向
氷於夏蟲哉
足下豈必攝風月々々々無然則何以我
因聯箭到雅問於我為是所謂僻見
風流者也余雖寒足下足不當之一風
流一萬恨之人也哉是言其言矣
而審其所者也

雖[illegible]國邊也不得路脚然雖而
事者君何美何統我等字[illegible]我邦
則俺此行果誤也
敢問貴國陸海兩軍之制法如何
衆皆則問於老衆圖書則問於老
圖可也軍制事何可問於此邦
故從容也
何為足下之秘國事而一々不會哉
問也甚國事不可言者豈言之而何可言耶

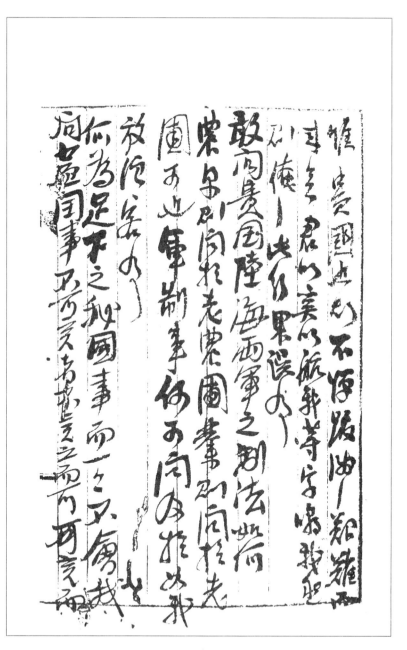

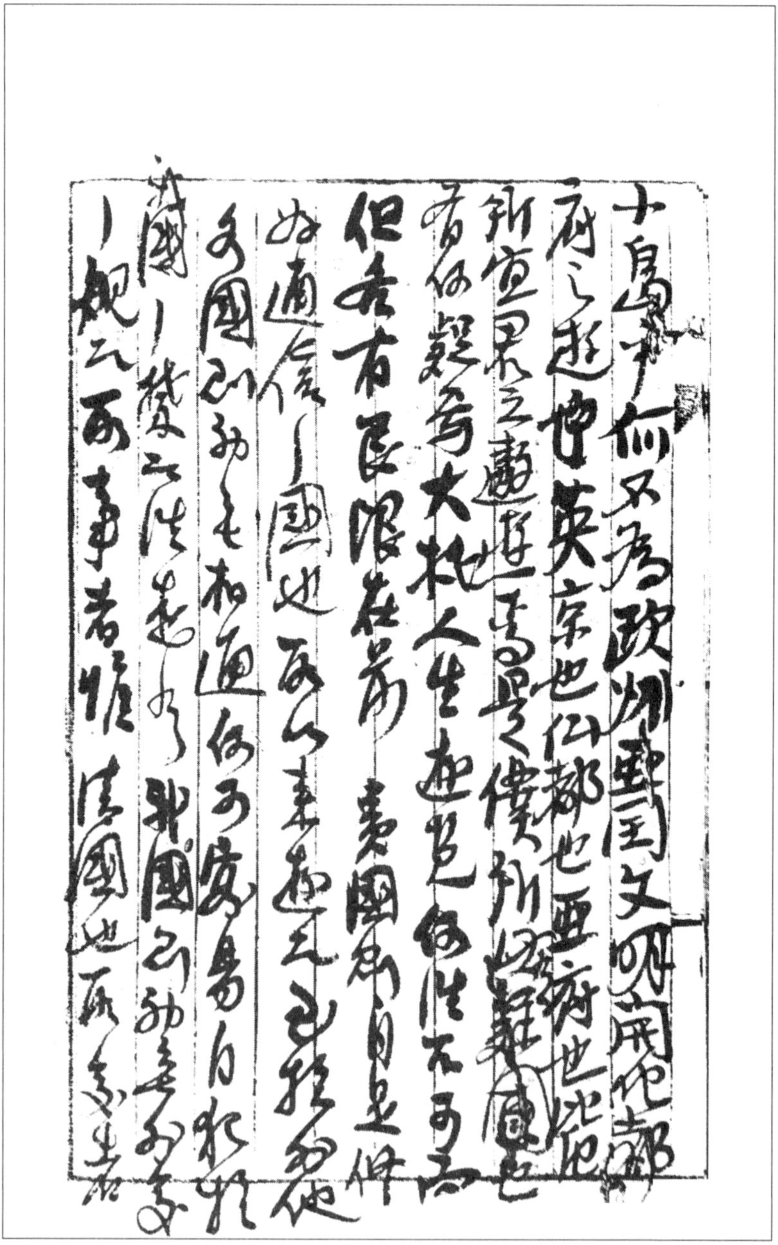

35

貴下外諸君子果有何等學事而自
歟 况冒重洋旅來乎 僕不為徒遊
覽也 請聞其意所在
非徒作也 同行諸公素以風流一人同
以渡海為歡 貴國勝景佳境山人介興
然而且為遊覽山水一趣也 亦何必道
乎云
其然 寧其然 我是深諳遠慮人之謀思
流之遊 而至實首所親為也 若君好風
流之遊 遊則矣 以旅窮歸 況國子之一

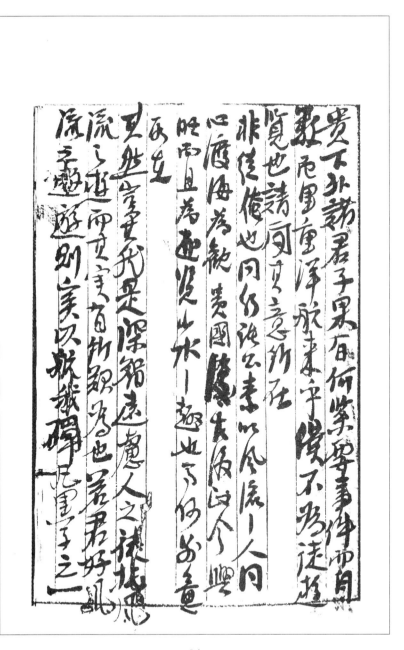

向頃日貴國有開新守舊二黨而
相軋轢焉乞詳賜回答
開新守舊等文字在我國曾所未有
焉始於貴國長崎而見新聞紙所載我於
其中有新報開新黨遂入來之文字故而
於土人所以知日本素有此等黨派而大
概遊覽他國者得開新之說俺則但傳其
言而已在我國將來何爲更猜
貴國開新守舊之黨是指何之言耶

如漢文者甚足下高觀厚教方序段
傳則僕不顧否力也如所言者
異如是言無於學無文多用作之彼
學他國人作以作詩書以備一夜得再
子一讀向進
西村云係以備安於不能無如上之
足下不能通此文意則乞僕漢譯
以示太一論乎
感遂無感々

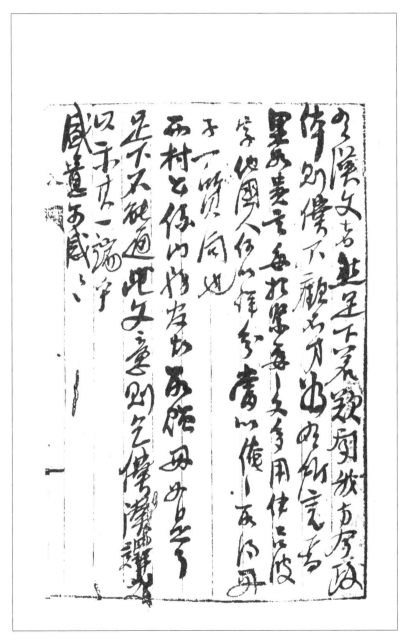

未詳所云者一〻反領之筆端也
詳答云
我皇朝政要略不過一小部收錄
言之簡經省略而不周到詳盡足
下欲我邦方今政要則亦如他書
而已耳一小部皇朝政要略向々稱般
我邦自古有我國固之文字言諸邦
所謂倭文者今人多厭繁好簡而
方今政府事情實載之文多不譯
之而譯之故並其譯漢之書則不

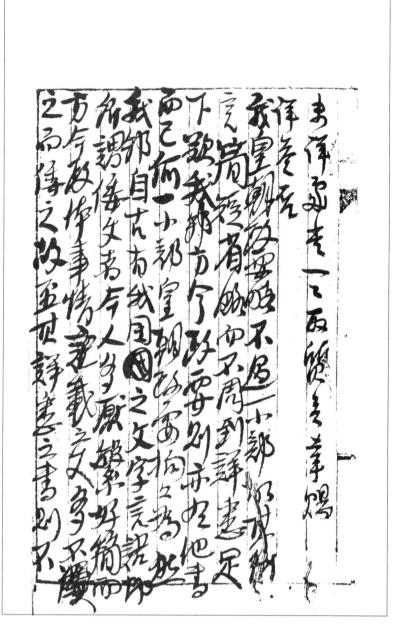

所囑何[illegible]咐乃唯往足下周旋

耳而已我儕之所望唯在康濟二字

耳

相欲

倭入 貴國和走兵之人白茶如是

門將君書記官歷村桂吉於南京而

為使 貴國政要、景府承降、冊封書

其中多有不同處、一處未得詳解是、

何異於天壤、一當中國、一定之轉變

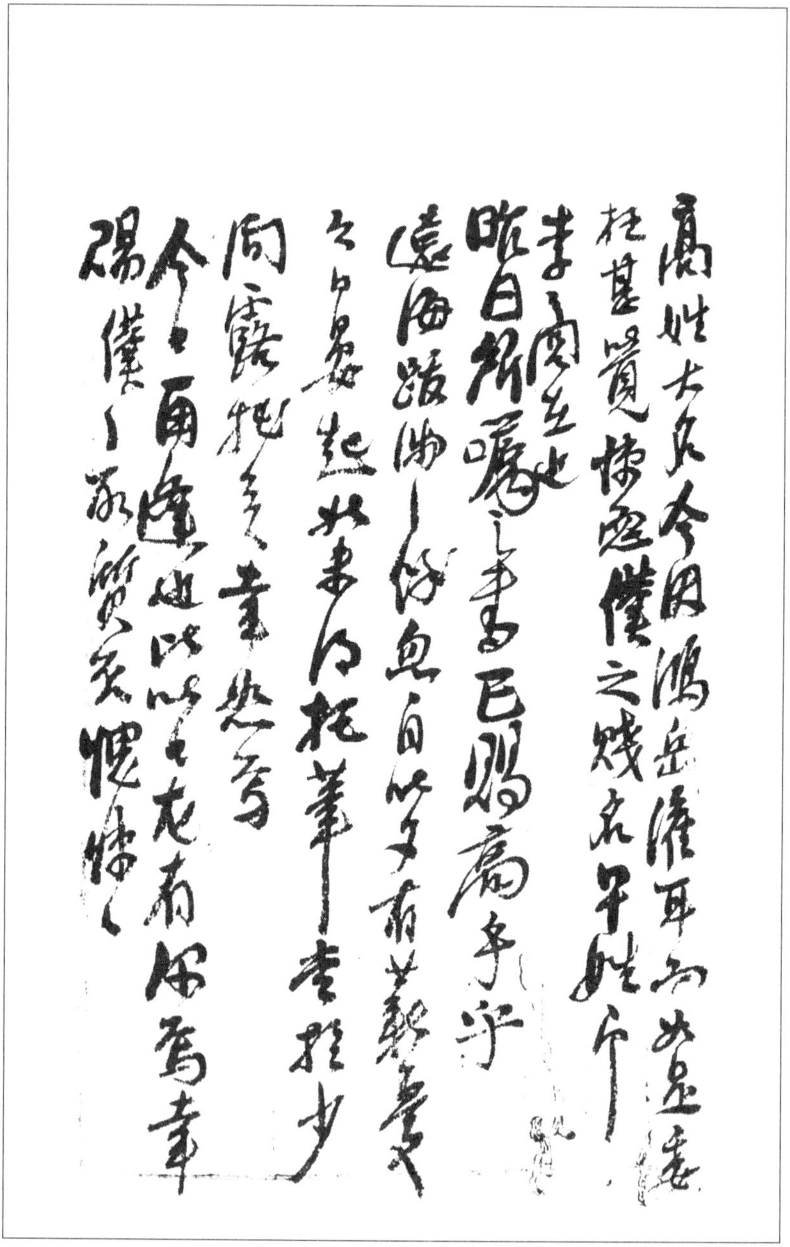

29

明治廿五年 [illegible] 六月六日

僕文友某氏今日午後三時到
出[illegible]業務的記述劇談稍
時以談[illegible]詩書焉
僅以愚慮寄信四字言之而要下反
以證明請將四字爲先但恐不安作
新人姓天野名八太郎僕之友也
今日能風[illegible]下之言爲後以[illegible]
請[illegible]高特久共于其所[illegible]
[illegible]

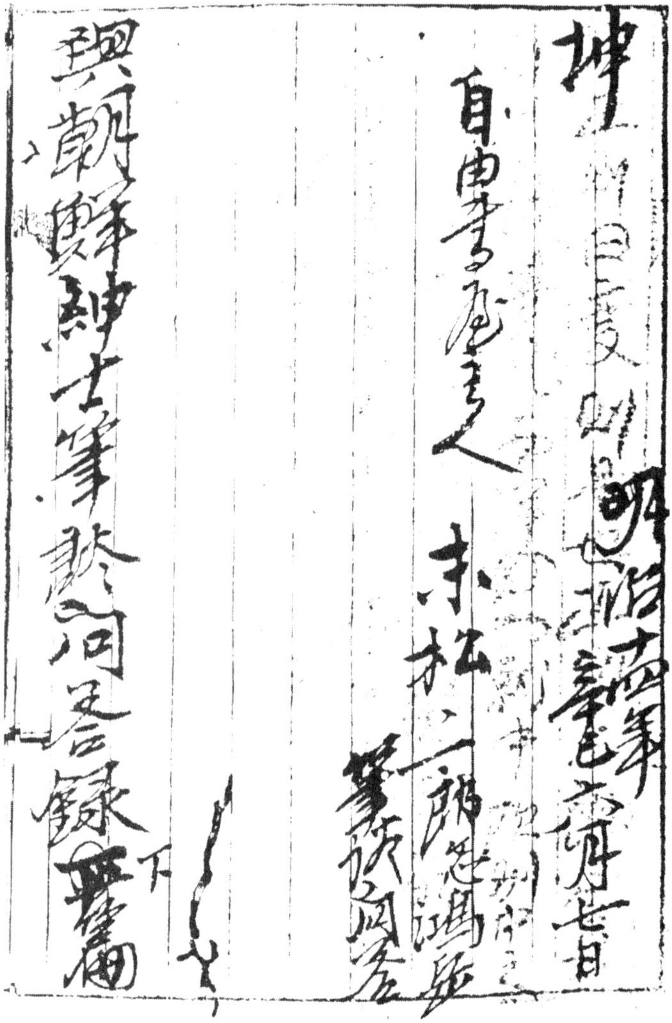
坤
明治十五年壬午六月七日
自由書屋主人
末松二郎 忽遇馬江
筆談問答
與朝鮮紳士筆談問答録 下篇

27

今日居名綫筆所把人匪
底爲筆談把遐抗
人笑

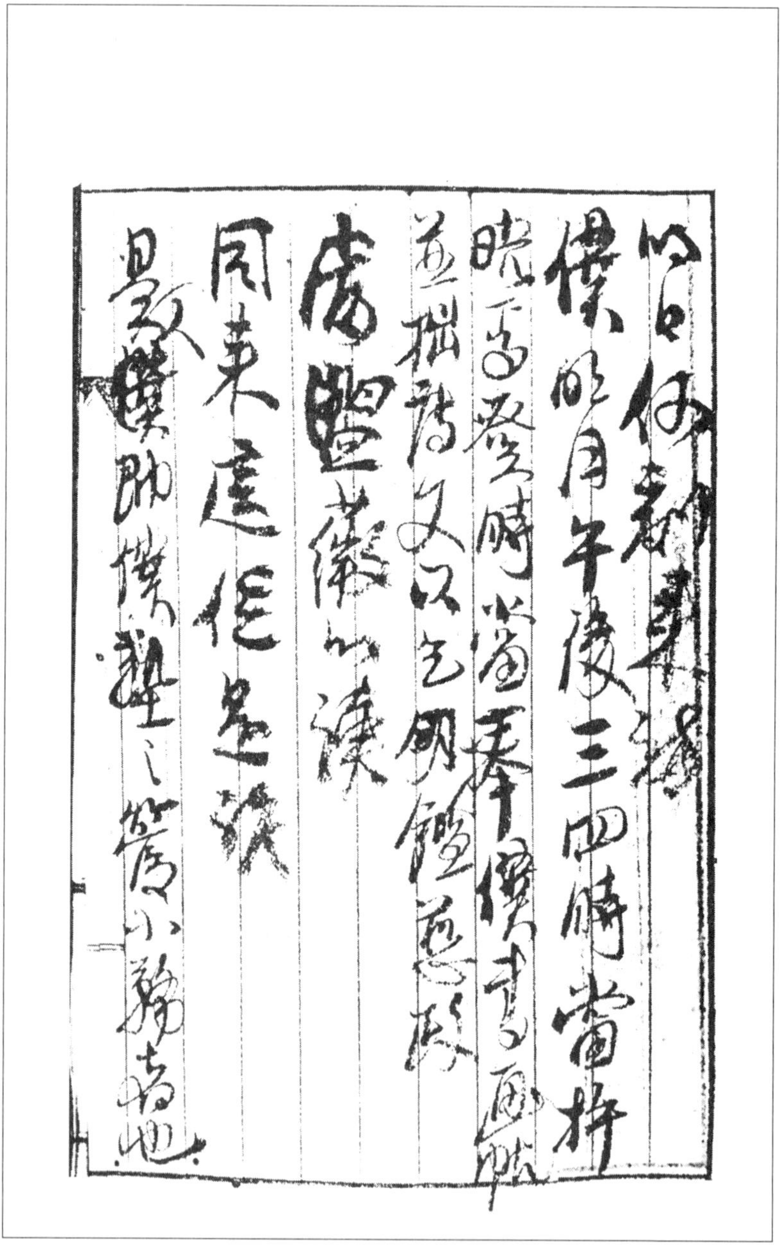
[illegible]日何[illegible]
僕昨日午後三四時當拜
曉[illegible]登時當奉僕書函然
無據請文以乞明鑑為幸
[illegible]盟藏以[illegible]
同來達住是[illegible]
且歎僕既僕難之[illegible]小[illegible]者也

25

錦[illegible]堂右

西京自是舊皇居

伊昔繁華尚有餘

東鄉舊人勤義學地

行山高士務詩書

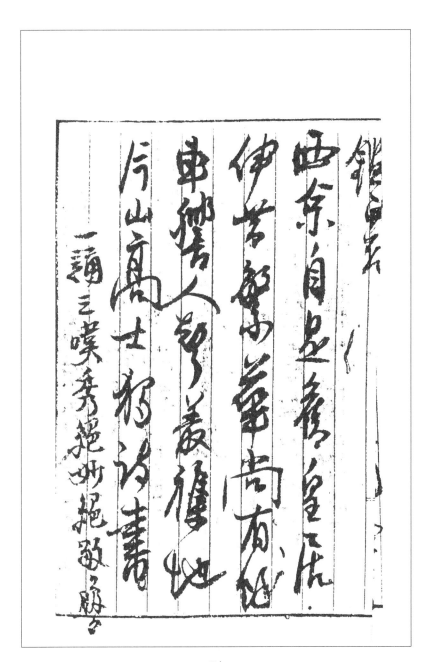

一誦三嘆秀絕妙絕敬〻服〻

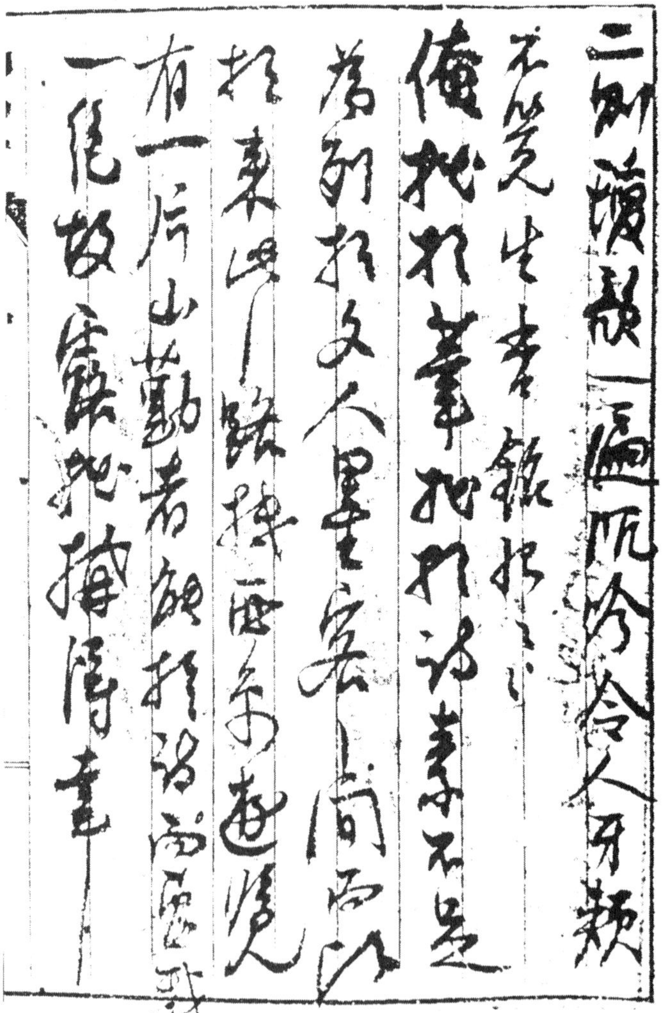

23

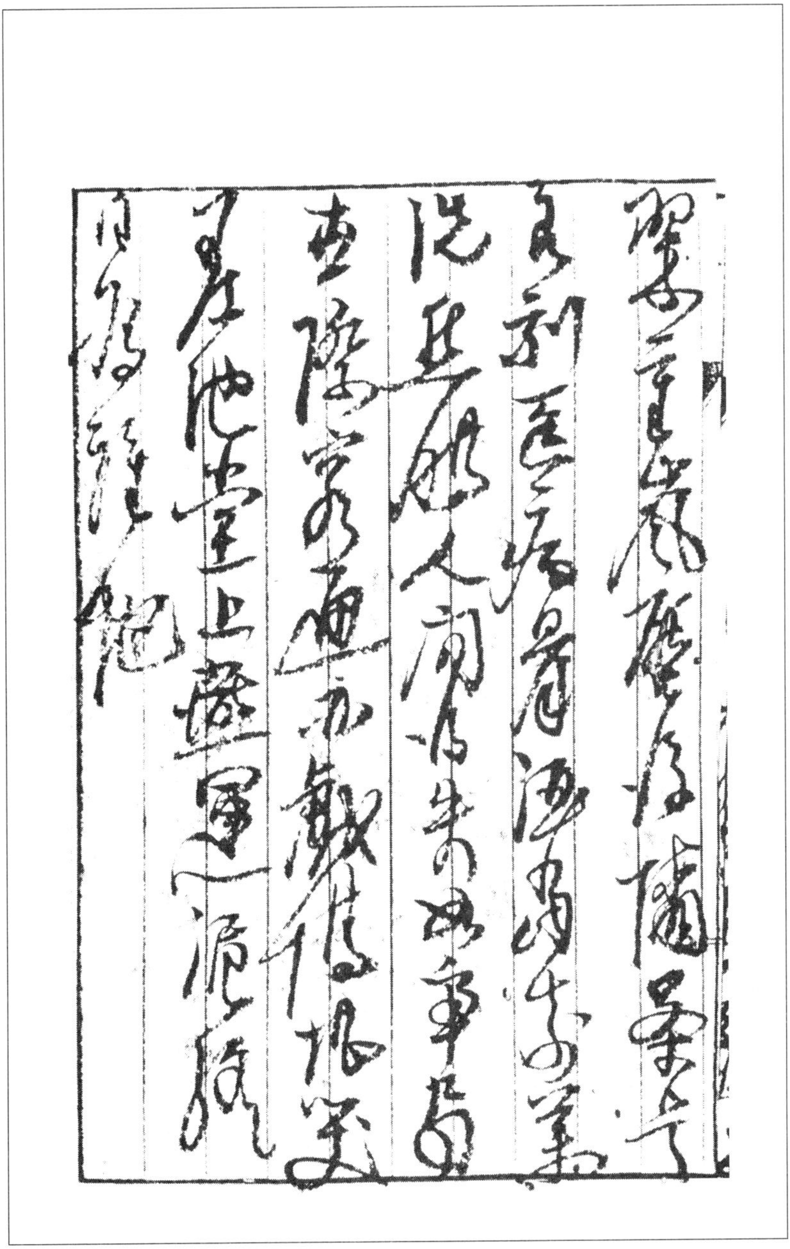

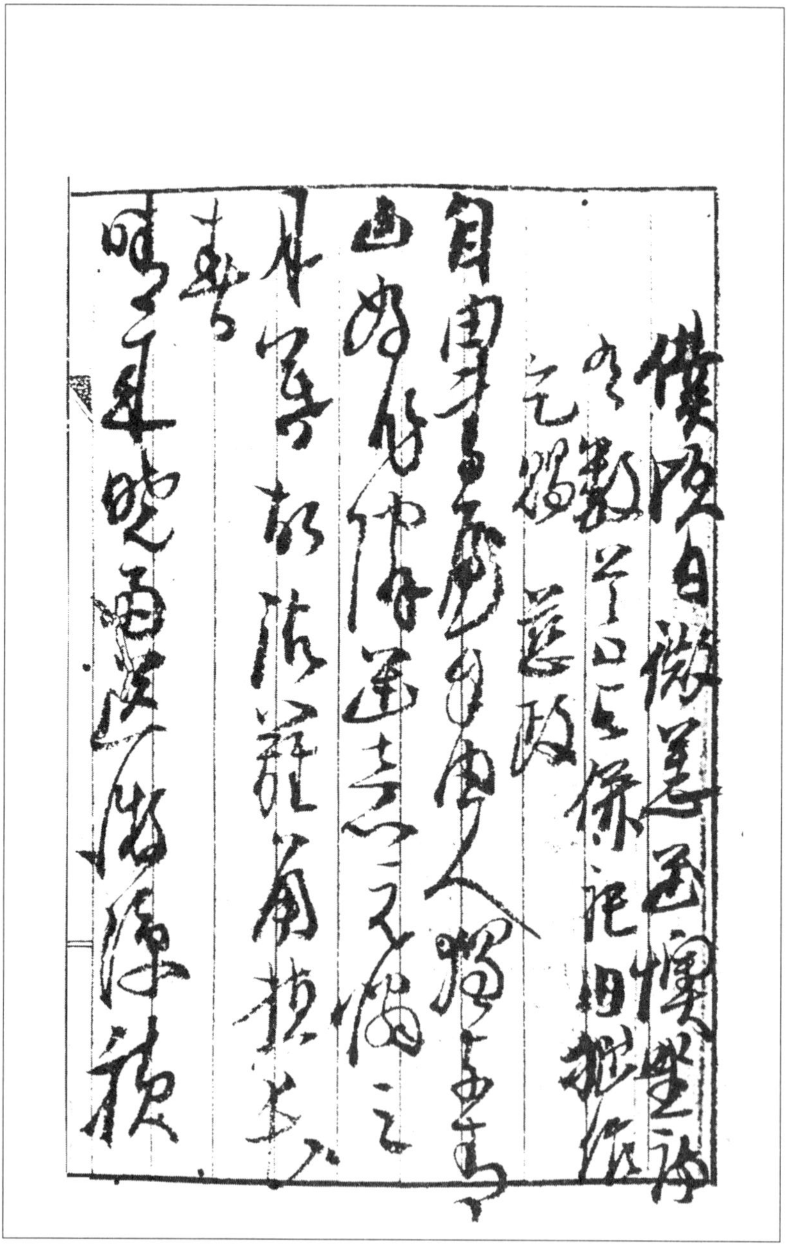

21

然別在日所乞之瓶冒尊詩
前所而且瓶記松号是請覽
松号鴻岳

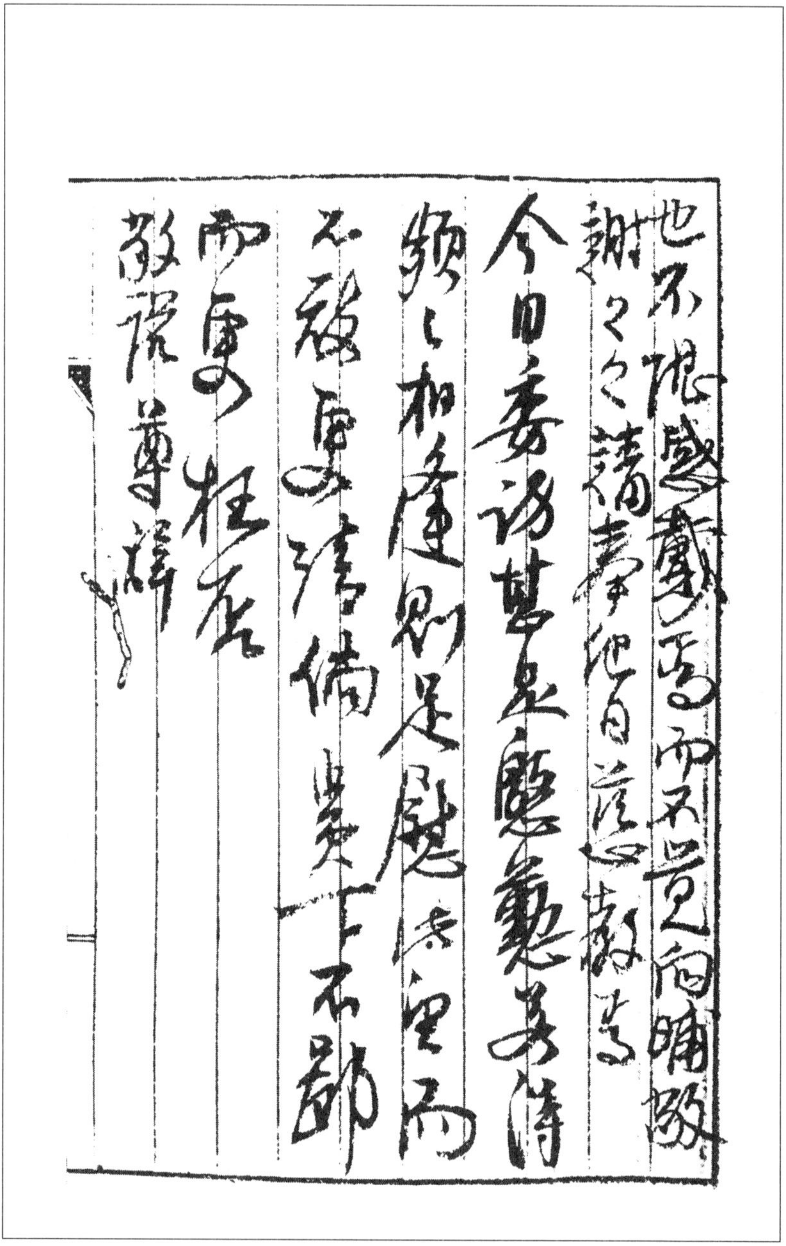
也不能感戴焉而不得見面晤談
謝々々請尊使自遠送歸焉
今日委訪甚是懸懸之情
頻々相逢別是慰哀望而
不能更書備要下不盡
而更枉在
敬復尊諱

19

頒如教焉

微躬ノ儀不可得傍備兩

奉留 貴下更以貴意書

相存無疑

僕我之能行日間相而未不詳

斯諸紙而謹藏於筆墨以為之

生而為意焉

吾自何事抑編輯斯篇數義擁

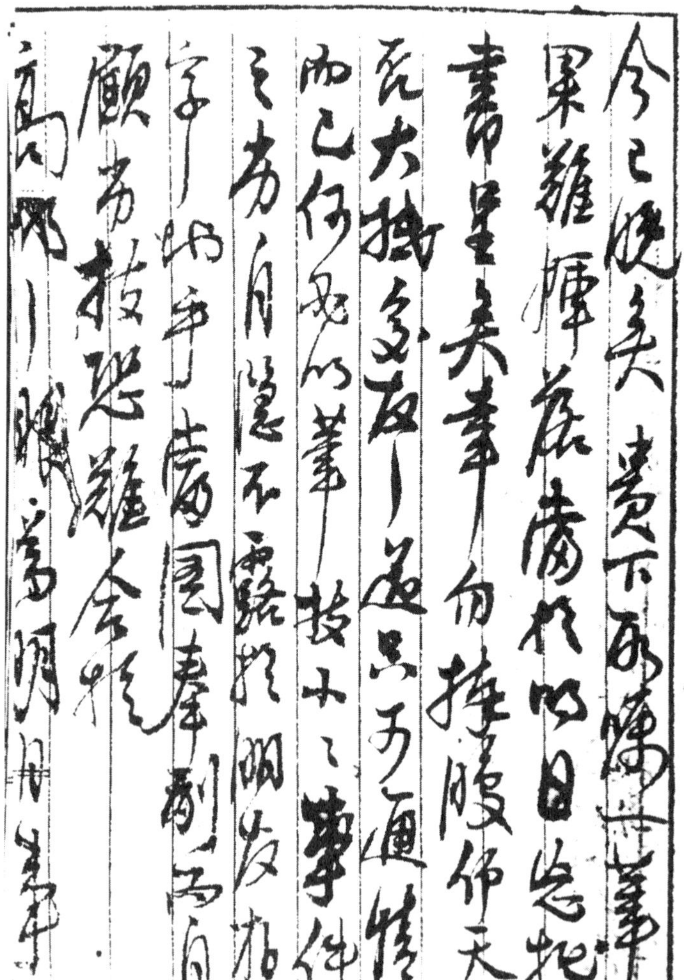

17

肇極教論

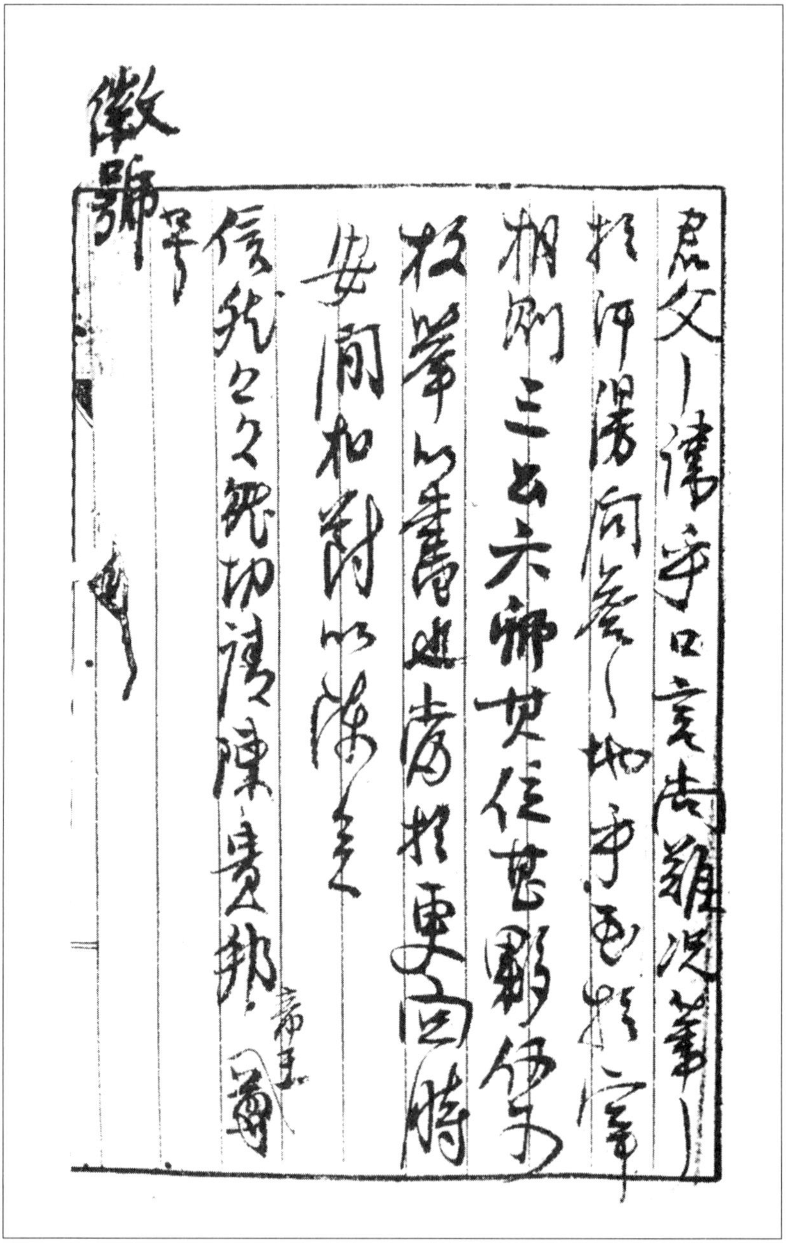

15

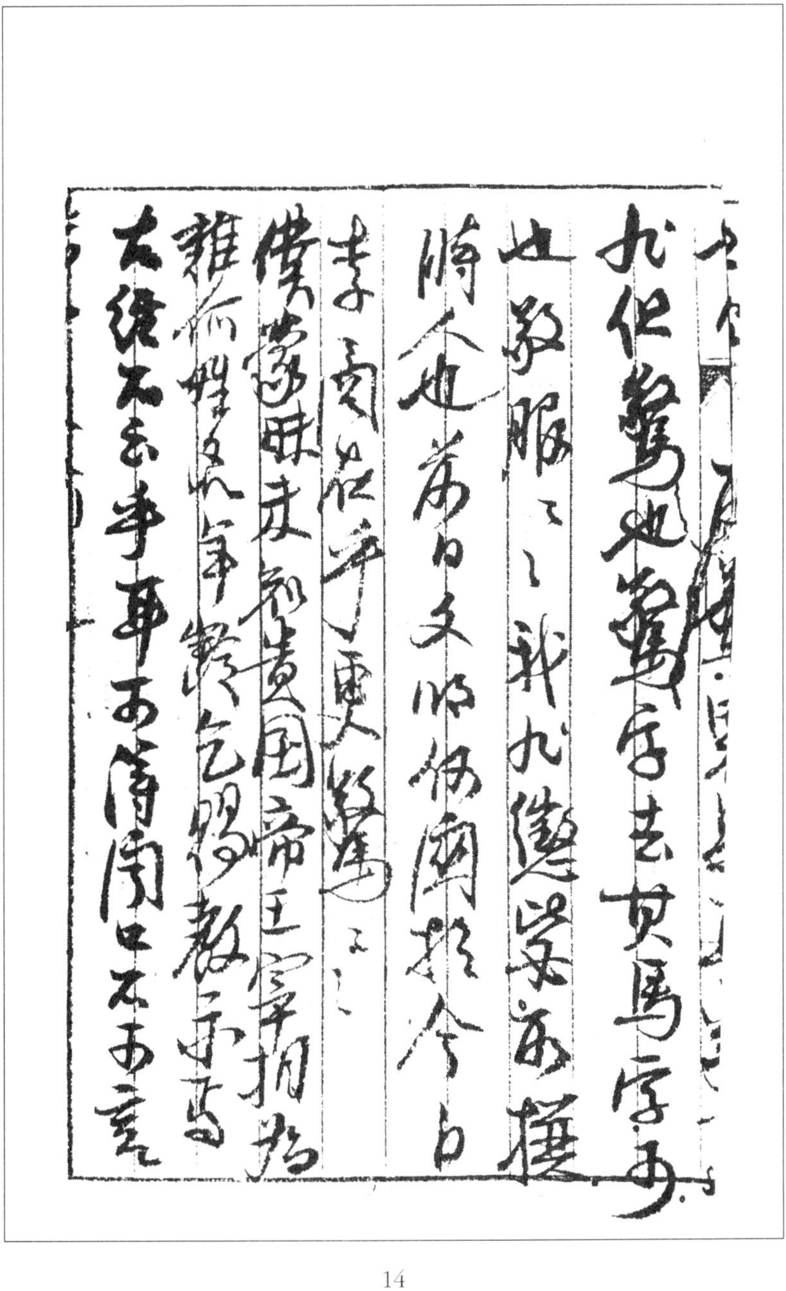

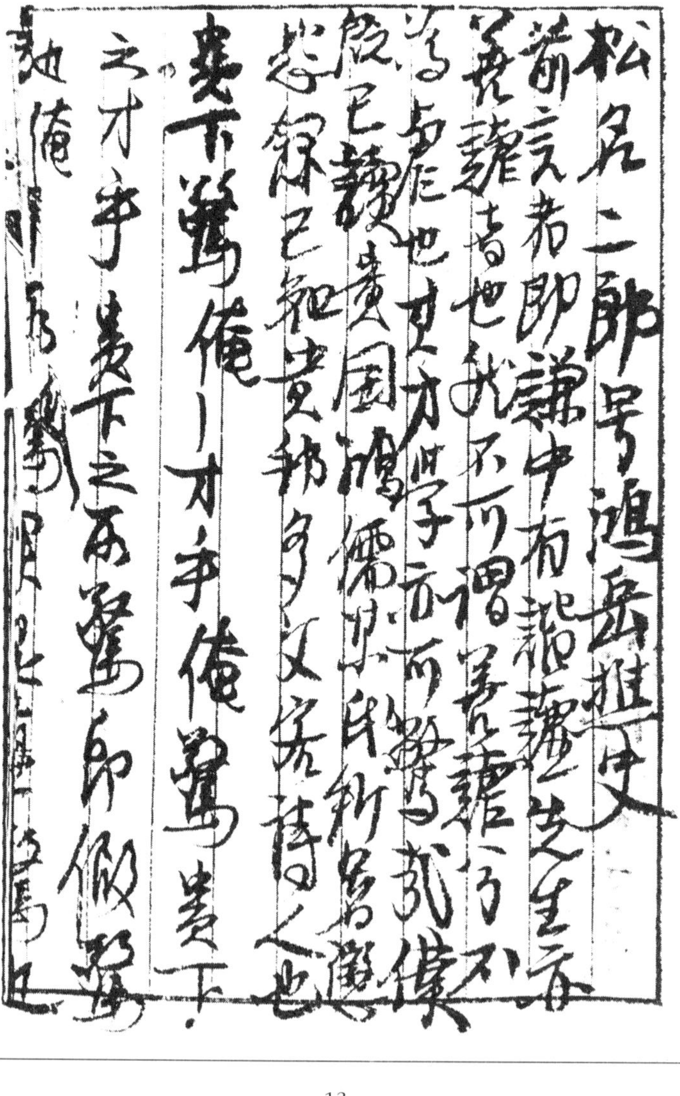

但聾盲於丹青有何益焉
雖然此亦傳憶之一機會也惟
願貴下承我所請一覽既切要
也
本晴相對不能通名姓尚姐
嶢僕自號月南居士李滄雨者
也
請學何學乎
僕素九州之一賤書生也姓末

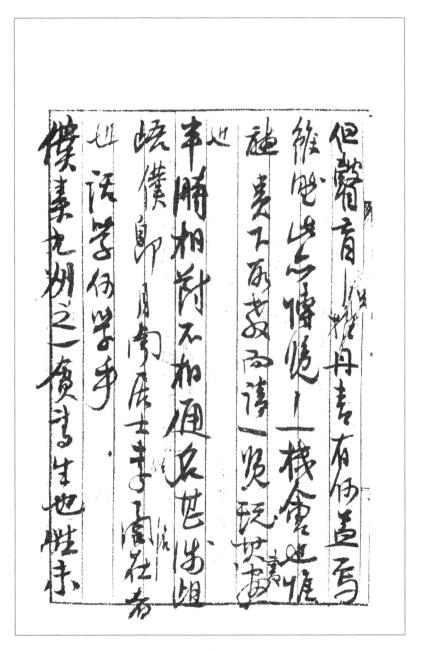

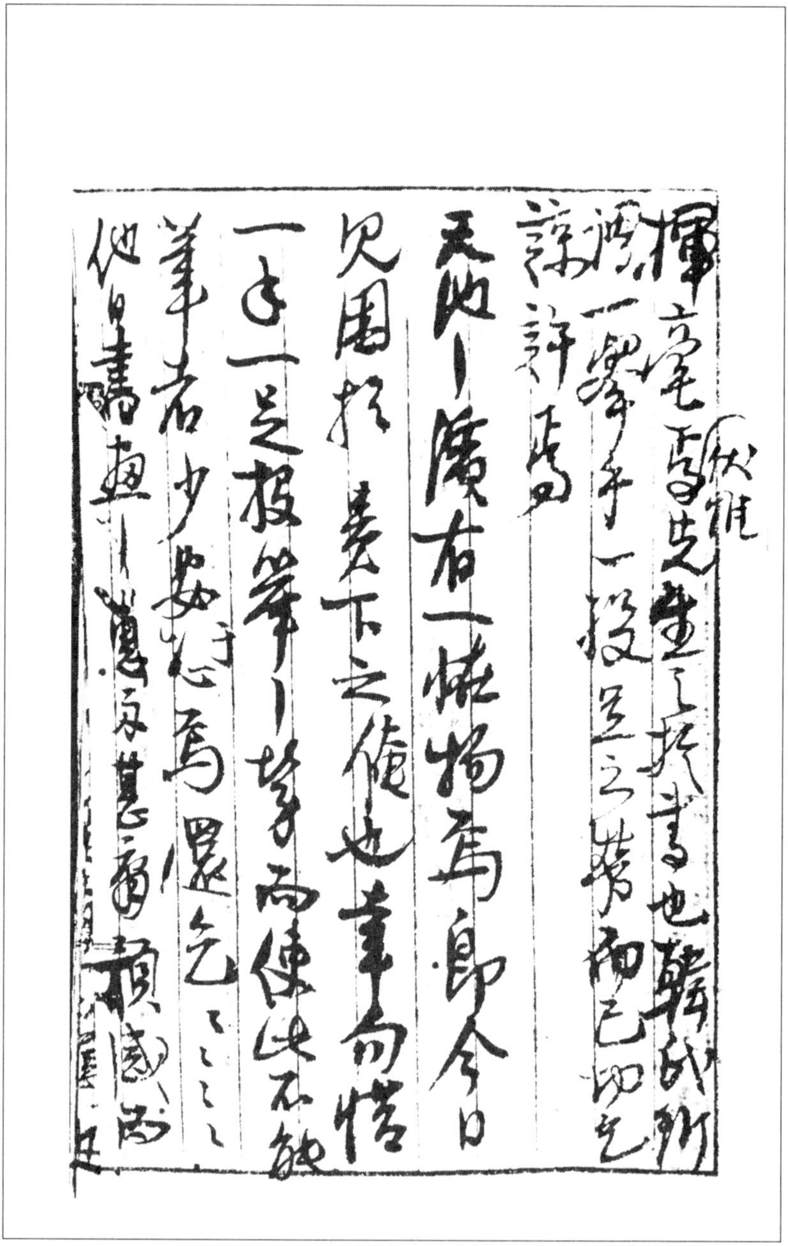

11

感意甚々、然々。爲罪不淺々々々

先生之謙讓何其甚也。僕

來東以來乞清國諸名家之筆

蹟得見偉之意寫存先生所揮

博其學之執而書所謂靈藻之言也

行之矣。能乞案僕之微意所在貴

僕存日勾之出家不得揮書函

帖所近日爲再揮僕之時揮書

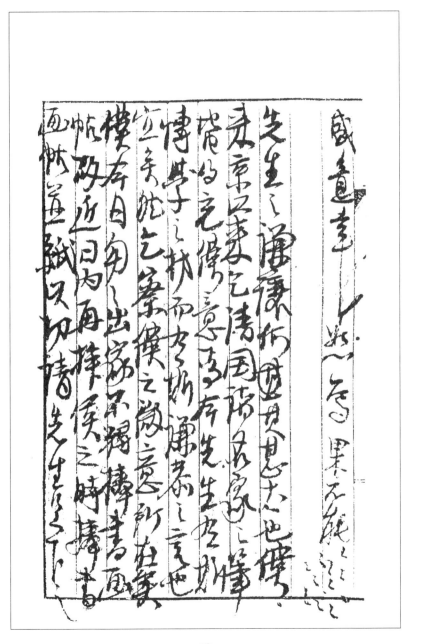

函然筆紙只切請先生存之下之

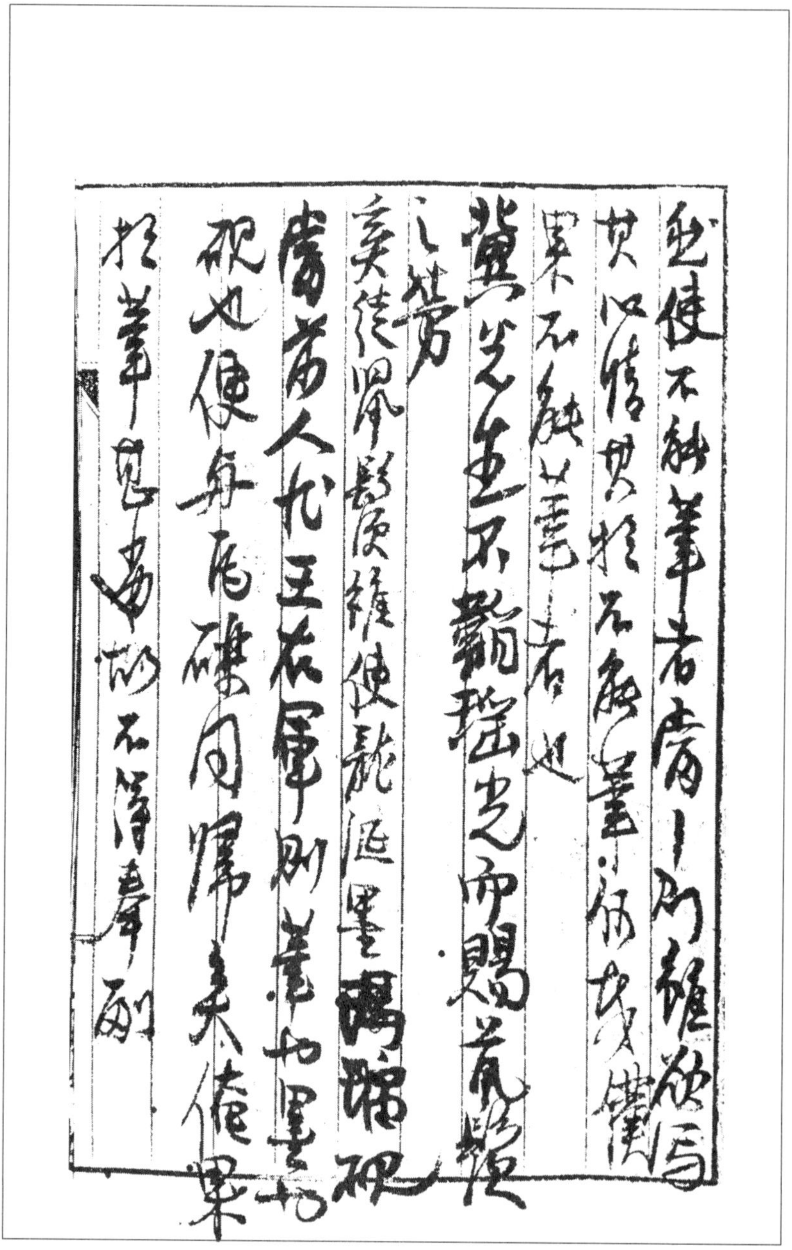

9

子南遊江淮以博其志於楚屢
古戰場得其雄偉之勢於洞
庭瀟湘船之詞簡其廣闊浩蕩
之意焉以錦文已勵馬才子學
子長之遊今見貴下亦復傚遊
教遠矣亦不云果然如子長
之南遊乎然則錦倭錦文亦在
之采清評出一頭地不假於馬才
子也名者我於人莫敢見書之義
甚妙書之大越書法然爲其心經

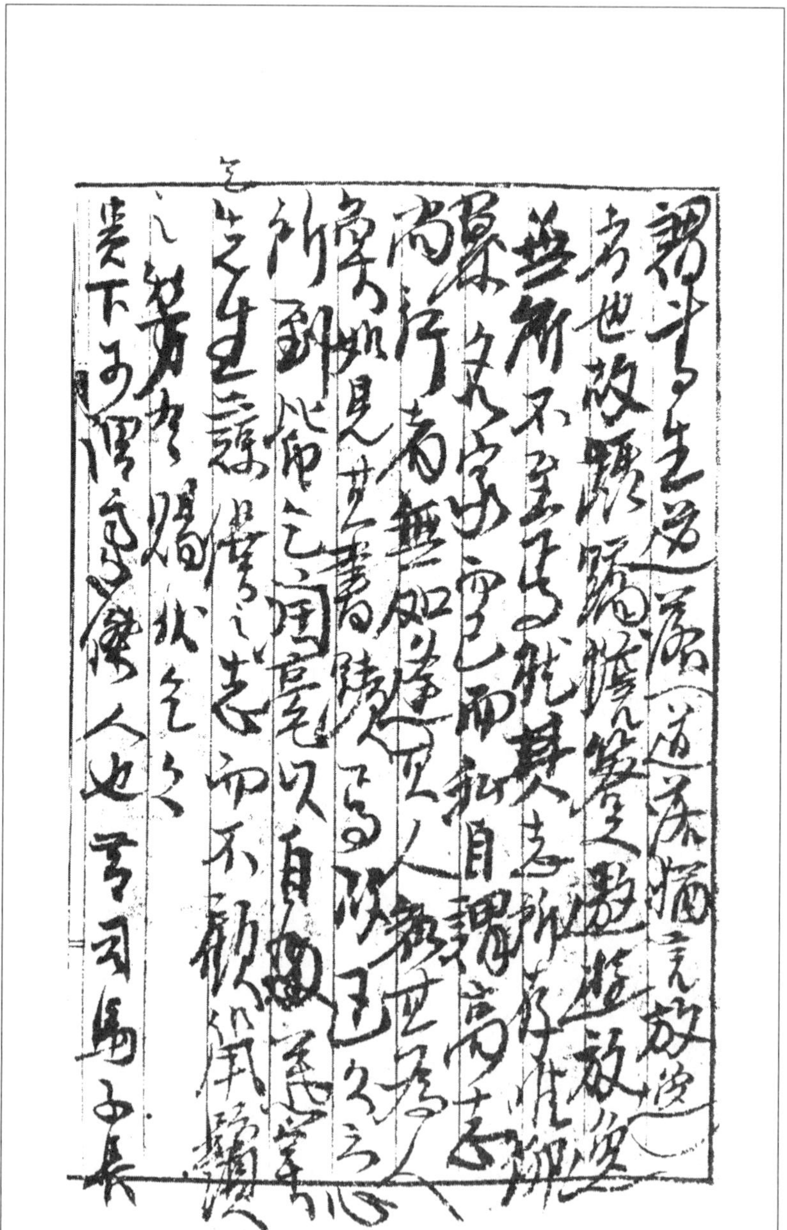

7

不文僕性ヲ素朴不取文過渡
極ヲ好ミ静ナル不得返項目報
讀了我論新聞紙僕ハ詳覽
國文既日課二一日矣
雖一村之内有會員者爲有處
者爲況一國ノ内手段世中有
文明ヲ得名ノ人爲又有會者
四十七年間ノ人爲甚思
僕曾而時招風流之士議世之所

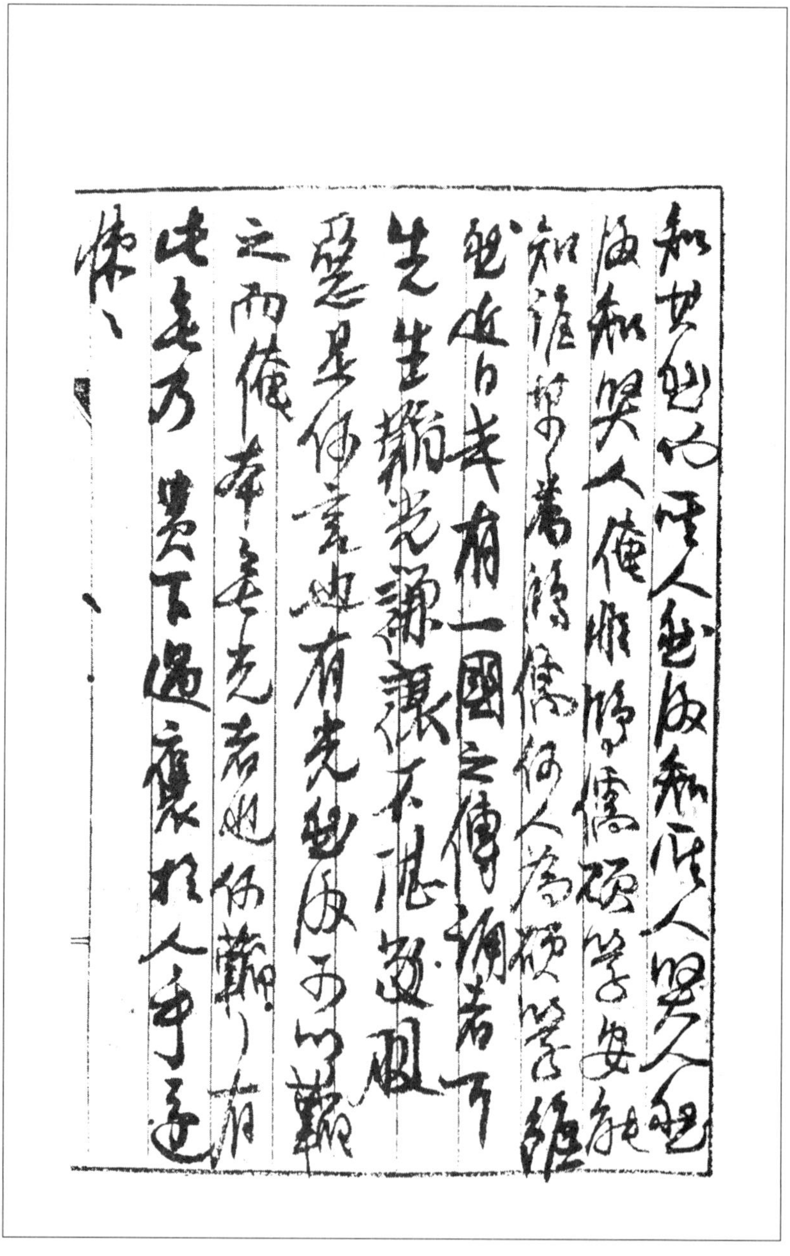

知世無所遇人無成無所人吾人無
海無吳人僕非儒儒碩學安能
知誰耶萬諸僕何人爲碩學維
無非曰哉有一國之傳誦者下
生生揃光遜讓不恨殺服
亞星何言也有先無成予以難
之而僕本是老者然何難有
此是乃思下遇應懷於人手退
悚悚

5

我有收失處甚惜筆紙乞
數計之
頃日同僚友人清国汪鵬号竹齋
時開論博所貴国學者界于
郎丨
汪鵬為雅善清国人則俺豈有不知
丨理処宿貫不詳同筆譯者為
向東國我邦
伊亦貴国貞同日本尚長安国ニ鴻儒
頃此年乎此如何為學乎
修儒頌芝何代矣而但其名哉

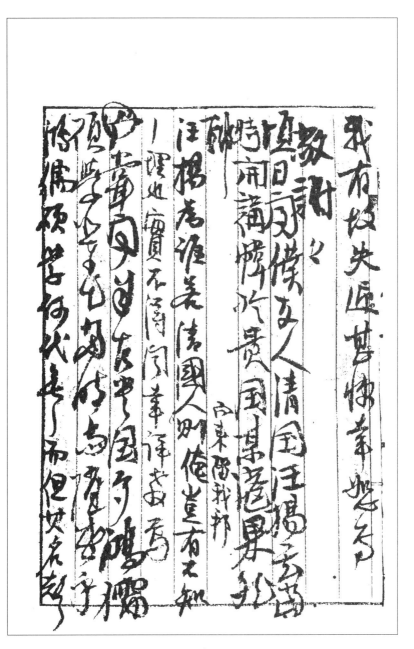

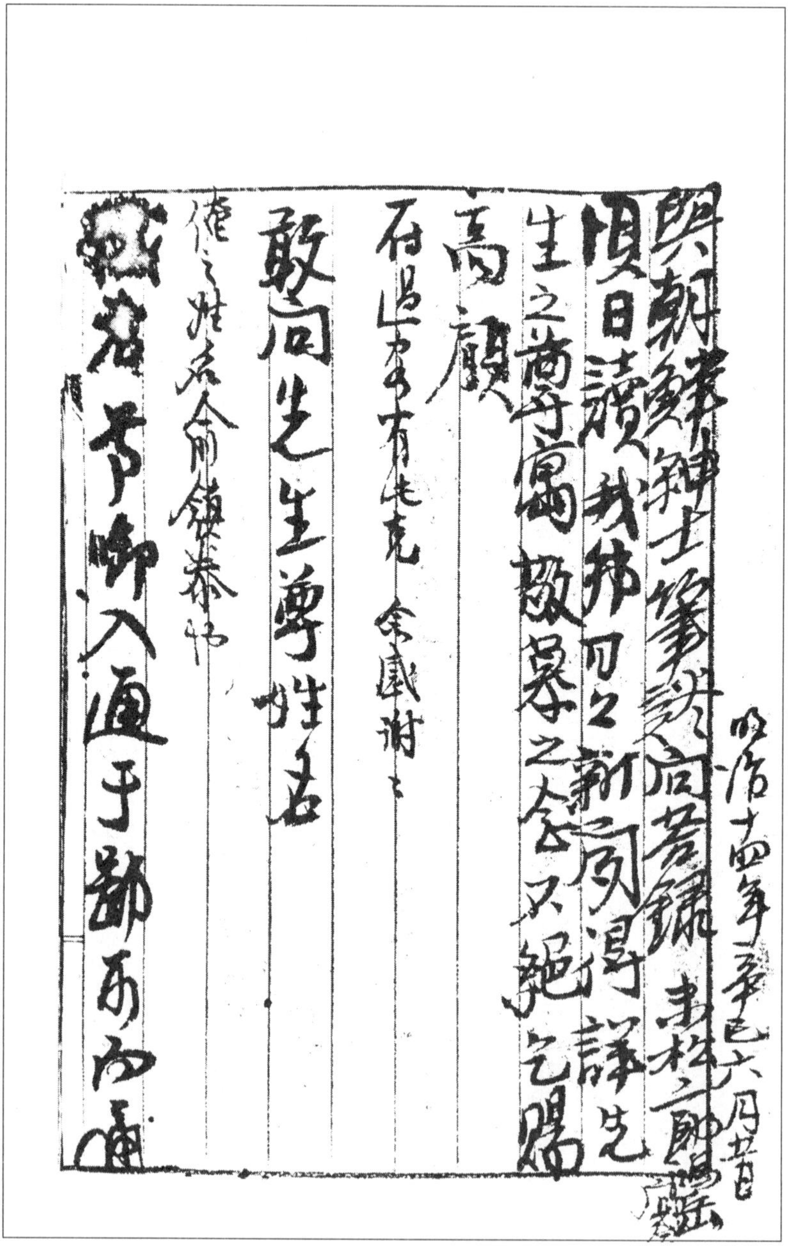
頃日讀我邦所刊之新聞得詳先
生之尊屬懲學之念不絕乞賜
高顧
敢問先生尊姓名

3

乾

明治十四年辛巳五月六日

自卑書尾至之人 末松二郎鴻盤 筆談蘭客

與朝鮮紳士筆談問答錄 上篇

明治十四年辛巳六月上旬乃至七月中旬

自由書屋主人

末松鴻兵二郎

與麗筆談

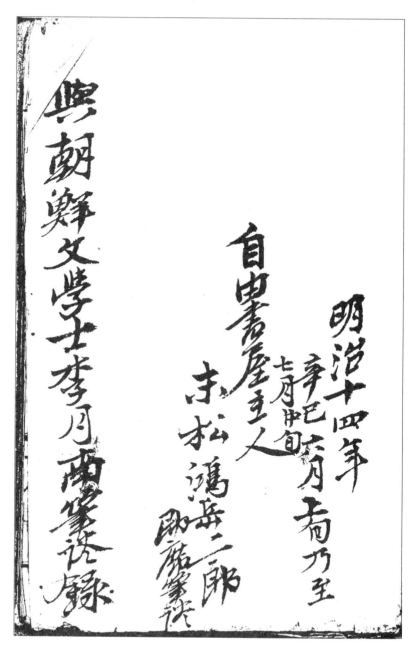

與朝鮮文學士李月南筆談錄

【영인자료】

末松二郎 筆談錄

스에마쓰 지로 필담록

여기서부터 영인본을 인쇄한 부분입니다. 이 부분부터 보시기 바랍니다.

류진희 柳辰熙

1953년 진주 출생
경상대학교 사범대학 졸업
경상대학교 대학원 한문학과 문학박사
고등학교 교사
경상대학교 한문학과 강사

조사시찰단기록번역총서 5

스에마쓰 지로 필담록

2018년 9월 20일 초판 1쇄 펴냄

지은이 스에마쓰 지로
옮긴이 류진희
발행인 김흥국
발행처 보고사

책임편집 황효은
표지디자인 손정자

등록 1990년 12월 13일 제6-0429호
주소 경기도 파주시 회동길 337-15 보고사 2층
전화 031-955-9797(대표), 02-922-5120~1(편집), 02-922-2246(영업)
팩스 02-922-6990
메일 kanapub3@naver.com / bogosabooks@naver.com
http://www.bogosabooks.co.kr

ISBN 979-11-5516-811-0 94910
979-11-5516-810-3 (세트)

정가 26,000원